迈向高质量绿色化
与数字化的企业范例

THE PASSWORD OF
CANTONESE
MERCHANTS
EXAMPLES OF
ENTERPRISES MARCHING TOWARD
HIGH-QUALITY GREENIZATION AND DIGITALIZATION

阮传扬　徐国烽　韩莉娜

编著

社会科学文献出版社
SOCIAL SCIENCES ACADEMIC PRESS (CHINA)

前　言

　　本书作为新时代粤商绿色管理经验的案例选编，汇集了新时代粤商绿色管理探索的典型案例及其成功经验，呈现了新时代粤商绿色管理生动实践样本。

　　随着经济社会快速发展和经济全球化不断深入，企业发展空间拓展，但同时也面临着经营环境日益复杂和市场竞争愈加激烈的现实困境，迎来了新一轮的机遇和挑战。为推动企业迅速适应多变的外部环境、科学调控内部资源与结构，相关领域学者通过实地调研和科学研究，分析总结出新时代企业管理的一些特点，如柔性化、扁平化、灵活性、可持续、协同发展等，并提出许多企业管理新方式和新结构，包括知识管理、智慧管理、数字平台生态系统等。其中，围绕生态和环境问题开展的绿色管理成为重要的研究方向之一。所谓绿色管理，就是企业将环境保护理念践行于经营管理过程中，在研发、采购、生产、销售、市场开拓等各个阶段尽可能地减少污染、节约资源、保护环境，自觉承担起社会责任，履行生态环境保护职责，兼顾经济效益与生态效益，从而促进人与自然、产业与生态的和谐共生。

　　马克思主义是指引当代中国发展的行动指南。马克思主义蕴含着丰富的生态思想，对中国生态文明建设具有重要的指导价值。马克思生态观强调人类与自然的关系是相互依存、密不可分的，既要处理好人与自然的关系，也要在认识和遵循自然规律的前提下充分发挥主观能动性，实现人与自然的和谐发展。人与自然是辩证统一的，自然为人类生存和发展提供了必要的条件，同样地，人类生产生活会对自然的功能与演化等产生直接或间接的影响，即人类对自然具有较强的能动性。绿色发展理念继承了马克思主义生态观的科学内涵，促使绿色管理理论应运而生。绿色管理以"人与自然的辩证关系"为切入点，强调在尊重和顺应自然规律的基础上充分发挥人的主观能动性，在自然承受能力范围内开展生产生活，有效解决经济社会发展过程中"人与自然和谐共生问题"。作为马克思主义理论与中国生态文明建设实践科学结合的成果，绿色管理理论开拓了中国特色社会主义理论体系在人类生存与发展命题上的研究视野，不仅向世界展示了马克思主义生态观在新时代绿色发展中的强大生命力，还在企业管理实践中检验了马克思主义的真理性，推动了当代马克思主义生态理论的发展与进步。

进入新时代后企业的发展环境出现了重大转折。一方面，企业被寄予了更高的期望，力争在中国现代化建设中发挥更重要的作用、扮演更重要的角色。只有作为经济基本单元的企业实现提质增效，全行业才能走上坡路，国民经济才能真正实现高质量发展。另一方面，随着环保政策加严、传统管理模式效率不高等难题日益凸显，企业陷入进退两难的境地，管理成本上升、规模扩张受限、环保标准不达标等问题亟待解决。在这种情况下，绿色管理为企业提供了破题的新思路，即转变经济增长方式、加快产业结构转型、建立可持续管理模式、走低碳循环经济的发展道路。一方面，将生态文明和绿色经济纳入的绿色管理战略，有利于推动我国产业结构转型升级，推进生态文明发展和美丽中国建设。另一方面，绿色管理将资源节约和环境保护融入企业的日常经营活动，帮助减少污染和降低能耗，助推企业转变经营观念、加强技术研发、提升盈利能力，有利于企业树立良好的形象，实现环境效益、经济效益、社会效益的有机统一。

广东是我国绿色浪潮的先行地、试验区。党的十八大以来，广东争当绿色发展中的尖子生和排头兵，深入贯彻习近平生态文明思想、习近平总书记对广东系列重要讲话和重要指示批示精神，在生态文明建设方面走在全国前列。广东是"人与自然和谐共生"发展原则的坚定拥护者，是"绿水青山就是金山银山"发展理念的坚定践行者，在全省生产总值持续稳定增长的基础上积极开展全域生态文明建设，以环保优化促经济增长，助力居民安居乐业，还居民一片碧水蓝天。党的二十大之后，广东以更加锐意进取的姿态延续了对绿色管理的探索，出台《广东省生态文明建设"十四五"规划》《关于加快建立健全绿色低碳循环发展经济体系的实施意见》《广东省发展绿色金融支持碳达峰行动实施方案》等，引导更多地承担环保责任、更长地发挥绿色效能、更好地实现低碳发展。在中共广东省委和广东省人民政府领导下，广大粤商以"闯"的精神、"创"的劲头、"干"的作风，在低碳经营、节约资源、降低能耗等方面取得了重大成就和丰厚成果，并逐渐探索出一条独特的生态化绿色转型道路。2020 年广东省生态环境厅公布的 855 家企业环境信用评价结果中，639 家获评环保良好企业（蓝牌），占比74.74%；176 家获评环保诚信企业（绿牌），占比 20.58%。一时之间，南粤大地上涌现出的一大批绿色企业，该类企业敢于做广东绿色生态的开拓者，围绕新发展理念，紧跟未来发展趋势，志存高远，鹰击长空，勇于开创绿色格局；立意做新时代建设的奋斗者，立足本地资源条件，遵循和顺应自然规律，深耕各自专业领域，为美丽城乡建设贡献力量；志愿做低碳清洁成果的共享者，总结企业成长道路上的教训与启示，向社会传递绿色发展经验，不断壮大绿色企业队伍，提高行业和产业的整体绿色发展效益，使绿色发展成果普惠民生福祉。

　　本书研究分析了企业绿色发展转型中的热点、痛点和难点，归纳了制造类、能源类、民生类三大板块中不同企业卓有成效的管理模式及各具特色的经验与启示，旨在为我国企业推动绿色转型和实现绿色发展提供重要的借鉴和参考。同时，笔者期望粤商绿色样本能发挥更大的辐射作用，既要使南粤的成功经验更好地为粤港澳大湾区和生态湾区建设服务，也要发挥广东省企业的产业龙头和行业先锋的示范作用，为我国产业转型升级和各行业低碳发展提供参考模板，绘就中国高质量发展新画卷。本书采用案例分析法、调查研究法、文献研究法等方法，通过对制造类、能源类、民生类三大板块中的粤商案例进行深入浅出的研究分析，厘清绿色企业不同成长阶段的特征，系统总结粤商绿色转型成功的底层逻辑与同质共性，从而检验绿色管理理论的科学性与合理性，提高绿色管理理论的普适性与实践性，助推绿色管理走向新的发展阶段。同时，希望通过粤商绿色转型案例帮助读者进一步认识绿色发展的内核与实质，并为绿色管理相关的研究人员和从业人员带来一定的启迪。

本书在紧跟时代前沿步调、关注国家政策调整和行业动态、回顾广东省绿色发展历程的基础上，精心挑选了制造类、能源类、民生类三大板块中具有代表性的粤商企业，为读者清晰展现粤商的绿色转型发展历程。这些来自不同行业、不同领域的企业，凭借不破不立的决心和业精于勤的拼搏在绿色管理方面取得了丰硕成果。

第一章美的集团，简要回顾了美的集团的发展历程，阐述了在新时代制造业机遇与挑战并存的情境下美的逐步进行数字化改造，从而成功实现从数字化 1.0 走向数字化 3.0 甚至更高阶段，创造节能环保红利。第二章广晟集团，首先介绍了广晟集团发展状况，然后详细介绍了其在矿业、电子信息和环保三大业务板块开展的绿色工作，阐述了改造前的问题、改造中的措施和改造后的成效，并总结了绿色化和数字化转型经验。第三章华为集团，分析了包括华为在内的 ICT 行业所面临的"流量增长与能耗提升"之间的矛盾，从循环经济、绿色管理、再生能源开发入手，阐述了华为如何引领 ICT 绿色革命，实现流量增长与节能减耗并行。第四章比亚迪，介绍了比亚迪品牌成长路径，分析了新能源汽车产业发展的重要性和必要性，展现了比亚迪在原料端、业务端、技术端、产品端的绿色转型措施及取得的兼顾经济效益和社会效益的绿色成果。第五章明阳集团，首先介绍了明阳集团在公司理念、战略构想、能源布局三个层面的结构设计，然后围绕明阳海上风电这项主营业务，对其核心技术攻关、智能管理与风电装机更新等举措展开了论述，最后总结了其创新性绿色管理发展模式。第六章省能源集团，回顾了广东省能源集团改革历程，阐述了新时代国有能源企业的使命和任务以及新旧能源转换难题，通过分析企业系列管理改革措施，呈现了省能源集团推动能源结构调整、实现能源优化升级的发展道路。第七章南方电网，着重分析了南方电网从低碳和智能两方面着手解决电力需求缺口、转换能源结构、转变发电方式并打造数字电网从而缓解广东电力供需矛盾、提高电力生产效率、保障省内电力能源安全。第八章光华科技，回顾了光华科技发展历程并列举了其在电子化学领域的一系列创新举措，如新生产设备和新工艺（生产线）、新技术（5G 技术）、新应用（新能源材料）、新业务（废旧锂电池回收利用），通过布局完善电子化学品生产、销售、售后整条价值链，最大限度地发挥电子化学品的绿色效用。第九章广药集团，展现了广药集团的绿色发展之路，从早期在生产管理环节的绿色探索到现阶段绿色工厂打造再到"元宇宙广药"战略实践，为新时代医药制造业提供了"药业+绿色+智能"的新思路。第十章中国平安，展现了中国平安通过科技赋能金融、业务数字化升级开发了更多的金融产品和服务，强化了综合金融服务能力。第十一章瀚蓝环境，聚焦企业管理模式创新，阐述了瀚蓝环境通过整合垃圾处理业务，实现对城市生产生活产生的废物和垃圾的全面管理与循环利用，从而助力佛山无废城市建设。

本书提供的粤商样本企业涉及制造类、能源类、民生类三大板块，涵盖新能源行业、家电制造业、ICT 行业、新能源汽车制造业、高新技术行业、医药制造业、电力热力生产与供应业、金融保险业、环保工程与服务业、有色金属矿业等。尽管这些企业处于不同行业领域且发展历程截然不同，但其在绿色转型发展上具备一些共性特征。

第一，高举粤商精神旗帜，用行动诠释敢为人先、务实开放、崇信守法、爱国奉献的精神内核。粤商精神源于广东自然地理环境与粤商实践主体的辩证关系，相生相息、相互依存。一方面，广东地处沿海一带，毗邻香港、澳门等发达地区，地理位置优越，广东企业家与生俱来拥有"走出去"的探索意识和"引进来"的超前思维，也使得粤商精神能在这片开放、包容、进步的土壤上生根发芽；另一方面，粤商的实践活动具有一定的基础性，把粤商精神的传承与发扬真正落到实处，将广东这片土地建设成为我国的外贸大省和经济强省，具体表现为：企业的奋斗为社会创造了无可比拟的物质财富和精神财富，夯实了广东经济基础，为粤商精神的传承提供了一片肥沃的土壤。

第二，紧跟国家政策方向，坚定不移守护绿色初心。当今国际形势愈加复杂，全球化退潮苗头逐渐显现，企业的生存与经营面临着空前的压力和挑战。在此背景下，粤商以更主动进取的姿态迎难而上，积极加快绿色转型发展步伐，推动我国经济高质量发展。在坚持党的领导的前提下，企业本着对中国经济"双循环"的信心、对构建人类命运共同体的信念、对高质量发展的决心，顺应世界经济发展方向和潮流，牢牢把握国家发展战略重点，从实践中找到了绿色发展道路。这支绿色队伍众志成城、万众一心，以十年如一日的坚持、波澜壮阔的气势、艰苦卓绝的拼搏助推广东省在绿色经济发展方面进入新时代。

第三，抓住转型升级契机，以创新驱动管理模式升级。企业改革是一个破除旧制度、建立新制度、巩固新制度的过程，要求企业拥有足够的勇气与魄力做到破旧立新和敢为人先，同时也十分考验其资源协调与分配能力。几乎可以肯定的是，每家企业在改革过程中都会遭遇或多或少、或大或小的难题，不同的是，优秀的企业总能根据内外部环境变化合理调整有限资源的配置，将大部分资源投入主营业务，以主营业务为核心整合上下游业务实现纵向一体化，并从首端到末端整合全流程工序实现横向一体化，通过横纵价值链的融会贯通最终形成科学高效的管理模式。这些企业的管理模式具有特殊性和不可复制性，但从整体而言，其底层逻辑是互通的。如果能牢牢掌握其发展的背后逻辑和普适规律，就有可能将成功经验推广至全国，帮助更多的企业创新管理模式。

本书需要特别感谢骆加航、何婉梅、范阳璐、成颖等研究生对于本书的资料收集与整理工作，以及陈项菁对于本书的修改完善工作。感谢以上成员的辛勤付出与努力贡献，感谢粤商企业为本书编撰提供相关材料与数据，感谢社会科学文献出版社对本书出版的支持与帮助。受笔者理论知识、认知水平、实践能力的影响，本书不可避免地存在一定的不足与缺陷。若有不当之处或错误之处，敬请广大读者批评指正，以便我们后续改进，以进一步提升本研究的科学性、系统性和完整性。

目 录 ↖

制造类企业篇

第一章 美的集团：提前布局、久久为功，节能环保、红利自来 …… / 003

    一 美的集团的发展历程 ………………………………… / 003

    二 美的集团数字化转型的前期铺垫 ………………… / 007

    三 美的集团的数字化转型之探索 …………………… / 011

    四 美的集团数字化转型升级的启示 ………………… / 018

第二章 广晟集团：绿色智能制造的转型发展典范 ……………… / 021

    一 集团简介 …………………………………………… / 021

    二 打造绿色智慧矿山 ………………………………… / 025

    三 建设绿色智能电子工厂 …………………………… / 037

    四 做优做强危废处置"环保管家" ………………… / 044

    五 案例总结及启示 …………………………………… / 047

第三章 华为集团：奋发图强，持续研发绿色产品 …………… / 049

    一 华为集团的基本情况 ……………………………… / 049

    二 华为集团绿色管理的背景 ………………………… / 052

    三 华为集团绿色管理的探索与成果 ………………… / 057

    四 华为集团绿色管理的启示 ………………………… / 066

第四章　比亚迪：新能源汽车引领绿色交通变革 ·················· / 069

　　一　比亚迪的发展历程 ······························· / 069

　　二　比亚迪发展新能源汽车是现实诉求 ················· / 073

　　三　比亚迪技术创新助力实现零碳目标 ················· / 077

　　四　案例经验与启示 ······························· / 081

能源类企业篇

第五章　明阳集团：清洁能源在路上 ····················· / 085

　　一　明阳集团的基本情况 ····························· / 085

　　二　明阳集团的绿色、低碳蓝图 ······················ / 089

　　三　明阳集团绿色能源的探索之路 ···················· / 095

　　四　案例经验与启示 ······························· / 100

第六章　省能源集团：绿色能源探索的新力军 ··············· / 102

　　一　广东省能源集团企业概况 ························· / 102

　　二　广东省能源集团绿色低碳发展的必由之路 ··········· / 108

　　三　广东省能源集团新旧能源交替的探索之路 ··········· / 111

　　四　案例经验与启示 ······························· / 117

第七章　南方电网：创新引领绿色转型 ··················· / 119

　　一　南方电网的基本情况 ····························· / 119

　　二　黎明前的黑暗，南方电网面临的机遇与挑战 ········· / 121

　　三　南方电网绿色转型发展的探索与成果 ··············· / 124

　　四　南方电网绿色转型的启示 ························· / 133

第八章　光华科技：锁定低碳经济与绿色增长 ··············· / 136

　　一　光华科技的发展历程 ····························· / 136

　　二　光华科技的可持续发展之路 ······················ / 140

　　三　光华科技的可持续发展之探索 ···················· / 145

　　四　光华科技绿色发展的经营启示 ···················· / 149

民生类企业篇

第九章　广药集团：为社会民生增添绿色"药"素 ················ / 155
　　一　公司简介 ··· / 155
　　二　广药集团绿色转型发展的必由之路 ··················· / 157
　　三　广药集团绿色转型的探索与发展 ····················· / 161
　　四　绿色数字互联，打造产业新模式 ····················· / 165
　　五　案例总结与启示 ··································· / 169
第十章　中国平安：数字化与绿色化双转型之路 ··············· / 172
　　一　公司简介 ··· / 172
　　二　数字化转型之路的探索与发展 ······················· / 173
　　三　绿色化转型之路的探索与发展 ······················· / 183
　　四　案例总结与启示 ··································· / 185
第十一章　瀚蓝环境：为构建"无废城市"贡献独特的瀚蓝模式 ····· / 189
　　一　公司简介 ··· / 189
　　二　瀚蓝环境绿色发展之路 ····························· / 192
　　三　瀚蓝开创绿色发展新模式 ··························· / 195
　　四　瀚蓝绿色产业的经营启示 ··························· / 203

总结篇

第十二章　新时代粤商绿色管理的经验总结 ················· / 209
　　一　新时代粤商绿色管理的发展阶段及特征 ··············· / 210
　　二　新时代粤商绿色管理的八项经验总结 ················· / 212

参考文献 ··· / 222

制造类企业篇

第一章
美的集团：
提前布局、久久为功，节能环保、红利自来

一　美的集团的发展历程

（一）从街办企业到傲视群雄的家电企业

美的集团诞生于 1968 年，在创办人何享健的带动下，23 名北滘市民筹款 5000 多元，成立了"北滘街办塑料生产组"，以生产自救产品的形式进行首次创业，早期涉足塑胶瓶盖、金属制品甚至汽车配件等业务。1978 年底党的十一届三中全会召开，全党的工作重心转向改革开放和社会主义现代化建设。地处改革浪潮澎湃的珠三角地区，美的集团沐浴改革的"春风"，敢于抓住新的希望和机会。1980 年，美的集团进军具有巨大市场需求的家用电器生产行业，投建风扇生产线。1985 年，美的集团凭借灵敏的市场嗅觉，以收购生产线的方式进军空调行业，空调机的研发生产成为美的集团发展的新方向，美的集团也因此成为国内首批生产空调的企业。当时国内市场活跃，美的集团面对竞争激烈的内部市场环境，大胆提出了开拓海外市场的策略。1988 年，美的集团获得自营进出口权，随即全年销售收入破亿，出口创汇取得 810 万美元的骄人成绩，为美的集团的全球化发展打下基础。

1990 年 6 月，美的集团重点发展空调业务，投建了首批年产量达 20 万套的空调生产基地，走上空调产业规模化扩张新征程。1992 年，美的集团进行了股份制改革，一年后子公司"美的电器"在深圳证券交易所上市，

一跃成为国内首个上市的乡镇企业。此后，美的集团频频收购上下游企业，迅速发展，但伴随着扩张与兼并，集团内部的经营问题亦愈加显现。1997年，美的集团为了追求更完善的企业经营模式，开展事业部制改革，构建了"集权有道、分权有序、授权有章、用权有度"的内部授权模式，而企业内中流砥柱的元老也逐渐被职业经理人所替代。在千禧年前后，美的集团在家电领域实现了飞跃式发展，通过收购兼并不断革新产业格局。1998年，美的集团首次踏出广东，收购安徽芜湖丽光空调厂；2007年，美的集团进一步将业务版图拓展至海外，积极在东盟布局生产基地，首个海外生产基地在越南建成并投产，拉开了其全球化序幕。2010年，美的集团销售收入不断创新高，成为业内屈指可数的"千亿企业"。然而在快速增长的同时，美的集团创始人何享健及核心经营团队也察觉到危机四伏。恰逢家电补贴政策全面退出、市场降温，美的集团出现了产值和利润倒挂局面，低成本、大规模模式难以为继，需探索新的发展路径。集团高层一致决定采取一系列"加减法"改革措施：一方面，采用减库存、去产能的方式，创新经营增长模式，助推企业转型升级；另一方面，在做减法的基础上重点谋划产品领先、效率驱动、全球经营三大战略升级。正是由于这次经营危机自救，美的成功转亏为盈，一颗改革的种子也悄然在集团内部播种并开始生根发芽。

（二）集团管控在数智科技下开创新高度

2012年，美的集团创始人何享健将管理权交给了其信任的职业经理人方洪波。方洪波上任之后，很快便采取一系列措施开展大刀阔斧的战略布局，对业务重整：稳固树干，修剪枝节。退出与核心主业无关联、效率低的业务，调整美的集团的价值核心和业务重点，保留主营业务，对竞争力进行再塑，规划美的集团的新蓝图。然而，转型之路并非一帆风顺，美的集团的经营遭受了巨大的挫折，2012年总体营收同比大幅下降了300亿元人民币。虽然经历改革阵痛，但美的集团仍然步履不停地推进着改革。2012年以前，美的集团分别按子集团、子平台运行，经营数据缺乏统一口径，存在大量孤岛式系统，严重影响着集团的整体运营效率。痛定思痛之下，2013年美的集团阔步向前，迈出了关键的第二步：吸收合并子公司"美的电器"。当时处于重大资产重组管理办法的空窗期，美的集团踏出的这一步使其成为国内首个非上市公司吸收合并上市公司的案例。重组完成后，美的主业大家电、小家电、电机、物流等全部业务上市，达成"一个美的、一个体系、一个标准"的转型目标，实现产业、采购、仓储、销售、物流、财务、渠道等全面协同。

国内家电市场环境日新月异，不管是现有竞争者还是潜在竞争者都在垂涎"这块大蛋糕"。在黑色家电领域，以华为、小米为代表的新兴互联网企业逐渐崭露头角并有序地进入白色家电领域，这种来自互联网的跨界冲击无疑会对美的集团的市场地位造成巨大影响。为此，美的集团针对互联网竞争者开展了一系列战略调整，从自主研发和收购重组两方面进行变革。一直以来，以务实开放闻名的美的集团，为粤商文化沉淀了更深厚的底蕴，实用主义深深植根于其技术研发之中。2015 年，美的集团为了响应国家"十二五"时期优化产业布局号召，加大研发投入，费用达到 53 亿元，是 2011 年的 3 倍多。美的集团将自主研发落到实处，在人才方面，研发人员分布于各部门，管理人员中有 47% 是研发人员；在研发制造方面，围绕国际化和科技制造主线，在美国、日本、意大利、新加坡及国内深圳顺德等地都建有研发中心。自主研发给企业带来巨大的效益，但前期需要投入大量时间和资源，并存在一定的风险，因此不是企业寻求发展的唯一途径。美的集团深知快速切入新行业的捷径是与成熟的企业合作，甚至是收购或并购。美的集团低调谦逊，不仅向成熟的企业学习经验，也通过一系列的模仿和学习沉淀出自主创新的智慧。2016 年，美的相继收购德国库卡集团（机械人）、日本东芝（家电）、意大利 Clivet（中央空调），投入超过 300 亿元开展对外并购，多方位拓展业务板块。美的集团通过落实一系列的改革措施，逐渐由传统家电企业转变成集电器、空调、机器人与自动化系统、智能供应链于一体的世界级科技集团。2018 年，正值美的集团成立 50 周年，经过艰苦岁月的磨炼，美的行稳致远、静水深流，在数字化、智能化方面不断攀峰。

（三）打造"灯塔工厂"引领数字化智造未来

美的集团于 2011 年开始围绕产品领先、效率驱动、全球运营三大战略主轴协调各个业务，经过十年辛苦经营取得了阶段性成果。但随着数字技术革命的不断深入，市场释放出的数字化转型信号也愈加强烈。拥有敏锐洞察力的美的清楚，若再不顺应数字浪潮进行变革，很快就会落后于其他竞争者。于是在新时代工业革命的交接点，美的集团重新确立了科技领先、用户直达、数智驱动、全球突破的新战略，旨在打造新时代的美的集团。① 此次全新的战略转型指引着美的集团应对时代革新大潮，在新征途上实现新的发展。面临市场环境和全球经济的剧变，不确定性就是最大的笃定，已是白色家电巨擘的美的集团又一次追求突破自身，在时代分岔口积极探索新的发展的可能，最终锚定与自身适配的发展方向。在业务板块上，美的集团规划由原先的消费电器、暖通空调、创新业务和机器人与自动化系统四项业务逐步向智能家居事业部、机电事业部、暖通与楼宇事业部、机器人与自动化事业部、数字化创新事业部五项业务过渡升级。② 对此，美的集团表示，把眼光放远，路才会更长。正是因为志存高远，美的集团才能一直践行"为人类创造美好生活"的信念，把"科技尽善，生活尽美"作为使命，坚持承担环境和社会治理责任，使企业生产经营的每个环节都拥有可持续发展的血液，力求协同产业链上下游创造共享资源。

2020 年，我国提出力争 2030 年前实现碳达峰与 2060 年前实现碳中和的发展目标。作为国家战略的积极拥护者和践行者，美的集团不忘承担社会责任、履行社会义务，明确以科技创新投身绿色发展事业，"构建绿色全球供应链，提供绿色产品和服务，共建绿色美好家园"成为美的集团的新战略愿景。新战略愿景将分四个阶段推进：第一阶段为部署绿色能源，实现力争 2030 年前碳达峰目标；第二阶段为大力提升绿色家电占比，力求在 2040

---

① 尹晓娟：《基于战略视角美的集团的财务报表分析》，《河北企业》2022 年第 1 期。
② 陈雪频：《美的数字化转型"三级跳"：9 年 120 亿》，《国企》2021 年第 19 期。

年前实现逐渐减碳目标；第三阶段为借助电力行业实施碳中和行动，实现2050 年前大幅减碳目标；第四阶段为积聚力量，实现 2060 年前碳中和目标。其中，部署绿色能源、提升绿色家电占比等是本次绿色革命的核心。为保证绿色战略目标如期达成，美的集团全面展开工业互联网联动绿色制造行动，以节能减排的生产解决方案赋能绿色低碳生产。美的集团在各个事业部注入绿色基因后，积极开展绿色低碳转型，在设计、采购、制造、物流、回收、服务等环节全方位推进绿色转型，以自身影响力发展经济循环。美的集团先后被权威部门评为国家级绿色供应链管理示范企业、国家级绿色工厂和工业产品绿色设计示范企业，多款产品获评工信部"能效之星"和国家能效"领跑者"。除了以身作则积极践行社会绿色责任外，美的集团还主动发挥行业巨头的示范作用，投身于建设绿色供应链体系，将绿色工厂优先纳为合格供应商，坚持采购绿色材料，推进上下游供应商绿色减碳，联动产业链绿色发展。美的集团联合各行各业的合作伙伴一起开展关于绿色低碳发展的交流学习并开展绿色战略合作，通过科研保障联合实验室加强节能减排降碳技术攻关。面对未来，美的集团将继续履行绿色低碳发展责任，重点推进绿色高能效产品的研发，为用户创造美好舒适、低碳智能的生活条件；发挥行业领军的表率作用，大力推动行业绿色低碳转型并形成可推广的绿色生产解决方案，协同产业链共同绿色转型，为保护人类赖以生存发展的生态环境做出贡献。

二 美的集团数字化转型的前期铺垫

（一）改变发展模式拥抱新时代

2011 年，也就是"十二五"规划的开局之年，国家明确优化结构，提高品种质量，提高产业配套能力，淘汰落后产能，加快发展先进设备，升级生活消费品产业，推动制造业从大到强。在"十二五"期间，提高制造业的发展质量，是实现转型升级、提高核心竞争力的主要途径。中国的家用电器行业在国际市场竞争中快速成长起来，一个接一个有竞争力的国内品牌活跃在国际市场上，美的集团就是鲜明的代表。得益于"家电下乡"、"以旧换新"、节能补贴等优惠政策，家用电器产业的产量、销量和出口量都创下纪录。然而，受国内总体经济增速减缓、国外经济复苏缓慢、房地产行业持续调控、家用电器优惠政策退坡及其他因素影响，2011年年中起家用电器市场总体呈现下行趋势。而在国际上，欧债危机四面埋伏，作为中国白电主要出口地，欧洲经济呈现疲软状况，消费能力骤降，中国白电出口一度陷入困境。面对内忧外患的局面，美的集团并非坐以待毙，而是凭借着"不服输"的气势、"不妥协"的沉稳、灵敏的市场嗅觉捕捉产业动向，根据国家发展战略适时变化调整，寻找企业发展的新方向。2011年下半年美的集团进行了战略调整，放弃了之前只注重市场占有率的策略，而是致力于改进产品结构，提升利润率，同时不断提升产品品质，改善产品能效，推出更加节能耐用的新产品。2012年6月，国家出台了一系列节能惠民补贴政策，拉动了节能型产品消费，也促进了企业生产结构优化。与此同时，我国明确提出要实行能源效率"领跑者"计划，对于那些能够实现"领跑者"能源效率目标的超高效产品，给予更大的能源效率补贴力度。国家适时制定的政策为积极布局升级转型的美的集团打了一支"强心针"。美的在积极主动转向高端领域的探索中，更是坚定以高能效科技创新作为集团战略转型的第一动力。作为全球领先的暖通空调品牌，美的空调率先扛起科技创新的大旗，进一步落实了国家节能减排战略，研发出更专业、舒适、智能和绿色节能的产品。从最初的直流变频压缩机、室内外直流无刷电机、变频控制器到变频整机匹配，美的空调在研发、设计、生产、制造工艺及品质管理上都下足功夫，探索出独具特色的技术创新之路，塑造出全产业链的核心竞争优势，始终扮演着推动国产空调技术进步的领航者角色。[①] 2015年，美的空调变频节能技术获得了"国家科技进步奖"，这是对美的空调变频节能技术不断创新的最佳赞誉，也是对美的空调"节能减排"卓越贡献的表彰。由上述例子

---

① 田芳：《美的全直流推动变频空调深化普及》，《家用电器》2011年第12期。

不难看出，美的集团凝聚着特有的改革创新的文化氛围，这种文化氛围驱动了企业适时而变、迎难而上，赋予了美的人不凡的胆识与魄力。从内部源源不断地流出的企业文化不仅是美的集团核心优势的力量源泉，还成为日后集团数字化转型的精神动力。

（二）巧用主业优势另辟发展新方向

美的集团不断地尝试、创新、变革。如今美的集团不仅是家用电器行业的领头羊，还是集智能家居、工业技术、楼宇科技、机器人及自动化和数字化创新于一体的大型综合性科技集团。早期美的集团凭借电风扇进入家电领域，并一步步拓展电器品目。1998 年，美的收购东芝的万家乐板块，并开始发展空调压缩机业务；2003 年，美的收购云南、湖南的客车企业，正式向汽车行业迈进；2004 年，美的和东芝集团下的开利空调签订了战略合作协定，后又马不停蹄地展开对荣事达和华凌的收购，以提高制冷板块的水平，此后美的开拓了白电领域的新发展格局；2005 年，为助推企业规模化增长，美的将江苏春花收入囊中。2008 年，美的再度开拓白电板块，以受让方式成为小天鹅的最大股东。2014 年，美的也通过一样的途径，获得了小天鹅集团的完全控制权。美的集团通过收购，实现了白电产业链扩张和资本积累。除了在电器业务上大展拳脚外，美的还于 1992 年设立了广东威灵，提前布局马达的制造与生产领域。美的集团的制造基因便体现在早早布局好上游，为拓展工业领域打下坚实的根基。

随着发展步伐的加快，单一领域的业务早已不能满足美的。为最大化保障股东和公司的利益，美的亟须盘活手中巨额资金以获取更高的利润率。为此，美的提出了"双智"战略，2015 年涉足机器人产业领域，2017 年通过将国际机器人四大家族中的库卡收入囊中，正式进军机器人市场。在外资垄断的背景下，美的不断在上游核心零部件领域寻求突破，为中国工业机器人产业发展打开了一扇窗。同时，在数字经济发展的背景下，数字服务所占比重越来越大，数字化需求快速增加。2021 年 4 月，美的中央空调事业部分离零售业务、收购菱王电梯、进军"楼宇科技"这一领域。美的紧跟时代的步伐，认为建筑会成为传达人类情感的载体，科技的势能最终将落地于以人为核心的服务，而智慧楼宇是大规模实现"科技服务于人"最行之有效的领域。目前，美的集团已完成产业多元化整合，从专业家电企业向科技集团转型。多元化业务可谓美的的智慧所在，既是分散风险的法宝，也是补齐短板助力转型科技集团的精髓。

由单一业务向多元业务升级是美的集团发展路上绕不开的一道坎，无论是高端制造升级还是运营风险规避抑或是利益最大化，最终都指向多元化的发展道路。随着多元化发展模式愈加成熟，属于美的的科技时代即将到来，但同时业务的交叉融合带来了前所未有的管理难题和压力，这引发的管理能力和效率提升需求势必会倒逼美的集团进行数字化改革。

（三）顺应国家绿色创新战略

进入 21 世纪，随着人类对全球经济和社会发展规律的认知不断深入，低碳化和数字化被一致认为是未来发展的两大趋势。在全球化进程中，低碳化与数字化不是独立的，更不是此消彼长的，而是密不可分、相辅相成的。尤其是在制造业领域，低碳化和数字化往往是产业转型升级的两个方面，缺一不可。目前，经过数十年的绿色转型，美的集团已在低碳化生产方面取得卓越成绩。在中国本土制造企业碳达峰碳中和的探索中，美的集团独树一帜，是我国首家承诺至 2030 年前实现碳达峰、2060 年前实现碳中和的大型工业企业。2021 年 10 月，美的集团提出了绿色战略，将"构建绿色全球供应链，提供绿色产品和服务，共建绿色美好家园"定为战略愿景，通过科技创新推进全产业链的节能减排。新的绿色战略将分四个阶段推进，强调绿色能源部署、提升绿色家电占比等。从绿色设计、绿色采购、绿色制造、绿色物流、绿色回收、绿色服务六大维度，推动全流程绿色产业链转型。在实施绿色战略的过程中，美的集团在公司内部推进组织革新，同步推进产业布局。在外部，美的集团投资了更多的能源相关产业，在自身实现绿色转型的同时，寻找新的增长机会。在 2020 年控股电气工控领域的上市公司合康新能后，美的集团取得储能领域上市公司科陆电子的控制权，计划将其作为开展能源管理业务的主要平台之一。随后，美的集团在推进园区的绿色能源使用的同时，开始探索发展新业务。美的集团与国家能源局旗下国华投资在"绿色零碳园区"的建设方面达成合作意向。双方以美的集团的园区作为综合能源利用示范项目试点，后续则以此作为样板进行推广复制。此外，美的集团也开始探索新的融资方式，包括绿色金融。2022年2月，美的集团成功发行了4.5亿美元的五年期高级无担保绿色债券。根据美的公司的公告，此次发行的债券募集的资金将会投向绿色设计、绿色制造等相关工程，如研发环境友好型、高能效型产品，对生产、制造装备进行低碳、节能改造，对能源结构进行绿色改造，增加可再生能源的采购量等。

毋庸置疑，绿色发展战略已成为美的实现高质量发展的重要抓手，并且将会长期成为集团的重点战略之一。那么，要想持续推进绿色发展战略，减少污染物排放对环境的危害，必然会激发数字化监管和防污控污的需求，催生数字化研发开发和创新应用。另外，要想解决供需矛盾、资源利用率低等导致的资源浪费问题，数字化无疑是降低能耗、提高效用的有效手段。正是在这一系列需求的导向下，美的集团的数字化转型缓缓拉开序幕。

三　美的集团的数字化转型之探索

（一）拉开数字化转型的序幕——数字化1.0

2012年，互联网公司加快发展，作为传统的制造业公司美的集团面临各种问题，如利润率下降、市场反应缓慢、库存积压、资金占用大等。在传统的家用电器行业，以存货量大作为销售策略，与经销商和供应商进行价差博弈，已经成为历史，过去着力打造的强大线下渠道分销，现在却被巨大的线下网络系统所束缚，而传统的组织结构，也无法应对网络时代下的新挑战。与此同时，在内部，美的有10个事业部，其数据、流程、系统都是独立的，仅核心系统就有100多套，ERP（企业资源规划）系统有6套。2012年美的正为整体上市作筹划，要协调不同部门的口径，导致做财务报表都存在很大的困难。为突破各业务部门之间相互分离、各自为战的状况，美的集团做出了对各业务部门进行信息化整合的决策：横向将 18 个事业部整合为 9 个事业部，纵向将管理层级由五个减少到四个，在管理上推行一个美的、一个体系、一个标准，确保管理制度、流程、工具、经营数据、管理语言、IT 系统一致。为使一致性得到进一步提升，美的推出"632 项目"，即 6 个运营系统——PLM（产品生命周期管理）、ERP（企业资源计划）、APS（高级计划与排程）、MES（制造执行系统）、SRM（供应商关系管理）、CRM（客户关系管理），3 个管理平台——BI（商业智能）、FMS（财务管理系统）、HRMS（人力资源管理系统），2 个技术平台——MIP（美的信息门户）、MDP（美的开发平台）。① "632 项目"不只是用 IT 系统取代传统管理系统，而是企业内部信息一致化的变革。2012~2015 年，美的集团用了三年的时间，将"632 项目"全面落实，达成了以下三个方面的一致性：每个事业部均采用同样的运营系统、管理平台和技术平台，使集团流程统一；每个事业部将客户、供应商、物料等数据上传至 IT 系统，让所有数据在集团内部流动与共享，保证数据的一致性；通过建立完整的信息化组织体系，实现了管理系统协调一致。不难看出，这个阶段的美的主要把精力集中于组织架构的调整与升级，通过部门重组与整合，提高内部信息传播效率，将各个业务流程彻底打通，保证总体目标与利益一致，解决了传统的制造业数字化难点以及集团数据体系过于零散的痛点，为数字建设与项目建设以及各项数字功能的全面升级打下了坚实的基础。此时此刻，美的集团的数字化雏形基本形成，美的集团进入数字化 1.0 阶段。

（二）全面数字化和智能化——数字化2.0

2015 年，伴随着两会的召开，"互联网+"理念迅速在传统行业得到践行，不少企业抢占先机通过"技术+业务"进行产业整合，美的集团便是其中一员。已经拥有数字化基础的美的积极推进"互联化+"战略，发展大数

---

① 陈雪频：《美的数字化转型"三级跳"：9 年 120 亿》，《国企》2021 年第 19 期。

据、智能制造及云计算。"+"不只是两个字的叠加，更多的是借助信息和通信技术，将互联网和传统产业结合在一起，形成一个全新的产业。对于美的集团而言就是要将数字化转型成果赋能企业业务，如建设智慧工厂、大数据平台，让企业内的所有信息系统都实现移动化。

随着管理理论和科技的发展，"以销定产"变成衡量和促进企业提高管理效率的工具。2013～2015年美的集团在拥有了数字化技术积累之后，具备了进入数字化2.0的实力，而这次美的集团聚焦企业与市场的关系，把数字化目标锁定在价值创造流程的改变上，推出了C2M市场模式和"T+3"运营体系。所谓的C2M模式，就是跳过经销商，直接把制造商与消费者连接起来，基于用户数据来调配内部资源，引导企业运营和生产的一种经营模式。美的集团过往遵循的是低成本、大规模生产的经营模式，仅负责新产品研发和量产，然后将产品以压货销售的方式发给经销商，[①] 基本上不掌握产品的销售和库存情况。尽管这种模式能让供应商更加专注于产品，也有利于推出更具市场竞争力的产品，但过分关注生产端而忽视销售端难免会出现问题。以产定销一方面会给经销商带来巨大的资金和库存压力，导致库存积压的情况频发，另一方面也无法直接跟消费者建立联系，难以捕捉消费者偏好以生产更有竞争力的产品。而家用电器行业C2M正是颠覆了这种传统的产销思路，其优点在于可以有效满足顾客个性化需求，并将其引入整个产品设计流程。利用C2M方式，家用电器企业可以预先了解顾客的采购目标，从而使产品在一开始就具有自我传播的特性。在商业层面，具有C2M属性的产品更有可能成为热销商品。

基于C2M的产销思路，美的集团很快推出了与之匹配的产销流程——"T+3"模式（见图1），就是从客户订单开始，到原料采购、定制生产，再到物流发货，每一步都设定一个固定的时间周期，其中T0代表下单，T1代表备料，T2代表生产，T3代表发货。[②] "T+3"是"632项目"的升级，利

① 陈雪频：《美的数字化转型"三级跳"：9年120亿》，《国企》2021年第19期。
② 陈雪频：《美的数字化转型"三级跳"：9年120亿》，《国企》2021年第19期。

用互联网与大数据技术打造柔性定制化生产能力。"T+3"的主要贡献在于将经营活动数据化及移动可视化。在 T0 客户下单环节，利用 APS 系统采集订单数量，将实时数据上传至信息化平台使订单数据可视化，另外还可根据数据模拟预测未来需求走势。在 T1 物料采购环节，APS 与 ERP 系统根据订单量确定物料清单、采购日期、到货日期等物料需求，并通过后台计算制定最优的生产计划，做到快速计划排程以及对需求变化的迅速反应。在 T2 生产制造环节，仅借助 MES 系统（制造执行系统，是一套面向全流程生产、制造的综合运作系统）可完成生产数据收集、生产过程监控、生产过程质检和产品质检、设备管理功能等一系列工作，提升生产数据的透明度，达到提高生产效率、节省生产成本的目的。在 T3 装运发货环节，美的集团构建了全价值流链的智能物流平台来加强物流计划管理，并实施 Milk-Run 循环取货模式，从车辆装载速度和卸货资源调配入手，以智能化决策方案助力供方和物流方的协同配合，带动整体物流效率呈现"质的提升"，让美的有底气将商品以最快的速度送到客户手中。

"T+3"是以用户需求为导向

图 1　高效满足客户订单的模式

美的集团的洗衣机事业部率先启动了"T+3"模式，实现从研发到生产再到产品和服务的全产业链转型，从大批量生产转向个性化需求，从硬性制造转向柔性制造。在此转变过程中，洗衣机事业部也并非一帆风顺。首先，营销端的挑战，为尽可能地降低工厂备料库存，美的需要确保经销商认真完成每个产品的销售数量预测，同时还要检验预测数量的真实性。为此美的制定了销售端可被追溯并承担责任的保障规定，通过数字系统的信息追溯功能强化对销售业务部门的责任管理。其次，制造端的挑战，习惯于以产定销下的大规模生产模式的生产线难以适用以销定产下的零碎的订单需求模式。生产线往往希望做大订单，让整个生产线不需要频繁换产，以提高内部的资源利用率，但这与用户订单按需生产和按时交付相矛盾，如何平衡制造端和营销端之间的关系成为难题。① 而美的灵活地利用信息系统强大的计算能力和整合能力较好地解决了这一难题。依托 APS 系统的智能计划和精确排产，让用户订单能严格执行 3 天刚性计划，强化对物料预约、定制生产、分时到货的管理，在短时间内完成小订单生产，减少对大订单生产线的影响。在排产上，信息化平台改变了原有型号汇总的方式，完全按客户订单排产。根据订单数据，数字系统可实现快速换线、快速转产、清理尾数、日清日结等工作。最后，物流端的挑战，跟制造端相似，习惯于大订单模式下充分发挥货车运输效用，难以接受起送数量的不断下降。美的联动其旗下的物流板块安得智联承接下了"一盘货"项目，以便促进企业的物流管理向精细化方向发展。而最关键的一步，便是推行"统仓统配"，也就是将所有的仓库和经销商存货都集中起来管理，高效统一配送各仓库的货物。安得智联以"一个美的"的身份，将集团各地的营销中心和代理商连接起来，一改以往层层递进、效率不高的模式，使整个渠道的物流得到了最大程度的优化。"T+3"模式的效果是显而易见的，与改革前对比，洗衣机事业部市场反应速度明显加快，代理商开始向精准营销、及时促销的运营商转型。洗衣机事业部的库存大幅减少，去库存成效显著，最鼎盛的时候，洗衣机库房由 120 万平方米缩小到 10 万平方米，物流周转期也基本在 3 天左右。这次洗衣机事业部的数字化试点，从产销协同、交期透明、下线直发、供方协同等四个方面进行变革，获得了引人注目且发人深思的战果，为美的集团提供了珍贵的实验样本，也为"T+3"模式在整个集团内的推行提供了有力支撑。

　　基于 C2M 的商业思路，美的集团打通了产销全链路数据，以终端用户数据逆向驱动生产模式调整与转型。而在"T+3"管理模式中，美的集团大量采纳了数字化应用，利用数字化技术创新项目管理方法，提高生产流程中每一个环节的运营效率，大大缩减了竣工时间，实现了整体生产链和价值链

---

　　① 陈雪频：《美的数字化转型"三级跳"：9 年 120 亿》，《国企》2021 年第 19 期。

的优化与增效。信息化、智能化运营带动公司业绩呈几何式增长，美的集团迎来了商业模式、管理模式、产销模式、研发模式全面升级的数字化 2.0 时代。

（三）打造全流程绿色产业链——数字化3.0

2017 年 10 月国家发改委印发《关于深化"互联网+先进制造业"发展工业互联网的指导意见》。同年 11 月工业互联网产业联盟发布了《工业互联网平台白皮书（2017）》，这是工信部首次公布的行业标准。2018 年，工业互联网被列入"新基建"范畴，上升到国家战略层面。2018 年，美的集团得益于软件建设能力比较成熟，已经有足够的条件来构建一个工业互联网平台，此时，美的集团正式对外界公布了 M. IoT 工业互联网平台 1.0，这是中国第一个拥有制造业知识、软件、硬件"三位一体"的独立工业互联网平台。[①] 伴随着 M. IoT 工业互联网平台的应用，美的微波炉核心部件磁控管工厂内过去劳动力密集的情形消失无踪，充分证明了美的工业互联网平台的成果。过去，制造行业对"黑灯工厂"的模式颇具认同感，即关掉电灯，在无人工介入的情况下，完全自动化生产。但是，在这个过程中，数据采集是难点，仍然是"开灯"状态下的手工采集。但美的集团的磁控管工厂，可以在车间和生产线上，对每一个步骤进行实时监控，哪怕是在"黑暗"中，也能随时监控到每一个细节。另外，还可以利用协同云计算，将所有的生产环节与供应商联系在一起。工厂不仅可以为供货商提供精确的进货时刻，还可以对进货物料进行自动检验。工业互联网的出现和发展使生产变得更稳定、更安全、更高效。美的集团的 M. IoT 工业互联网平台目前应用于超过 40 个生产基地，能生产运作过万种产品，可以为多层、复杂的工序提供柔性的解决方案。与此同时，美的集团的 M. IoT 工业互联网平台也不仅局限于自己使用，其美云智数已经将成熟的产品和解决方案输出给其他企业，形成了互惠双赢的生态圈。2020 年，美的发布了 M. IoT 工业互联网平台 2.0 版本，形成了包

---

① 陈雪频：《美的数字化转型"三级跳"：9 年 120 亿》，《国企》2021 年第 19 期。

括美云智数、安得智联、库卡中国、美的机电事业群、美的暖通与楼宇事业部、美的金融、美的采购中心、美的模具在内的美的智能制造八大矩阵。① 目前，美的集团基于 M. IoT 工业互联网平台构建了一套独具特色的工业互联网系统，并且以美云智数为载体，将服务输出至 40 多个细分行业、超 200 家行业领先企业，促进了工业经济中各种生产要素的有效分享。

在美的集团的数字化 3.0 时代，5G 技术得到了广泛运用。2019 年是中国 5G 商用年，5G 技术未来将会在智能制造等行业得到广泛的应用，这也使得 5G 网络发展受到了广泛的关注。同年美的集团也推出"全面数字化、全面智能化"的发展战略。作为国家工信部"5G+工业互联网"示范工程试点，美的集团内的微波事业部和清洁事业部与中国电信、华为共同打造了智能制造车间，并以实际行动描绘了"5G+工业互联网"新蓝图。在三方共同努力下，实现了"5G+工业互联网"全流程互联化、可视化。在美的智慧工厂 5G 的应用成果随处可见，在智能安全上，园区内实现了全覆盖、4K 高清图像、实时回放的视频监控；在智能看板上，采用 5G 技术对生产线进行实时生产数据采集；在 MES 系统二维码识别上，完成了对商品的追溯，识别准确率为 99.999%。在数据处理上，基于 5G 网络对系统数据进行收集，不仅可以迅速地找出系统最佳运行参数，而且可以对系统进行故障诊断。美的集团于 2017 年收购了世界上规模最大的机器人及自动化生产设备和解决方案供应商——库卡，开始进军工业机器人领域。生产流水线上的库卡机器人对数据传输的稳定性有较高的要求。使用 5G 网络之后，库卡机器人可以更快地接收消息和执行命令，并且具备更强的抗干扰能力。操作员可以通过遥控方式对机器人进行作业分配，实现对生产的有效控制；在采样线上，通过遥控方式亦可以让机器手臂在任何时候都可以进行取样、检测。这些应用场景，充分体现了集团从数字化向数智化的转变，以及由此产生的生产效率和价值的提升。美的集团的 IT 总监周晓玲指出，美的集团未来会联手相关企业展开深度合作，带动上下游企业解决更多难题，使 5G 技术应用

① 陈雪频：《美的数字化转型"三级跳"：9 年 120 亿》，《国企》2021 年第 19 期。

于更多种多样的场景，探索更加成熟完备的解决方案。美的集团数字化 3.0 的经验不仅可以在美的全球生产基地得到有效应用，还可以借助美的 M. IoT 工业互联网向外赋能，为中国的智能化制造做出贡献。

四　美的集团数字化转型升级的启示

美的集团的数字化转型成果被广传美谈，但不为人知的是其也曾因投入大而成效不足而焦虑迷茫。尽管数字化转型存在阵痛，但美的用十年时间依靠壮士断腕的自信担当实现了转型升级并证明：数字化转型是企业可持续发展的必选项。从"街办生产组"到"家电巨头"再到"科技先锋"，数字化转型让美的"如虎添翼"，在可持续发展的道路上稳步前行，充分释放绿色效益。美的集团在数字化探索实践中历久弥新，用奋斗、务实、创新、开放的步伐为广东乃至中国制造企业数字化绿色转型提供了以下经验。

（一）拥抱信息时代变革，争当数字化转型先锋

美的创始人何享健具有典型的粤商企业家特点，同样地，美的企业文化也具备广东民营企业的典型文化特征——敢为人先。在改革开放的大潮和广东经济转型升级的浪潮中，美的集团是掀起惊涛骇浪的弄潮儿。回顾半世纪峥嵘岁月，美的之所以能有今天的成就，离不开高瞻远瞩、洞察机遇的能力，从创业伊始到关键战略节点都牢牢抓住了机遇。早在 2012 年美的集团就拥抱信息时代的变革，成为首批"吃螃蟹"的企业，担起数字化转型的大旗，埋头务实全力推进数字化转型，从旁人无法理解的豪掷 170 亿元进行数字化建设，到默默耕耘数字系统开发和数字技术研发，美的集团的行动深刻地诠释着何为"勇敢"与"踏实"。值得注意的是，经营收益从不是美的数字化改革的最终目的，其更看重的是数字化成果转化，赋能绿色低碳发展。目前数字化升级转型已经在美的集团开花结果，数字化运营让美的集团实现生产流程精细化、生产设备数控化、生产监督自动化，为绿色生产精准增效，持续为社会传递绿色正能量。

（二）重视科研投入，压实绿色生产责任，打造绿色灯塔工厂

美的集团一直坚持通过研发投入提升产品的科技含量，平均每年投入100亿元致力于创新研究，以使生产更精益化、研发体系更精英化。近年来，美的集团积极响应国家绿色低碳发展战略号召，奋力探索人与机器的协作关系，谋求技术创新，夯实绿色生产根基。美的集团的多家工厂被评为全球灯塔工厂，多款产品被列入国家能效"领跑者"和工信部"能效之星"产品目录。美的集团为了打造绿色全流程生态圈，除了打造灯塔工厂、生产绿色节能低碳产品外，还积极布局回收废旧家电业务，攻关环保拆解废旧设备的技术，助力国内家电产业进一步绿色升级。未来美的集团将加快绿色创新步伐，打造更多的灯塔工厂，进一步推进制造绿色化。

（三）全球布局绿色运营，引领世界走向绿色未来

美的集团的血液内流淌着粤商的务实开放基因，在20世纪80年代就把市场重心投向国外，现已蜕变成国际化科技集团。产品技术领先在美的集团的经营使命中处于首要地位。美的集团多年来一直重视科研投入，通过完善研发体系、建立合资公司等方式实现业务创新，由此推动生产乃至产品达到绿色化目标。当前，美的集团已在6个国家或地区拥有12个生产基地，包括南美、东欧、越南、印度和埃及等。在2022年全球首届"碳中和"世界杯的场地上，美的集团的低碳、绿色智能设备代表中国制造业在世界级大舞台上展示了综合实力。美的集团的绿色产品正在发挥绿色效应，随着美的集团的发展，其绿色足迹会愈发遍布全球。

（四）发挥行业领军优势，协同上下游绿色发展

作为全球500强企业的美的集团，深知充分发挥行业领军示范作用对推进绿色发展而言具有重大价值，致力于构建全球绿色环保供应链体系，优先将绿色工厂纳为备选供应商，坚持采购绿色材料，协同上下游企业低碳减排。美的集团的事业部工厂正在重点实施绿色低碳转型措施，积极将绿色融

入设计、采购、制造、物流、回收、服务等生产环节，大力发展绿色经济，强化环保供应支撑，推动产业实现降碳减排目标。

美的集团以敢为人先、务实开放的干劲钻研数字化，未来将充分发挥数字化优势，赋能低碳绿色发展之路。继续加大研发投入，基于绿色高效产品，为全球发展谱写绿色新篇章；充分发挥行业先锋作用，以环保智能生产，推动产业绿色低碳转型，形成绿色生产解决方案，为制造企业提供绿色参考经验，为中国乃至全球的碳减排做出贡献。①

---

① 陈莉：《实现"双碳"目标，美的启动家电绿色回收行动》，《电器》2022年第4期。

第二章
广晟集团：
绿色智能制造的转型发展典范

一　集团简介

（一）集团整体情况

广东省广晟控股集团有限公司（以下简称"广晟集团"）成立于1999年，注册资本金100亿元，是广东省属国有独资重点企业。经过20多年的发展，广晟集团成为以矿产资源、电子信息为主业，环保、工程地产、金融协同发展的大型跨国企业集团，成为主业实业优势突出、控股上市公司最多、科技创新能力最强的广东省属骨干龙头企业之一。目前广晟集团有16家一级企业，控股6家A股上市公司（中金岭南、广晟有色、风华高科、国星光电、佛山照明、东江环保）（见图1），是中国电信的第二大股东。[①]

广晟集团坚持以习近平新时代中国特色社会主义思想为指导，全面贯彻党的二十大精神，深入学习贯彻习近平总书记对广东重要讲话和重要指示批示精神，积极贯彻落实省委、省政府关于国企改革的决策部署，锚定"奋进世界500强"目标勇毅前行，不断优化产业布局和产业结构，推动科技

[①]　卢文刚、汪东兵、谭喆、王晨星、李向利：《新发展阶段大型跨国国企深化"三项制度"改革研究——以广晟集团领导干部竞聘工作为例》，《领导科学论坛》2022年第4期。

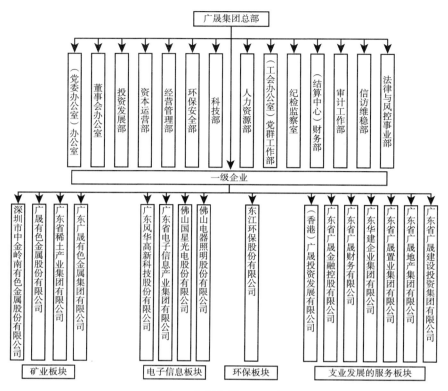

图 1　广晟集团组织架构

强企，全面深化改革，高质量发展迈出坚实的步伐。① 截至 2022 年底，集团资产总额为 1687.84 亿元。2021 年实现营业总收入 1059.5 亿元、利润总额 53.8 亿元、净利润 42.7 亿元，主要经济指标位居省属企业前列；拥有高新技术企业 64 家，国家级和省级研发机构 74 个，累计授权专利 3672 项，其中发明专利 865 项；累计获得省部级以上奖项 210 项，其中国家级奖项 16 项，多项创新指标持续稳居省属企业第一。广晟集团现有员工 6 万人，其中中共党员 5700 多人。集团在 2022 年中国企业 500 强中排第 238 位、"中国跨国公司 100 大"中排第 85 位。

---

① 卢文刚、汪东兵、谭喆、王晨星、李向利：《新发展阶段大型跨国国企深化"三项制度"改革研究——以广晟集团领导干部竞聘工作为例》，《领导科学论坛》2022 年第 4 期。

（二）集团主要业务板块

目前，广晟集团矿业板块已成为广东省促进资源优化升级的重要平台，控制的矿产资源分布在四大洲 9 个国家，国内主要分布在广州、深圳、珠海、汕头、粤北、粤西、粤东等地，铅锌采、选、冶综合能力稳居全国第三、世界前五，广东稀土产业集团是国务院确定的六大国家级稀土企业集团之一；电子信息板块在省属企业中独树一帜，拥有国内最大的新型元器件及电子信息基础产品科研、生产和出口基地，拥有自主知识产权及核心产品关键技术，拥有国内 LED 照明全产业链的龙头企业，综合实力位居全国第一；环保板块是广晟集团坚定践行习近平生态文明思想、打好全省污染防治攻坚战的重要抓手，也是广晟集团参与构建全省"一核一带一区"区域发展新格局的重要平台，危险废物、固体废物处理综合实力位居国内第一；工程地产板块拥有从设计、施工、监理、销售到物业管理的全产业链；金融板块已成为广晟集团盘活资源和参与社会产业合作的平台。

（三）集团绿色发展概况

在共同应对气候变化的背景下，全球经济正加速向低碳化、无碳化方向转变。近年来，国家先后出台政策，强化绿色经济发展导向。我国明确提出二氧化碳排放力争于 2030 年前达到峰值、2060 年前实现碳中和。2021 年，《中华人民共和国国民经济和社会发展第十四个五年规划和 2035 年远景目标纲要》提出要发展绿色经济。广东省发布《广东省国民经济和社会发展第十四个五年规划和 2035 年远景目标纲要》，提出要构建高质量绿色低碳能源保障体系。2021 年，《广东省科技创新"十四五"规划》提出，要增强科技助力生态保护和绿色发展能力。[①] 广东省作为全国首批低碳试点省份，已在国内率先形成全方位、多层次的低碳试点体系。

---

① 丁瑶瑶：《让绿色成为高质量发展的鲜明底色》，《环境经济》2021 年第 6 期。

广晟集团作为广东省属国有企业的龙头，主动承担起自身的责任和使命担当，树立"生态优先，绿色发展"的发展理念，围绕集团的主责主业，聚焦矿业板块、电子信息板块和环保板块三大主营业务，分头开展绿色发展工作，采取强化绿色技术攻关、推动生产设备数字化升级改造，加快发展方式向绿色转型，大力开展污染物治理，强化生态系统修复和稳定性保护等务实措施，取得了积极成效，成为绿色智能制造的发展典范，为促进集团高质量发展起到了重要的推动作用，为广东生态环境保护做出了重要贡献。

在矿业板块，坚持"预防为主、防治结合、综合治理"的总体思路，一方面，通过加强产学研合作，攻克了一批绿色生产的关键技术，从源头上减少了污染物的产生。另一方面，通过对生产设施的绿色化、智能化改造，推动了资源的集约化利用，提高了金属回收率。同时，通过对污染物的专业集中处理和对已破坏环境生态的综合治理，最大限度地保护了生态系统的多样性、稳定性和可持续性。

在电子信息板块，紧跟新一轮科技革命和产业变革发展趋势，抢抓新一代信息技术、新能源、物联网等新兴产业发展机遇，不断使产业链向绿色低碳、数字化、智能化延伸，开辟新赛道，创造新优势，推动集团整体向绿色智能制造转型。围绕高端电子元器件、LED 封装、通用照明等主要业务加大研发力度，不断将新技术新产品的应用场景拓展到海洋、农业、新能源、健康医疗等绿色低碳行业。同时，电子信息板块各企业踊跃参与数字化转型竞赛，形成奋勇争先、赛龙夺锦的良好氛围，佛山照明、国星光电、风华高科等纷纷打造智能车间、全自动生产线，节能减耗增效明显，受到相关政府部门的认可并被官方媒体等报道。

在环保板块，依托控股上市公司东江环保，提供一站式危废处置服务。面对同行业激烈竞争和集团绿色转型迫切需要，强化管理模式创新，一方面，"以价换量"抢占市场份额，扩大服务网络，做大市场规模；另一方面，以废物资源化利用为主线，通过收购等方式，调整产业结构，切入稀有金属回收利用领域。

二　打造绿色智慧矿山

矿业板块是广晟集团的主要支撑业务之一，其下属企业有深圳市中金岭南有色金属股份有限公司、广晟有色金属股份有限公司、广东省稀土产业集团有限公司、广东广晟有色金属集团有限公司、广东省广晟冶金集团有限公司、广东省大宝山矿业有限公司、广东省黄金集团有限责任公司、广东省广晟矿产资源投资发展有限公司、广东省广晟香港能源投资（控股）有限公司等，主要从事有色金属矿产品的生产、加工、销售，有色金属产品的批发与进出口，化工建材生产，物业管理，造纸等业务。主要产品有铅精矿、锌精矿、铅锌混合精矿、硫精矿、电铅（国家金质奖、LME 注册）、精锌（国家银质奖、LME 注册）、电锌、白银（LBMA 注册）、精镉（国家金质奖）、无汞电池锌粉、纤维状特种镍粉、荔山牌 FTB-42 钽粉、低氧钽粉、高纯钽等。

2012 年以来，广晟集团积极响应国家号召，以绿色转型升级为目标，担负起省内所属矿山的环境综合整治及绿色修复责任，实行全产业链固废循环综合利用模式，探索出一套独具特色的绿色发展之路，不仅节约了生产成本，提高了生产效率，还破解了资源枯竭窘境，推动了矿业的可持续发展，有效兼顾经济效益和生态效益，为推动集团高质量发展提供了支撑。其子公司中金岭南先后获得"第三届（2021 年度）中国有色金属工业年度绿色发展领军企业""中国铅锌行业绿色发展杰出贡献奖""中国上市公司 ESG100 强""广东省首届国土空间生态修复十大范例"等荣誉，大宝山矿先后获得"广东绿色矿山""2020 年度绿色矿山突出贡献单位""广东省首届国土空间生态修复十大范例""2022 年度通报表扬生态修复工作单位"等荣誉，并受到国家生态环境部、中央生态环境保护督察组、国家"山水林田湖草"生态保护修复示范工程考评组等的好评。

（一）绿色矿山治理模式及成功经验

广晟集团积极践行"绿水青山就是金山银山"的发展理念，紧密围绕

"绿色矿山建设"这一战略任务，打造"五位一体"的矿山治理模式，将往日大地"疮疤"转变成山清水秀、风景宜人的绿色矿山。2018年，下属子公司中金岭南"锌清洁冶炼与高效利用关键技术和装备"项目获国家科技进步二等奖，其主要经验如下。

一是强化产学研合作，攻克新型绿色技术。广晟集团联合中山大学、中南大学、江西理工大学、长沙矿山研究院、中科院广州地球化学研究所等高等院校、科研机构，就环境治理及绿色技术研发加强合作，进一步优化采矿工艺，加强对矿区周边的环境治理和土壤修复，成功研发帷幕注浆、二氧化碳除硫、超细粒级尾砂充填、废石高效分选、矿区土壤重金属钝化等绿色生产技术，从源头上减少对环境的破坏。比如，通过首个"揭榜挂帅"项目——"绿色无氨新型稀土矿开采工艺的工业应用研究"引来中南大学邱冠周院士团队揭榜，运用业界首创的生物冶金浸取稀土技术开展稀土矿开采试验，试验成功后引领稀土开采业界划时代的技术革命；与江西理工大学校企合作离子吸附型稀土矿钙盐浸矿提取稀土项目，突破长期制约我国南方离子吸附型稀土矿开采行业发展的氨氮环保瓶颈，在提高开采效率、绿色利用水平的同时，降低了工艺成本，推动了我国南方离子型稀土矿绿色高效开采示范技术的发展，该项目经中国稀土学会专家鉴定达到国际领先水平。

表1　近年来广晟集团在矿业领域的重点产学研合作项目示例

项目名称	合作单位
城市废物高值化协同处置技术创新平台	中南大学、长沙矿山研究院
稀贵金属绿色回收与提取实验室	广东省科学院
铅锌矿搭配金属基固废铅锌同步冶炼技术装备及示范（国家重点研发计划）	中南大学、长沙有色冶金设计研究院、长沙有色冶金设计研究院有限公司等
绿色无氨新型稀土矿开采工艺的工业应用研究	中南大学
钙盐提取稀土成套工艺技术研发	江西龙南南裕公司、江西理工大学
"原位基质改良+直接植被"生态修复技术	中山大学等科研机构
多孔介质燃烧技术	东莞松山湖材料实验室、韶关先进材料研究院
城市矿产ISP无废冶炼关键技术研究项目	中南大学

二是加大绿色技术改造力度，实现节能降耗、提高回收率。广晟集团积极践行"绿水青山就是金山银山"的发展理念，深入贯彻落实国家"双碳"政策要求，高度重视矿山的环境保护问题，加大投入力度，通过实施绿色技术改造项目（见表2），不仅解决了扩大生产"卡脖子"难题，还大大降低用水量，解决废水废渣废气处理等问题，提高金属回收率，节省生产成本。比如，广晟有色所属的德庆兴邦稀土新材料有限公司（以下简称"兴邦公司"）自主研发新型萃取直角传动装置，取代原有传统的皮带轴承座传动装置，实现传动噪声降低20%左右，节省电量30%以上。中金岭南按照"矿山无砂 冶炼无渣"的战略思路，在韶关冶炼厂开展多孔介质燃烧技术改造项目，有效促进锌冶炼过程的节能减排和经济效益提升，氮氧化物排放浓度和一氧化碳排放浓度远低于行业标准，年减碳1万吨、节约燃气成本2000万元，为燃气高效清洁利用和国家"双碳"目标的实现提供了新途径。丹霞冶炼厂率先大规模运用氧压浸出工艺。该工艺清洁环保，有利于提高金属回收率（见图2）。韶关冶炼厂引入英国ISP工艺专利技术，实现了工业废水零排放。

表2 广晟集团矿山绿色技术改造项目示例

公司	项目
凡口铅锌矿	选矿废水深度处理与回用系统改造
凡口铅锌矿	井下疏干废水处理系统改造
韶关冶炼厂	多孔介质燃烧及热工装备、烟化炉节能环保技术改造
丹霞冶炼厂	锅炉升级改造煤改气项目
大宝山矿	选硫工艺升级技术改造
丹霞冶炼厂	炼锌渣绿色化升级改造项目
甘肃广晟稀土新材料有限公司	碳酸稀土沉淀生产线技术改造
江苏广晟健发再生资源股份有限公司	萃取车间稀土永磁电机改造
兴邦公司	新型萃取智能化绿色环保技术改造

三是科学统筹谋划，开展环境治理修复。基于环境保护形势和各矿山资源禀赋及其发展需求，广晟集团提出了"源头防控、过程阻断、末端治理、

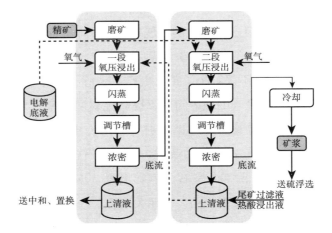

图2 丹霞冶炼厂氧压浸出流程

风险防范"的生态修复总体思路。①"十三五"期间，广晟集团启动了"矿山复垦复绿""节能减排""智能改造"三大工程，累计投入近30亿元，对省内下属九大重点矿山开展综合治理修复，总矿区面积超170平方公里。比如，大宝山矿区建设凡洞村尾矿库及处理厂、李屋拦泥库建设外排水处理厂、李屋拦泥库清污分流工程、矿区及周边区域生态修复等11项重点环境综合整治项目，实现重金属与水资源的有效分离；在凡口铅锌矿累计投入1.4亿元，实施矿区生态修复工程，建立了尾矿生态公园、矿山公园、地下帷幕坝等，保护了生态多样性，促进了矿山遗迹保护和当地旅游业发展。

四是大力推进数字化，建设绿色智能矿山。广晟集团深刻把握数字化促进企业绿色转型的内在机制，推动所属企业和矿山通过数字化建设，促进企业绿色转型升级。比如，广晟有色形成了从稀土开采到加工的完整产业链，涉及稀土智慧矿山、稀土绿色分离、稀土金属加工及稀土智能制造。2021年，广晟有色以华企稀土智能矿山绿色化建设示范工程项目和富远稀土矿分离生产线异地搬迁升级改造项目为抓手，围绕智慧化、自动化、互联网化的

① 箴言：《大宝山：因环保而生》，《环境》2020年第5期。

发展理念，全力打造绿色高效的智能稀土矿山示范工程和稀土分离智慧工厂示范基地。中金岭南积极推进数字化建设，获得"2020年度深圳企业数字化杰出奖"荣誉称号，凡口铅锌矿、丹霞冶炼厂、韶关冶炼厂均以打造智能矿山、做强绿色矿业等为发力点，积极内增外延，不断加快数字化进程。凡口铅锌矿实现采、选、抛、运、供油等全链条智能化建设；丹霞冶炼厂建设智慧中心，通过建设布控球等设施，实现对包括安全监测在内的全领域智慧管理。

案例　凡口铅锌矿智能矿山

凡口铅锌矿位于韶关市仁化县，2019年开始建设智能矿山，综合运用5G、人工智能、物联网等新一代信息技术，对矿山中的采矿、选矿、运矿、抛矿、供油等流程进行智能化改造，不仅提高了生产效率，节约了人力成本，还降低了安全事故发生概率。

采矿方面，采用井下5G项目，对采矿车进行控制，实现轨道行驶无人化。

选矿方面，设立智能管控中心，实施自动上料、磨矿和远程添加浮选药剂，金属回收率达92%以上，在业内处于领先地位。

运矿方面，建立了12个基站，实现5G信号轨道全覆盖，并建立了智能运输控制系统，对驾驶员驾驶、机车定位、轨道偏航等情况开展实时监控（见图3）。

图3　智能运矿系统控制室

抛矿方面，2022年3月投产智能抛矿机，采用XRT（智能射线机技术）对尾矿进行智能识别和分选，分离出矿石和废石，经分选、清洗过的废石被加工成建筑材料外销，对筛选出的矿石进行有价金属回收，不仅减少了矿渣的产生，也提高了资源利用率。

供油方面，与中石油韶关分公司合作，率先在深井中建立智能供油装置（见图4），铺设3000多米的输油管，并建立PLC智能集成控制系统，将地面石油直接输送至3个地下智能加油点，实现24小时自助加油，替代了原来由运油车从地面通过井下大斜坡运输到井下各储油装置的高危低效方式，节约了28人次的人力成本和每年约350万元的运营成本。

图4　智能供油装置

五是建设废弃物治理设施，开展系统性污染治理。广晟集团为打造绿色矿山、加强环境保护，要求下属子公司和矿山建立专门的污染物处理设施（见表3），废水、废气、废渣、噪声等要经过严格的处理，达到相应的标准后才能排放。比如，广晟集团二级子公司石人嶂公司、兴邦公司、富远公司、和利公司、嘉禾公司均建立由石灰制乳系统、自动加药系统、中和反应池等全套设施构成的污水处理站，红岭公司建立了基于石灰乳化系统和尾矿库物理沉淀系统等的废水处理设施，兴邦公司、富远公司、和利公司、嘉禾公司还建设碱式喷淋吸收塔等废气处理设施。同时，广晟集团注重加强对厂区或矿区及周边的污染排放监测，通过采取与生态环境部联网以及委托第三方定期监测的方式，加强对矿山或公司周边环境生态的保护。

表3 主要设施及技术/工艺流程

主要设施	子公司	技术或工艺流程
井下疏干水澄清系统、选矿废水回用系统等设施	深圳市中金岭南有色金属股份有限公司	废水治理:清污分流、雨污分流,末端净化,物理沉降,生物协同氧化
		废气治理:布袋除尘、湿法除尘及高效电收尘工艺、先进的离子液吸收
		污染监测:与生态环境部门联网,实时监控;建立环境监测部门或委托第三方机构定期开展水气声渣监测
清污分流工程、污水处理厂	广东省大宝山矿业有限公司	缓冲、沉淀、石灰乳化、重金属离子捕捉、pH值调节等
污水处理站、碱式喷淋吸收塔等	广晟有色金属股份有限公司	污水:经中和沉淀、多级沉降,经污水站总排放口,再通过当地工业园污水管网排放
		酸溶废气:经碱式喷淋吸收塔净化、静电吸附
		中和渣和酸溶渣:定期委托有资质单位处理

(二)大宝山矿的绿色转型之路

大宝山矿隶属于广晟有色金属股份有限公司,是广晟集团的主要矿山之一,位于韶关市曲江区沙溪镇辖内,是国家矿产资源综合利用示范基地、国家高新技术企业、国家绿色矿山企业,始建于1958年,1966年建成投产,大宝山矿,矿如其名,蕴藏有铁、铜、硫、铅、锌、钨、钼等多种丰富矿产资源(见表4),是一座名副其实的宝山,被称为"南国矿业明珠"。矿山各类资源的潜在经济价值在1000亿元以上。2017年,大宝山矿快速、高效、低成本建成华南地区最大、最先进、最环保的铜硫选厂,在全省生产铜排第一、生产硫排第二、钨精矿居前列。

表4 大宝山矿的矿物种类及数量

单位:万吨

现年产销	种类	铜精矿	精硫矿	钨精矿	硫酸	磷铜加工	—
	数量	1.4	110	0.1200	13	1	—

续表

采矿权 范围内保有	种类	铜金属	钼金属	钨金属	铅锌金属	硫矿石	铁矿石
	数量	31	5	3.3	9	6700	206
探矿权 范围内保有	种类	铜金属	钼金属	—	—	—	—
	数量	15	30	—	—	—	—

1. 历史上的大宝山矿

在大宝山矿的开采历史上，由于曾经采用"大干快上"等粗放式发展方式，环境保护设施超负荷运转，加上周边居民对矿山的非法盲目开采，大量的重金属矿渣和偏酸性废水直接排放，造成农田和湖河鱼虾大量死亡，给周边生态和居民健康带来了极大的危害。美丽的大宝山变成满目疮痍的大地瘤疤。

曾经的聚宝盆逐渐变成资源面临枯竭、技术落后、濒临关闭的危机矿山，在此形势下，大宝山矿痛定思痛，决定不惜成本走绿色转型之路。2012年3月，大宝山矿被列为第二批国家级绿色矿山试点单位。[①] 为保证绿色矿山建设项目顺利实施，大宝山矿坚持环境保护和生产发展"两手抓""两手硬"，按照绿色矿山建设规划开展工作，以建设国家级矿产资源综合利用示范基地为着力点，从提升资源开发利用水平、促进伴生资源利用、加强矿区环境生态治理、加快现代化矿山建设、全面提升企业良好形象等方面入手，以开采方式科学化、资源利用高效化、生产工艺环保化、矿山环境生态化[②]为目标，加强自然资源的循环利用，全力推进矿山绿色转型升级，顺利完成了矿山周边生态整治修复工作，实现了资源开发的经济效益、生态效益和社会效益协调统一。[③]

---

① 《国土资源部关于贯彻落实全国矿产资源规划发展绿色矿业建设绿色矿山工作的指导意见》（国土资发〔2010〕119号）。
② 《国土资源部关于贯彻落实全国矿产资源规划发展绿色矿业建设绿色矿山工作的指导意见》（国土资发〔2010〕119号）。
③ 《国土资源部关于贯彻落实全国矿产资源规划发展绿色矿业建设绿色矿山工作的指导意见》（国土资发〔2010〕119号）。

2. 主要做法

一是改善土壤酸性，进行地质修复。加强与中山大学的产学研合作，攻克具有国际引领性的"原位基质改良+直接植被"生态修复技术，在没有引进客土的情况下，对铜硫选厂周边区域的土壤进行修复，利用微生物群落改善土壤 pH 值，降低土壤酸性，使土壤 pH 值由 2.5~3.0 提高至 4.5~5.0，达到马尾松、芒草等草本植物的生长条件，采取套种的方式，种植马尾松、灌木与草皮，面积达 42000 平方米。通过柔性土壤酸性改良，使重金属得到有效固定，共减排铜 0.46t/a、铅 0.035t/a、锌 1.089t/a、砷 0.005t/a 和镉 0.012t/a。同时，种植草木，有利于土壤凝结固化，减少了水土流失和重金属污染，治理成效显著。采用同样的方式，在中央和省级财政支持下，2013年大宝山矿对矿山中东部、北东部堆土场和南部内排土场进行了地质环境治理，完成绿化面积 12971 平方米（见图 5、图 6）。

图 5　内排土场治理前

二是坚持标本兼治，进行全流程污水处理。大宝山矿近年来累计投入10 多亿元，完成 11 项环境整治工程，特别是建成李屋拦泥库外排水处理扩建工程的一期和二期，污水日处理能力合计达到了 6 万立方米，是目前全国最大的重金属污染治理厂。同时，为避免雨季时期出现污水外排现象，修筑了排洪隧道，对李屋拦泥库进行治理，腾出有效的储水库容，修建和加高了拦洪大坝，将矿山污水全部收集到李屋拦泥库外排水处理厂进

图6 内排土场治理后

行处理，采场自然的污水则将全部收集至凡洞村新尾矿库进行处理，实现污水100%循环回收利用，经拦泥库外排水处理厂处理后水质达到广东省地方标准《水污染物排放限值》（DB44/26-2001）中第二时段一级标准和《铜、镍、钴工业污染物排放标准》（GB25467-2010）中较严标准。矿山以上做法得到中央、省、市环保部门的认可，大宝山矿的环保信用等级连续两年为蓝牌。

三是持续强化技术改造，提高资源利用率。大宝山矿按照国家绿色矿山标准化要求，坚持资源节约与综合利用的开发原则，加强管理和技术攻关，对选矿工艺流程进行技术改造，对尾矿进行再回收，取得积极成效，特别是2017年建成华南地区规模最大且技术"国内一流、国际领先"的7000吨铜硫选矿厂。创新无止境，科技勇向前。2020年，大宝山矿投资3000多万元，分步实施脱锌扩容工程、铜精炼作业、药剂自动添加系统、铜尾矿渣浆泵系统、选硫浓缩作业、选硫工艺等技术改造项目。尤其是2021年12月初试验成功的选硫工艺升级技术改造项目，彻底解决了公司硫过滤能力不足、硫精矿含水偏高等问题，极大地提高了硫精矿的产量和质量，并大幅度缓解了公司环保压力，年增加硫精矿约18万吨，仅用两个半月的时间就收回全部投资。同时大宝山矿还建立了两个伴生资源钨选厂，设计钨回收率50%，可回收伴生钨金属约2.0万吨，属中型钨矿山。

四是强化管理制度创新，激发人才活力。大宝山矿以南粤工匠、全国劳模等为领军人物，创建6个创新工作室，充分发挥创新人才的科研自主性和创造积极性。其中，"南粤工匠钟国建创新工作室"以与时俱进的创新思维，根据工作需要设置工艺组、设备组、电气组等 5 个创新工作小组，聚焦矿产选采面临的急难愁盼问题，开展技术交流和研发攻坚，立志把铜硫选厂建设为国内一流选厂。比如，工作室在国内首创技术先进的铜硫选矿可变流程的基础上，采用填补国内空白的二相流技术改造，并结合先进的泡沫识别技术及配套的智能操作系统，彻底解决因嵌布粒度不均匀、矿物比重差异和可浮性参差不齐等原因造成的选矿指标波动的症结，使大宝山矿复杂高酸化难选型铜硫矿回收率提升至 88%，成为国内同行业的技术标杆。工作室先后实施大小技术改造 1000 余项，南粤工匠钟国建先后主持实施了 130 多项重大技术改造，累计为公司创造经济效益超 50 亿元。

五是推进数字化建设，开启"互联网＋安全生产"多维度监督模式创新。2016 年 6 月，大宝山矿实施了数字矿山一期工程建设项目，整理与分析矿山地质、勘探、测量、安全等数据，通过各种图件 500 张、勘探工程记录 60000 条，创建了数字化矿山三维平台和统一资源管理系统，构建了 20 多万平方公里的三维地表模型和大宝山矿区矿床模型，并将其运用于资源储量管理和采矿生产管理。现已建成以数字矿山系统为核心，引进 Dimine 数字矿山软件为支撑，办公自动化系统为辅助的完善的企业信息化系统。借助于这一先进信息化系统，大宝山矿按合理的采矿设计科学组织生产剥离，结合采场实际合理调整采掘设备，建造标准化作业场地，可以最大限度一次性采选可利用矿产资源。同时，这一系统采用边坡雷达监测和变形测量、激光三维扫描等技术，实现对地下采空区重大安全隐患和高边坡的监测，确保露天采场安全。

3. 取得的成效

矿山面貌大幅改观。大宝山矿通过以上整治措施，完成了从黑色向有色的华丽转型，成为全国同类矿山转型升级的典范。另外，大宝山矿对一河两岸、宝山文化广场、岑水花园、第一生活区及游泳池等进行了改建和美化绿化，社区建有大小花园 8 个，共植树 28.99 万棵、铺设草坪 9.89 公顷、复垦 9.46 公顷，社区可绿化率达 98.86%，矿区公路和主要干道绿树成荫。大宝山矿因此先后获得"广东省绿化美化先进单位""广东省花园式工厂"等荣誉称号。

矿物回收率有效提升。"南粤工匠钟国建创新工作室"开展技术攻关，实施技术改造项目，大宝山矿新选厂处理能力达到了 11000t/d 以上，铜回收率由 78.86% 提升到 88.12%，增幅为 9.26 个百分点，年新增加铜金属量约 2000 吨；总硫回收率由 79.97% 提高到 90.04%，增幅为 10.07 个百分点，年新增硫精矿约 35 万吨，选矿技术属国内领先水平，成为铜选矿行业技术进步的标杆。按现市价计算大宝山矿年增加销售收入超过 2 亿元，彻底扭转了生产经营被动局面，成为韶关市亿元级纳税明星企业。

能耗率持续下降。大宝山矿对耗能设备进行更新、维修、技改并改进电气设施，通过提高设备的性能，提高产品的产量、质量，达到节能降耗的目的。近几年来对高耗能变压器、高耗能机电设备进行更换，节能效果明显。减排方面，矿山生产用水重复利用率达到 91% 以上。矿山历来高度重视"三废"治理工作。2013 年矿山对凡洞生产区和沙溪生活区路灯进行 LED 照明灯改造。采用 LED 灯照明改造后，节能减排效果明显，每年可节省电耗 54 万 kWh，减少二氧化碳排放 531.9 吨和二氧化硫排放 16 吨。

科技创新成效显著。大宝山矿坚持科技是第一生产力、创新是第一动力，每年研发强度超过 1%（科研投入占总产值比重），年研发投入总额达 7500 万元，用于技改的资金达到 5000 多万元，占产值的 10% 左右。大宝山矿与广州有色院、长沙矿冶研究院、长沙矿山研究院、中山大学、中国地质科学院等国内知名科研院所合作在铜硫绿色选矿、采空区处理、矿山环境治理、大宝山铁铜硫钨矿产资源综合利用和大宝山矿区外围（深部）地质找矿等方面进行合作，[1] 积极吸纳国内外先进的工艺技术、找矿方法和理论，提高自主创新能力，充分发挥科技创新对绿色矿山发展的引领作

---

① 箴言：《大宝山：因环保而生》，《环境》2020 年第 5 期。

用。[①] 近年来，大宝山矿业有限公司获得中国有色金属工业科学技术奖一等奖、省科学技术进步一等奖等多项大奖，2021 年获得实用新型专利授权36 项。

三　建设绿色智能电子工厂

广东是全国最大的电子信息大省，电子信息制造业规模连续 31 年位居全国第一。电子信息业务是广晟集团的第二大支柱业务，在绿色低碳发展和数字化转型中扮演着重要角色。因此，广晟集团不仅在矿业板块积极寻求绿色转型之路，在电子信息板块也积极拓展业务和延伸产业链，打造绿色智慧工厂，走上了一条绿色化、集约化、智能化、高效化的高质量发展之路。

（一）产业链向绿色智能领域进一步延展

电子信息产业是广东的支柱产业之一，广东在很多领域已处于并跑、领跑地位。使产业链向绿色低碳、数字化、智能化方向转型，抢占新兴产业和未来产业技术制高点，是广东企业迈向世界 500 强的必由之路，也是省属国资企业义不容辞的使命和担当。随着万物互联时代的到来，新一代信息通信、新能源、物联网等的应用需求持续增加，并为国产替代带来了广阔的空间，广晟集团秉持"做稳基本盘、开辟新赛道"的思路，不断延伸产业链，积极向绿色、智能领域拓展。

在电子元器件领域，广晟集团以高容量、小型化片式多层陶瓷电容器及其材料的研发为主，同时，紧跟通信设备、消费电子、计算机、互联网、汽车电子等下游新兴战略性产业发展趋势，积极布局和研发 5G 通信、新能源汽车、物联网、新型移动智能终端等领域的高端电子元件产品，推动产品系列向万物互联、智能化、数字化领域进一步延伸。

---

① 胡建军、刘恩伟：《建设绿色矿山 促进采矿业可持续发展》，《中国矿业》2012 年第 S1 期。

在 LED 封装领域，广晟集团积极锻造第三代半导体功率器件与模板，其碳化硅、氮化镓相关产品可用于新能源汽车、光伏逆变、充电桩、轨道交通及智能电网等领域（见图 7），其指示器件 CHIP LED 系列产品可以广泛用于网络通信、智能穿戴、智能家居、车载电子等。通过以上主营产品的布局，广晟集团持续为客户提供优质的绿色低碳方案，助力国家"双碳"目标的实现。

图 7　广晟集团下属公司国星光电绿色产品及应用

在照明领域，广晟集团不断向智能照明、健康照明、海洋照明和农业照明等新兴细分领域挺进。在智能照明领域，下属企业佛山照明强化产品策划和市场研判分析，加强产品概念创意、工业设计能力，不断开发和推出引领市场消费需求的特质化产品，建立了自有云平台，进行 LED+软硬件技术拓展，开展智能家居生态链产品创新，提供智能办公、智能教育、智能家居系统（包括智能门锁）、5G 智慧灯杆解决方案。在健康照明领域，佛山照明开展中小学教室照明视觉与节律健康关键技术研究，研制了智酷系列读写台灯。在海洋照明领域，佛山照明组建了海洋照明新赛道研发团队，并与中国科学院深海所搭建深海照明工程技术联合实验室。在农业照明领域，国星光电与中山市木林森电子有限公司、中国农业科学院农业环境与可持续发展研究所等知名研究院所和产业界企业联合申报的"面向现代农业高效种植需求的 LED 技术及其示范应用"项目与"面向公共卫生等领域的深紫外 LED 模组和装备开发及应用示范"项目获得 2022 年国家重点领域研发计划立项，佛山照明研发了基于多种应用场景的动植物照明和消杀方案，对于推动农业现代化、建设绿美乡村等具有重要作用。

在信息化产业领域，广晟集团着眼于中小企业数字化转型需要，依托下属电子集团，开发了电子信息领域的高端智能控制软件、信息安全软件，并率先应用于电子集团的安全环保监控。充分发挥电子集团旗下深圳南和移动的技术优势，以"产品+服务"方式打造智慧养老平台，在智慧养老产业开辟新业务。电子集团还通过资本运作的方式，收购风华新能，切入新能源赛道，完成对分布式光伏储能系统、家庭储能系统、小型动力电池等领域的布局，并取得积极成效，2023 年第一季度，电子集团新能源产业增幅超过 78%。

（二）在"低碳"赛道——绿色节能 LED 行业深耕细作

"十四五"时期是实现碳达峰的关键期，广东省能源绿色低碳发展面临更高要求，需加快能源结构优化调整步伐，利用智能化、信息化手段科学合理地进行资源配置；随着能源系统规模不断扩大，结构日趋复杂，运行安全风险凸显，需要通过大力发展非化石能源提高能源自给能力，形成煤、油、气、新能源等多轮驱动的能源供给体系；同时合理调控调峰电源，通过新型储能等调节电源缓解系统调峰压力，做到资源供应有保障。近年来，在国家"双碳"目标导向下，照明行业企业纷纷向高品质、绿色节能和智能化迈进，行业竞争十分激烈，资源和市场向优质企业集聚，同时，针对健康照明和智能照明的资本整合趋势明显。

广晟集团紧密跟踪国内外形势，提前布局"低碳"赛道，大力发展绿色节能光源 LED 产品，下属国星光电是国内第一家以 LED 为主业首发上市的企业，也是全球 LED 封装行业的龙头企业。其立足封装主体，深耕 50 余年，全力推进垂直一体化产业链布局，形成了涵盖 LED 产业链上、中游的产品体系。在核心业务封装环节，强化差异化发展路线，强化 RGB 封装，形成技术、品牌、市场优势。广晟集团在布局增量市场方面起步较早，且选取的方向技术门槛高、附加值高，如白光健康照明器件较国内厂商领先半年左右，与韩国、我国台湾地区企业起步时间一致；在片式指示业务上与知名家电厂商合作，在白色家电指示器件市场占据较大的份额，并不断开拓网通领域，保持较高的毛利率；在 Mini LED 背光布局上跟台湾隆达几乎同时起步。此外，积极布局大健康照明、Micro-LED、农业光照、UV LED、红外LED 等新兴细分领域。

广晟集团下属另外一家 LED 企业佛山照明深耕照明行业 60 余年，致力于研发、生产高品质的绿色节能照明产品。佛山照明在传统照明、工商业照明、市政照明等领域拥有一定的话语权，在佛山高明、河南新乡、广西南宁等地有多个生产基地，产品销售远至北美、欧洲、东南亚、非洲、大洋洲等120 多个国家及地区。近年来，随着应用场景的不断拓展，人们对照明领域的要求越来越高，需求更加高端化、实用化，佛山照明也逐渐将商业版图扩展至汽车照明、动植物照明、健康照明及海洋照明等领域。随着市场集聚度的不断提升，具有品牌优势的企业将更具竞争力。近年来，佛山照明打造"专业、健康、时尚、智能"的品牌形象，企业连续 17 年入选"中国 500最具价值品牌"榜单，"佛山照明"成为具有行业口碑和公众影响力的品牌，其市场竞争力不断提升。

为进一步提升在 LED 行业的影响力，加快绿色转型速度，广晟集团通过技术优势和规模优势"两轮驱动"快速构筑自身优势。

在强化技术优势方面，广晟集团的主要举措和做法是：完善研发创新体系、实施重大科技项目、开展产学研合作、加强科技奖励等。佛山照明建立了包括光电研究院在内的国家认可实验室 1 个、省级研发平台 4 个，并以研发部为主体，建设三级研发体系。将研发体系按照新赛道研发、支撑保障研发（含预研、产学研）、科技孵化、平台新产品和技术开发四大功能板块进行重构，初步形成了"生产一代、研发一代、储备一代"的技术战略布局。国星光电完善创新体系，拥有半导体照明材料及器件国家地方联合工程实验室 14 个，涵盖不同层级的研发平台，其中国家级平台 3 个、省级 11 个。依托于以上研发平台，广晟集团在 LED 行业实施了一大批重大科技项目，下属企业国星光电围绕高性能芯片技术开发、Mini LED 产品开发、第三代半导体封装与应用、非视觉细分领域的 LED 封装产品开发等，牵头和参与国家级项目 30 余项、省部级项目 100 余项。佛山照明布局 LED 前沿技术，积极开展紫外光科技产业化应用等关键技术研发，2022 年投入研发经费 5 亿元，开展高新研发项目 118 项，研发新产品 600 余项。

电子信息产业是知识密集、管理密集和人才密集型产业，要想在行业内具有竞争优势，必须开放创新，加强产学研合作，集聚高端创新资源和智力资源，攻克一批关键核心技术。近年来，广晟集团在电子信息板块高度注重产学研协同，积极与高校、知名研究机构等加强合作，共同组建重大产学研合作平台（见图 8），联合开展技术攻关等，取得了良好成效。2019 年，国星光电参与的产学研合作项目"高光效长寿命半导体照明关键技术与产业化"项目获国家科技进步奖一等奖；佛山照明与中国科学院深海研究所、清华大学、复旦大学、中国海洋大学等高校院所建立了合作关系，2022 年，佛山照明开展产学研项目 25 项，与季华实验室达成战略合作意向。

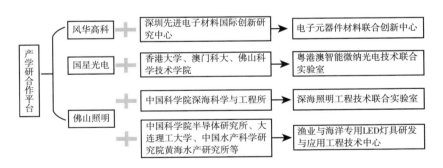

图 8　近年来广晟集团电子信息板块建立的产学研合作平台

另外，广晟集团制定《广晟公司创新驱动发展奖励办法（试行）》，加大创新投入和奖励力度，激发创新活力。比如，2020 年国星光电依托于广东省半导体微显示企业重点实验室、粤港澳智能微纳光电技术联合实验室以及两个省级工程技术研究中心，其相关研发团队获得创新驱动奖励 110 万元；"高密度高可靠 LED 显示器件关键技术与集成应用项目"荣获广东省科技进步奖一等奖，项目团队获得奖金 100 万元；申报发明与实用新型专利奖 111 项，发明人获得奖金 108 万元。同时，为了充分调动广大技术人员的积极性，鼓励技术成果产出，提升企业的自主创新能力，国星光电实施了《专利奖励实施办法》《研究院科技奖励管理办法》。以上做法配合其他人才激励措施，对于广晟集团巩固在 LED 行业的技术研发和创新优势起到了重要作用。

在增强规模优势方面，广晟集团善于采用资本运作等方式，加快对前沿技术和产业的布局。2021 年，佛山照明并购了车灯生产能力超 500 万台（套）的南宁燎旺，建立车灯研究院，将公司业务切入新能源汽车领域，完成对汽车车灯的全链条布局。同年，佛山照明完成了对国星光电的并购。佛山照明积极在海洋照明方面谋划布局，形成了"24+6"的销售网络，即在国内和东南亚沿海地区建设了 24 个销售网点和 6 个体验展馆。同时，佛山照明主动变革销售模式，形成了高层销售模式和跟班推进模式，深挖海内外大客户的价值和潜力，以智能家居为着力点，积极布局智慧照明、健康照明、智能家居、智慧灯杆、智慧酒店等应用场景，千方百计做大做强。佛山照明逐渐形成规模经济优势，助力广晟集团在 LED 领域的成本控制和产品议价，有力支撑和带动了整个集团的绿色转型。

（三）建设"数智"车间推动降本增效

近年来，广晟集团坚持制造业高质量发展，发力"数智"工厂，坚持以数字化、信息化、智能化手段推动节能减耗降本，促进集团在绿色智能制造上走在全省前列。下属佛山照明以打造大湾区先进制造业标杆企业为目标，积极响应国家政策号召，将智能化改造和数字化转型作为重要任务，建立了 SAP 数字化管理系统，实现了数据、信息的实时共享和交互，成功打造了 LED 球泡灯智能制造车间（见图 9），并以线路板和 LED 车灯车间为试点建设了车灯数字化示范车间，成为数字化赋能制造业升级的典范。

广晟集团下属全国电子元件百强企业风华高科，为加快推进数字化，构建"核心元器件+核心材料"的新生产格局，自主研发设计了全国首条陶瓷粉体自动化生产线，通过 MES 系统实现了五化——生产设备网络化、生产数据可视化、生产文档无纸化、生产过程透明化、生产现场无人化，大大提高了生产效率。该生产线投产后，风华高科的产量同比增长101.66%。同时，该生产线的"工厂数字化设计"上榜 2022 年度国家工业和信息化部"智能制造优秀场景"。受到双重激励的风华高科，正在推进第二条自动化生产线的建设，努力通过数字化、智能化手段，降低各项成本，带动广晟集团加快绿色智能制造转型步伐。

图 9 佛山照明智能车间

2019 年以来，下属国星光电在数字化转型方面步履坚定，做出了大量努力，每年都有新的突破，取得了显著成效（见图 10）。特别是国星光电结合自身的 LED 封装业务，打造了"基于柔性生产的 Chip LED 数字化智能化示范车间"，通过数字化系统和物联网技术，将车间的 225 台设备关联到一起，实现了产品数字信息的可视化和实时跟踪，不仅降低了人力成本，还提升了产品品质的可靠性和稳定性，良品率提高 5.69 个百分点，能源消耗降低 30.73%。

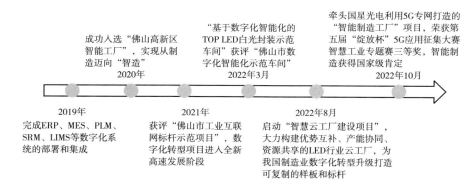

图 10　国星光电推动"数智"工厂建设历程

四　做优做强危废处置"环保管家"

随着经济社会发展全面绿色转型，环保产业发展前景广阔，在国民经济中的地位不断提升；产废企业实行源头治理，推进废物减量化、无害化、资源化处置是大势所趋。同时，清洁能源、节能环保、资源综合利用等领域发展前景广阔。在此背景下，广晟集团加快绿色转型步伐，大力发展环保业务。2016 年，广晟集团成为东江环保的控股股东。近年来，广晟集团将东江环保作为坚定践行习近平生态文明思想、打好全省污染防治攻坚战的重要抓手，增加了对东江环保的持股比例。在广晟集团的指导带领和资本运作下，东江环保聚焦主责主业，以工业废物和市政废物资源化利用和无害处理为核心，以稀贵金属回收利用为拓展，不断优化一站式服务方案，逐渐发展成为全国危废处置领域的龙头企业。

（一）提供危废处置一站式服务

在广晟集团控股以来，东江环保积极进取，不断强化自身能力建设，打造了从"废物收集运载"到"资源化回收利用"再到"无公害处理"的三位一体完整产业链，具备44类危险废物经营资质，危废处置能力超270万吨/年，是国内危废处置资质最全的企业之一，可以提供工业污染处置、市政污染处置、环保工程服务及环保监测、环保设备运营等增值性服务，能为各个发展阶段的企业提供全方位一站式服务。产业链齐全、资质齐全、服务优质是东江环保一直走在行业前列的重要原因。

近年来，危废处理行业集聚度提升趋势明显，东江环保加快了扩大市场覆盖面的步伐。通过新设、并购、投资重组等多种方式，东江环保拥有65家分子公司，将业务范围拓展至珠三角、长三角、京津冀及中西部核心区域，服务客户超2.7万家，形成了区域联动、多位一体的发展模式。受疫情影响，工业生产规模有一定幅度的缩减，市场垃圾焚烧新建项目较少，危废源头减量，加上同行竞争严峻，东江环保主营业务面临着较大挑战，为抢占市场份额，东江环保提出了"以价换量"的策略，抢占国内核心地区的核心客户，销售网络和市场进一步扩大。

（二）打造多元化生态环境服务格局

受疫情影响，工业减产，物流成本上升，加上同行竞争激烈，无公害处置价格持续走低，东江环保毛利率逐步下滑，为扭转这一趋势，完善产业链布局，东江环保提出打造多元化生态环境服务格局策略。除了聚焦工业固废、市政固废、环境工程服务等这一主业务线外，东江环保又打造了资源再生利用的业务线，2021年以收购湖南的雄风环保为契机，迅速将业务切入稀贵金属回收利用领域，打通了资源化利用产业链。公司资源化利用产品比例提升，由原来的硫酸铜、氧化铜、碱式氯化铜扩展到碱式碳酸铜、电子级氯化铜、二水硫酸钙、氨化硝酸钙、饲料级磷酸氢钙、再生硝酸、氯化钠等，产品结构更多元。同时，东江环保将资源化利用也纳入毛利率联动，优化营收结构，与传统模式形成互补，分散风险。未来，东江环保将进一步拓展废物资源化利用业务，进一步提升产能。

（三）以技术创新推进危废产业转型升级

近年来，东江环保高度重视技术创新的高端供给，2020~2022年，科研投入比例保持在营业收入的4%以上，累计投入研发资金4.78亿元，主要经验有：一是强化科技创新平台建设。截至2020年底，东江环保拥有国家级科技创新平台1个、省级科技创新平台5个、市级科技创新平台10个，2018年获批"广东省危险废物资源化与无害化重点实验室"。二是开展原创性技术攻关。东江环保以科研项目为抓手不断提升原创技术攻关能力，"十三五"期间，共承担国家各级科技计划项目19项。2022年，东江环保以开辟新能源领域赛道为突破口，围绕"新能源行业的全量化资源循环利用技术"和"耦合碳捕集、碳利用的危险废物资源化利用技术"两大原创技术方向，设立科研项目13个。三是加强产学研合作。东江环保高度重视通过加强产学研合作增强科技攻关能力。2021年，东江环保与华南师范大学建立产学研合作关系，围绕"亚超临界技术处理焚烧飞灰的研究"开展深度合作。四是重视科技规划。为进一步增强公司在绿色技术研发领域的领先优势，东江环保高度重视顶层设计和战略部署，先后制定了《东江环保科技创新"十四五"规划》《东江环保创新研发工作体系建设规划》，立志于成为聚焦资源循环综合利用的"科创型"企业。通过以上举措，东江环保科技创新能力不断增强，拥有的专利数量大幅提升，并在国际专利上取得突破。五是强化创新人才支撑。东江环保大力推进"十百千万"人才集群建设，引进、培养科技创新人才，夯实科技创新的人才基础。截至2022年9月，共引进博士7名，其中3人获认定为深圳市高层次人才，包括深圳市"后备级人才"1名、深圳市海外"C类人才"2名。强化人才引进的同时，东江环保着力强化专业技术队伍培养，2021年共培养高级工程师7名、工程师12名，至今共有高级工程师29名、中级工程师116名、初级工程师136名，为广晟集团环保业务的发展壮大提供了必要的人才支撑。六是积极参与行业标准制定。近年来，东江环保积极参与国家标准制定工作，参与制定的《一般固体废物分类与代码》（GB/T39198-2020）和《一般固体废物物质流数据采集原则和要求》（GB／T 39197-2020）两项国家标准已发布并实施。参与国标制定是东江环保跻身环保权威领域的象征，标志着公司在行业内的示范地位，稳固了其在行业的龙头地位。

五　案例总结及启示

广晟集团近年来严格贯彻落实党中央部署，统筹推进产业结构调整，主动加快生产方式向绿色低碳转变，深入开展环境污染治理和生态多样性保护，为行业树立了标杆，为绿美广东建设做出了重要贡献。广晟集团作为省属国有企业的龙头，是粤商的重要代表，是观察和研究广东企业的一个窗口，其绿色管理和数字化转型经验是广东企业管理经验的缩影。本文通过对广晟集团主要业务板块的拆分和剖析，梳理总结了广晟集团开展绿色智能制造转型发展的主要举措和做法，其带给我们的启示集中体现为以下三点。

（一）强化科技创新、攻克绿色生产技术为广晟集团绿色低碳转型之路打下了坚定的基础

创新是第一动力，近年来广晟集团坚持创新、协调、绿色、开放、共享的发展理念，坚持创新是引领企业发展的第一动力，突出核心技术研发、创新平台载体建设、科技成果转移转化，进一步加大科技投入、创新人才激励机制、深化科技创新体制改革，组建了集团科技部，成立了广晟研究院，出台了《广晟公司创新驱动发展三年行动计划（2020—2022 年）》，取得了显著成效，突破了一系列重大科技成果（如中金岭南先后破解镓锗共萃、镓锌分离等多项业界难题，镓锗铟铜综合回收项目试产成功），为集团绿色智能制造转型升级奠定了基础。通过分析广晟集团支柱业务的绿色转型可知，正是对科技创新的高度重视，广晟及其子公司才能更加从容地面对绿色转型难题。在集团的指导下，其下属子公司纷纷加大科技投入，加强产学研合作，攻克一批重大原创性技术，从源头上减少了污染物排放。如中金岭南、大宝山矿均是走边生产边治理的道路，采用绿色低碳的生产技术，减少污染物的产生，降低了矿山治理难度。

（二）打造多元化产业格局、推动产业链向绿色智能延伸是广晟集团绿色低碳转型的关键抓手

广晟集团十分注重产业链布局，善于通过投资方式切入更加绿色智能、回报率高的领域。在电子信息板块，风华高科根据环境和形势变化，积极布局5G通信、新能源汽车、物联网、新型移动智能终端等领域的高端电子元件产品，加大技术研发力度，加快国产替代进程。佛山照明积极布局智慧照明、海洋照明、汽车照明、健康照明、动植物照明等新兴细分行业领域。国星光电践行绿色低碳发展理念，长期致力于LED封装，同时紧跟时代潮流，加速推动Mini/Micro LED进入快车道，积极布局第三代半导体、智能穿戴、非视觉光源等细分领域。广东电子信息集团进入智慧养老行业，并切入新能源领域。在环保板块，东江环保收购雄风环保，计划做大废物资源化利用业务。推动产业链向绿色智能延伸，不仅使广晟集团产业链更加完整、更具竞争力，而且对其落实国家"双碳"政策、践行绿色发展理念构成了重要支撑。

（三）推进数字化转型、建设智能工厂（车间）是广晟集团绿色低碳转型的重要路径

数字化转型和智能车间的建设，有效帮助广晟集团降低能耗和生产成本、提高资源利用率和生产效率、扩大产能，是广晟集团绿色智能制造发展转型的重要途径。在矿业板块，广东的主要矿山如大宝山矿等建立了智能采矿、选矿系统，打造绿色智慧矿山。在电子信息板块，佛山照明、国星光电及风华高科建立智能车间或者全自动生产线，推动企业向智能制造迈进。在环保板块，东江环保加快推进数字化转型，打造了"'三位一体'智慧环保整体解决方案"和智慧环保运营管理平台，使危废经营单位的整体收运及处置速率提升17%，该平台得到了广东生态环境厅的认可，打通了与省固体废物环境监管平台的数据接口，服务于全省固废处置的监管。

第三章
华为集团：奋发图强，持续研发绿色产品

一 华为集团的基本情况

（一）公司简介

华为技术有限公司（以下简称"华为"）成立于 1987 年，总部位于中国广东深圳市，是一家员工持股的民营科技公司。华为不仅是世界第一大通信设备供应商，也是全球领先的 ICT（信息与通信）基础设施和智能终端提供商，员工遍及全球 170 多个国家和地区。华为的经营业务范围广泛、产品类型多样，主要分为三个层面：一是运营商层面的业务，为电信领域的各方提供网络设备、服务和解决方案，包括移动、核心网、电信增值、终端等，主要产品涵盖交换机、路由器、无线网络、云计算、物联网、5G 等领域；二是企业层面的业务，华为在面向企业的数字化转型升级、为企业搭建智能化平台方面的业务能力在全球遥遥领先；三是消费者层面的业务，为消费者提供智能手环、笔记本电脑、智能手机等产品。每个层面的业务部都有独立的经营管理团队，但都在公司内部统一的平台上进行运作和管理。

自 1987 年成立以来，华为先后在俄罗斯、美国、欧洲、亚非拉等国家或地区拓展了经营业务，至今经历了四次战略转型，从一家生产用户交换机的香港公司的销售代理发展成为世界知名 500 强企业，这离不开华为对市场需求和竞争格局的深刻把握，更离不开华为的战略专注和业务聚焦。科技创新是华为的战略重点与业务发力点，其科技创新能力有目共睹，这归功于企业内部对创新的"偏执"。对华为而言，创新重在集思广益，巧在全球智慧凝聚，不仅在北京、上海、深圳和南京等一线及以上城市落地，还在美国、

俄罗斯、瑞典、印度等国家开花。公司目前在全球范围内拥有大约 19.5 万名员工，其中从事研发相关工作的员工比例就超过一半。截至 2021 年，华为申请的专利累计超过 20 万件，成为中国申请专利最多的企业，其中 PCT 专利申请量连续五年位居全球第一。另外，华为致力于成为全球优质供应商。在全球有 60 多个分支机构，拥有广泛的营销和服务网络，能够快速响应客户需求，提供优质的服务。华为的产品和解决方案已经应用于全球 100 多个国家，以及 35 个全球前 50 强的运营商。华为一直秉承"以客户为中心"的经营理念，实施"数字包容、绿色环保、安全可靠、和谐生态"的可持续发展战略，致力于为客户提供最优质的产品和服务，与客户共同谱写数字化时代的新篇章。

（二）发展现状

成立初期，华为只是一家生产用户交换机的香港公司的销售代理，但随着时代发展和社会变化，公司开始积极进军手机和网络设备领域，并取得了突破性进展。后来，华为开始大力拓展海外市场，先后进入欧洲、亚洲、非洲和拉美等多个地区，逐步成为全球领先的 ICT（信息与通信）解决方案提供商。华为的发展是飞跃式的，如今华为已经成为中国最大的电信设备制造商之一，拥有广泛的营销和服务网络，业务遍及全球 100 多个国家和地区。此外，华为已经成为全球第二大智能手机品牌，并在 5G 技术、物联网技术等领域保持领先地位。

华为在技术创新方面一直走在全球前列，是全球最早开始研究 5G 技术的公司之一。并且华为还投入大量资源开发云计算、物联网、人工智能等前沿技术，积极推动数字化转型。截至 2021 年，华为与运营商、合作伙伴一起，累计签署的 5G 行业应用商用合同超过 3000 个。华为云与伙伴在全球共 27 个地理区域运营 65 个可用区，覆盖全球 170 多个国家和地区。除此之外，华为已上线 220 多个云服务、210 多个解决方案，发展了大约 260 万名开发者，云市场上架应用超过 6100 个，聚合全球超过 3 万家合作伙伴。华为在硬科技产品方面的不断创新也推动了数字化的进一步发展。华为开发者联盟的全球注册开发者已超过 540 万名，集成 HMS Core 能力的应用超过 18.7 万个；HMS 全球应用数量相比 2020 年增长 147%。2021 年，已累计发展了超过 300 家产业链上下游合作伙伴；华为已上市 30 多款智能汽车零部件。

　　除此之外，华为在可持续发展方面也一直扮演着积极的角色，通过绿色低碳转型推进可持续发展。一方面，华为从绿色产品、绿色运营、绿色供应链三个方面减少碳排放，如盐城微碳慧能科创产业园项目（见图 1）、华为云贵安绿色数据中心（见图 2）等。另一方面，华为积极推动从依赖化石能源向开发利用可再生资源转变，致力于探索"循环经济"模式，减少对大自然的索取，为客户提供对环境更为友好的产品，如助力打造深圳国际低碳城会展中心近零能耗场馆（见图 3）、为山东滨州沾化"渔光一体"项目提供智能光伏方案（见图 4）、积极推动供应商建立废弃物零填埋管理体系等。截至 2021 年底，华为数字能源助力客户累计实现绿色发电 4829 亿千瓦时，节约用电约 142 亿千瓦时，减少二氧化碳排放近 2.3 亿吨，相当于种植 3.2 亿棵树。华为开发者联盟的全球注册开发者已超过 540 万名，集成 HMS Core 能力的应用超过 18.7 万个；HMS 全球应用数量相比 2020 年增长 147%。2021 年，已累计发展了超过 300 家产业链上下游合作伙伴；华为已上市 30 多款智能汽车零部件。

图 1　盐城微碳慧能科创产业园项目

资料来源：华为官网。

图 2   华为云贵安绿色数据中心

资料来源：网易。

图 3   深圳国际低碳城会展中心近零能耗场馆

资料来源：华为官网。

二   华为集团绿色管理的背景

未来的 5~10 年，流量增长带来的能耗提升与碳减排的矛盾将是 ICT

图 4　山东滨州沾化"渔光一体"项目

资料来源:齐鲁壹点。

(Information and Communications Technology) 行业面临的世界级难题。ICT 技术的碳排放主要来自数据中心、通信基础设施和移动设备等方面,随着数字化进程的加速和 5G、AI 等技术的普及应用,ICT 行业的碳排放量将呈现快速增长态势。目前快速增长的数据流量所带来的能耗和碳排放问题已经成为一个全球性难题。此外,人们环保意识的提高和政府政策的支持也推动着 ICT 行业向绿色低碳方向转型。

根据相关机构的推算预测,数字业务产生的流量到 2030 年将会是 2020 年流量的 13 倍,与之相应的碳排放量也会飞速增加。此外,我国力争于 2030 年前实现二氧化碳排放达到峰值,因此对于 ICT 行业的相关企业而言,绿色发展转型、注重绿色管理至关重要。

(一)产品创新升级,坚持绿色发展战略

绿色环保一直是全球经济可持续发展的关键命题。随着气候变化不断加

剧，碳中和已经成为世界各国的共同呼声，碳中和的实现需要能源、工业、交通、建筑等各领域的协同努力。在数字与通信技术飞速发展的今天，ICT 行业同样肩负着节能降碳的重任。ICT 相关技术对于促进千行百业节能减排具有重要贡献，数字化发展带来的监测和智能设备的广泛应用能够在一定程度上减少碳排放总量和资源消耗，更好地实现对生态环境和生物多样性的保护，而 ICT 行业自身如何实现绿色转型和低碳发展也是值得探讨的课题。

ICT 对于发展有弹性、包容性、公平性的基础工业设施而言至关重要。ICT 和整个社会从开放信息中获取资源的能力往往决定了现代基础设施的发展水平，如电网、供水、通信网络、运输服务等。此外，研发投入对于可持续发展而言具有重要意义。目前，很多发展中国家现有的基础设施尚待完善，而 ICT 能在基础设施建设、工业化发展和技术创新等方面为其提供更清洁、更高效、更持久的发展选择。

无论是数字化还是低碳化，ICT 都是其中的关键一环。我国正处于工业化与信息化中期阶段，能源资源消耗量依然处于较高水平，信息处理能力仍有很大的提升空间。从社会经济发展趋势来说，信息化是经济发展的潮流，是我国未来实现高质量发展必须抓紧的重要一环。然而，信息技术作为一把"双刃剑"，在发展过程中仍然存在一些缺点和弊端。尽管信息技术在推动创新、提效降本、节能降耗等方面具有不可比拟的优势，但信息技术产品在生产过程中也会产生碳排放以及其他污染物，如若任由信息化粗放式发展可能会对环境造成破坏。因此，研究制定绿色信息化战略，推进绿色 ICT 产品、服务和应用的普及，引导相关企业行为避免信息化带来负面作用，充分发挥信息化在节能减排、提升资源使用效率方面的正面作用，对于形成中国 ICT 绿色新业态具有重要的现实意义。[①]

（二）顺应行业发展趋势，注重绿色环保理念

生态环境保护问题是新时代中国特色社会主义发展中面临的重大问题。

[①] 梁雄健、张静：《构建绿色 ICT 创新系统　实施绿色信息化战略》，《世界电信》2012 年第 12 期。

从社会经济发展角度来看，生态环境与生产活动相互作用、密不可分，高投入、高消耗、高污染的生产方式势必会对生态环境造成不可逆的破坏，极大地影响到日常的生产经营活动，不利于国民经济可持续发展。从社会民生角度来看，生态环境问题远不止少几座青山、少几条清流这么简单，伴随环境破坏还可能衍生出一系列社会问题，如导致人际关系紧张、地区发展差距拉大、社会公共产品难以保障等，不利于社会和谐稳定与人民安居乐业。因此，加强生态文明建设势在必行。

中国特色社会主义进入新时代之后，中国共产党对保护生态环境的认识达到了一个全新的水平。党的十七大报告将"建设生态文明"作为全面建设小康社会的新目标提出来；党的十八大报告进一步提出建设"美丽中国"，并将生态文明建设列入中国特色社会主义"五位一体"总体布局中；党的二十大报告将"人与自然和谐共生的现代化"上升到"中国式现代化"的内涵之一，再次明确了新时代中国生态文明建设的战略任务，总基调是推动绿色发展、促进人与自然和谐共生。党的十八大以来，习近平总书记深刻形象地用绿色银行、海绵城市、空气罐头等比喻将生态文明建设提到重要日程上来，并在不同的场合强调环境可持续发展的重要性，指出既要加快经济发展又要保护生态环境，促进人与自然和谐共生。在经济发展步入新常态的关键时刻，党的十八届五中全会提出了创新、协调、绿色、开放、共享等五大发展理念，打破了人们原有的发展理念，将绿色发展理念作为我国生态文明建设的指导理念。党的二十大报告强调必须站在人与自然和谐共生的高度谋划发展，从加快发展方式全面绿色转型、深入推进污染防治、推动能源清洁低碳高效利用等方面为生态文明现代化建设作出了一系列重要部署。生态文明为人类发展带来新的希望、新的出路，提倡人与自然和谐共生，促进可持续发展，为未来的发展打下坚实的基础。

目前，世界很多地区的城市集中度相对较高，随着人口密度的增长，城市寻找可持续发展解决方案的压力日益增大。企业不仅需要改进产品和服务以减少资源浪费和能源消耗，也要积极应对能源挑战，为经营发展提供绿色空间，从而在激烈的市场竞争中获得更多的经济机会和发展途径。迄今为止，ICT 在改善交通运输条件，以及提高水、电等能源分配基础设施系统效率方面发挥了重要作用，但专家预测 ICT 对城市的潜在影响尚未完全展现，ICT 可能最终彻底改变城市发展方式，并允许互联的数字化系统相互协作。

根据国际能源机构的统计，受新冠疫情的影响，近几年全球能源消耗速度减慢，但在未来的十年，随着经济复苏，全球能源消耗依旧会呈现持续增长趋势，并且预计未来几十年内，由于能源的持续消耗和人口的不断增加，全球能源需求将持续增长。保护环境和应对气候变化是当前全人类亟须应对的重大挑战。在这个大环境下，ICT 企业如何承担社会责任、积极发挥自身作用、为经济社会可持续发展做出贡献已成为一个重要课题。

（三）落实国家"双碳"政策

气候变化给全球生态和经济发展造成了严重的影响。全球平均气温上升，极端天气事件频发、海平面不断上升、生物多样性减少、土地退化加剧、食品安全和饮用水供应等方面的问题也随之出现。气候变化不仅会导致环境问题，同时也会给人类的生产生活带来负面影响，进而对全球经济和社会发展带来深刻的挑战。为积极应对气候变化带来的一系列难题，需要全球各国携手合作、共同面对、出谋划策。

我国现有的能源结构仍以化石燃料为主、清洁能源为辅，2019 年煤炭消耗占比高达 58%。大量的化石燃料燃烧造成二氧化碳排放增加，常年来我国碳排放总量居高不下。经济高速发展的同时，我国碳排放量持续抬升，21 世纪初增速大幅上行，且年度碳排放量占全球比重一路走高，面临着碳排放总量大、减排难度大的重大挑战。为此，我国针对碳排放问题进行了一系列战略调整，倒逼能源结构调整，减少二氧化碳排放，改善生态环境，坚持走可持续发展道路。

2020 年 9 月，习近平总书记在联合国大会上宣布，中国力争 2030 年前二氧化碳排放达到峰值，努力争取 2060 年前实现碳中和目标，即实现"双碳"目标。ICT 行业为实现"双碳"目标可以从两个方面着手：一方面，通过推广智能化、数字化等技术手段，提高能源利用效率和资源利用效率，减少二氧化碳排放。随着通信技术不断发展，5G 时代的到来将进一步推动智能化和数字化进程，这也将为实现"双碳"目标提供新的机遇，5G 技术的广泛应用可以帮助智慧能源、智慧交通、智慧环保等领域的全面升级，进一步提高能源利用效率，减少能源消耗。另一方面，推广可再生能源、绿色能源、低碳能源等新型能源的使用，加快能源结构调整优化，加大清洁能源的利用力度，减少对化石能源的依赖，推动能源绿色低碳转型，从而降低碳排放量，实行绿色发展。ICT 行业在这两个方面都发挥着重要作用，可以通过研发与推广相关技术和产品，加强合作资源和发展战略整合，共同助力实现"双碳"目标。

三　华为集团绿色管理的探索与成果

随着气候变化问题日益紧迫，全球范围内正在加速达成绿色发展的共识。增强绿色低碳环保意识，为可持续发展打下坚实的基础，比以往任何时候都更为重要。全球诸多组织、企业、个人都在为人类社会的绿色发展而努力，以 5G 技术、云计算、人工智能等为代表的 ICT 技术在推动全球绿色可持续发展的过程中扮演着独一无二的角色。

华为坚信科技是应对环境危机、保护自然的重要力量，数字化和低碳化是驱动绿色发展的双引擎，积极实施"数字包容、安全可信、绿色环保、和谐生态"四大可持续发展战略，承担社会责任，助力经济社会可持续发展。2019 年华为提出"让科技与自然共生"的绿色环保理念，重点围绕减少碳排放、加强可再生能源使用、促进循环经济这三个方面采取行动，积极应对气候变化和环境挑战，用科技创新守护地球。华为通过技术创新和业务实践来履行社会责任，同时鼓励其他企业和社会各界一起参与环保事业，共同推进可持续发展。

（一）促进循环经济，实现可持续发展

随着世界人口的不断增加和人民生活水平的提高，人类对自然资源的需求也持续增加，这使得环境保护和可持续发展变得尤为重要。华为致力于建立基于循环经济的商业模式和闭环式产业链，让所有资源都能够被高效利用，通过优化产品设计、延长产品寿命、提高回收率等措施，最大限度地减少资源消耗和浪费。

1. 包装减塑，促进绿色消费

华为从源头出发，优选环境友好型材料，减少原材料和一次性塑料的使用，提升产品耐用性、易拆解性，完善产品回收体系，以更少的资源代价为人类谋取更多的福祉。此外，华为长期贯彻"6R1D"绿色包装策略，在保证包装基本功能的前提下，尽可能地减少包装材料的使用，并选择环保包装材料，提高包装材料回收和再利用率，减少对自然环境的影响（见图5、图6）。

塑料会长期存在于环境中，通常需要几百年才能被分解，对于生物和自然环境造成巨大危害。因此，滥用塑料会导致严重的环境问题，如海洋垃圾污染、土壤污染、空气污染等。不仅如此，塑料的生产和处理也会消耗大量的能源和资源，对于环境可持续发展产生不利影响。为减少塑料垃圾，华为不断改进产品包装，降低包装材料中的含塑量。比如，华为在产品包装盒表面只设计一层塑料薄膜，保证包装的完整性以及包装表面的文字和图案不会在运输途中被刮花。华为包装设计师还新开发了一种特殊水油材料来取代这层塑料薄膜，该材料被应用在华为多款畅销产品的包装上，未来还计划将这项技术推广至更多的产品。单这一个举措，每年预计就可以节省大概46.3吨的一次性塑料包装材料。

与此同时，华为也在努力减少产品包装内部的塑料使用，采用更加环保的材料替代塑料。为减少一次性塑料包装对环境的影响，华为加强免塑包装DFM设计，通过采用可循环利用的标准化周转包材，替代PE袋和泡棉等一次性塑料包装，目前已应用于ONT、WIFI6等产品部件，既不影响外观质量，又方便拿取，减少制造上线拆包1.3亿多次，减少了一次性塑料污染，

提升了工作效率。该举措全年共减少使用一次性塑料约 260 吨,约等于 2600 万个超市中号塑料袋,相当于减少碳排放约 600 吨。

华为还计划在未来将这些减塑手段和技术应用于其他产品,如手环、手表、耳机、音响等,为消费者提供更多环境友好型产品,从而保护生态环境、促进绿色消费。另外,华为还采取了许多可循环利用的措施,如可回收的纸质包装、重复使用的快递盒等,最大限度地减少包装造成的环境问题。这种环保包装的理念,不仅体现了华为的环保意识和社会责任感,也影响着广大消费者的理念,提高了社会对环保的认同度和行动力。

塑料是电子产品领域不可或缺的材料,然而传统塑料是最难回收利用的材料之一。秉持"让科技与自然共生"的环保理念,华为从2013年开始,逐渐在终端产品中采用生物基塑料,如P系列、Mate系列手机和华为手表等。生物基塑料在环保方面具有传统塑料无法比拟的优势,其原料从植物中获取,无须消耗生产传统塑料使用的不可再生资源——石油,因此可以在很大程度上减少对环境的污染和破坏。华为采用的生物基塑料,其蓖麻油含量超过30%,相比传统塑料可减少约62.6%的二氧化碳排放量。截至2020年底,我们一共使用了1223吨生物基材料,相当于减少二氧化碳排放约6238吨。

图5 华为采用生物基塑料,保护不可再生资源

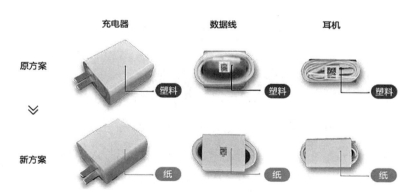

图6 华为为旗舰手机包装降重减塑

资料来源:华为官网。

2. 提高电子废弃物利用率

提高电子废弃物的重复利用率，让其充分发挥价值，是减小电子产品对环境的影响的有效手段。华为通过与业界知名环保回收机构深度合作，对电子废弃物进行分类分析和处理，物尽其用，变废为宝。此外，华为在全球建立了覆盖170多个国家的逆向回收体系，协同报废服务商对电子废弃物中的原材料进行回收再利用。2020年，华为通过自有渠道收集并处理的终端电子废弃物超过4500吨（见图7）。2021年，华为ICT业务共处置了11826吨电子废弃物，填埋率为0.78%；智能终端业务回收处理8643吨电子废弃物，填埋率为零。

在光模块产品从区域仓库退回总部仓库时，公司发现很多原封未动的最小包装单元由于开箱后无法识别原包装，质检人员只能一并送回原供应商维修。由于送修成本高，很多光模块被直接报废处理，每年料本损失高达2000万元人民币。为此，华为成立了专题优化小组，发货时为光模块产品的最小包装单元增加专用封签，开箱后未使用的产品原包装可识别、质量可控可信，回收时无须再次开封检测，大大提升了回收再利用效率，有效减少了电子废弃物。

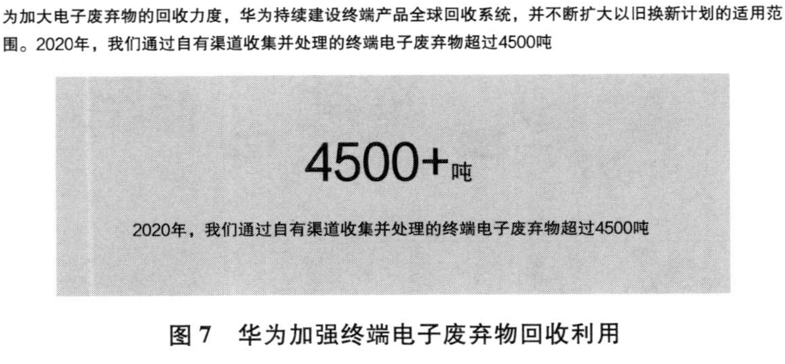

为加大电子废弃物的回收力度，华为持续建设终端产品全球回收系统，并不断扩大以旧换新计划的适用范围。2020年，我们通过自有渠道收集并处理的终端电子废弃物超过4500吨

4500+吨

2020年，我们通过自有渠道收集并处理的终端电子废弃物超过4500吨

图7　华为加强终端电子废弃物回收利用

资料来源：华为官网。

（二）减少碳排放，加速实现碳中和

华为坚持将绿色环保和节能减排作为企业运行和发展的基本战略。近些

年来，华为与全球多个领先运营商在不同的领域进行了节能减排的联合研究与实践，[①] 共同探索绿色化、智能化建设方式，采用更加节能、环保的技术和产品，在电力、制冷、照明等方面取得了显著的成效。

华为认为，经济可行性高的节能减排方案才是优选的解决方案，在华为提供的端到端通信网络节能减排解决方案中，从接入、核心到传送，几乎每个环节都在践行着节能减排，[②] 帮助实现能源消耗最小化和资源利用最优化，降低通信产业的碳排放。华为不断在管理层面和技术层面开展节能减排的创新实践，减少自身产品的"碳足迹"；努力联合上下游合作伙伴实现节能减排，全方位构建绿色供应链；利用创新 ICT 技术，助力千行百业减少碳排放，负责任地迈出减碳的每一步。

1. 绿色运营:持续进行节能减排创新实践，减少资源消耗

华为在自身运营中坚持"低消耗、低污染、高效率"的集约式发展方式，努力打造资源节约型和环境友好型绿色园区。从源头控制（优先采用可再生/清洁能源）、过程管理（技术和管理节能）、结果闭环（危废处理和环保合规）三方面入手，在保证业务连续性的基础上，有效节约能源，提高资源使用效率，减少废弃物产生，降低运作成本，实现园区高效、高品质、低碳运营。

一方面，华为积极践行绿色制造，在产品制造过程中，既保证产品在功能、质量、环保和能耗等方面均达到最优水平，全面提升制造效率和产品质量，又致力于节能减排、提高资源利用效率，以便实行绿色可持续生产方式。另一方面，华为努力打造绿色园区，在技术和经济许可的范围内，优先采用清洁低碳能源，如太阳能、风能等可再生能源，并实施节能措施，减少能源消耗和碳排放，建设资源节约型和环境友好型园区。

2021 年，华为园区开展了许多典型的节能减排项目，如成都地区的照明节能项目，通过采用照明控制优化策略，实现按需开灯和关灯，减

---

① 《绿色华为　引领通信迈向绿色世界》，《移动通信》2010 年第 23 期。
② 《绿色华为　引领通信迈向绿色世界》，《移动通信》2010 年第 23 期。

少能源浪费。该项目每年节约电量 17 万千瓦时，减少二氧化碳排放 146 吨。东莞地区的照明 LED 改造和空调变频改造项目，通过照明系统 LED 改造和空调机组风机变频运行优化策略，实现照明升级和空调在部分负荷下高效运行。该项目每年节约电量超 101 万千瓦时，二氧化碳排放减少 812 吨。深圳地区的供配电系统改造和空调运行优化项目，通过调节大用电设备启动时间间隔，防止出现需量峰值，降低容量需求，并对空调运行策略进行优化，每年可以节约电量 760 万千瓦时，减少二氧化碳排放 6112 吨。

2.绿色产品：数字技术创新，力促节能减排

在绿色产品方面，华为把绿色环保理念融入产品的规划、设计、研发、制造、交付和服务等各个环节，采用环保材料的包装、能源高效的设计、智能化生产流程等，不断提高产品的能效和环保性能，实现了行业的可持续发展。

数据中心的存储是承载数据的基石与底座，其电力消耗量占数据中心总耗电量的 16%～30%。华为基于对存储节能技术的深入研究，发现传统的全机械硬盘存储，50% 的功耗来自硬盘单元，其日耗电量超过 200 千瓦时/PB，而典型的大数据中心容量超过 100PB，年耗电量可达 730 万千瓦时。鉴于此，华为全闪存数据中心为数据存储提供了解决方案，采用架构、介质、算法、网络等端到端面向闪存优化的技术。该技术具有业界顶尖的性能和先进的数据缩减技术能力，并通过存算分离化技术大幅减少服务器资源浪费，可提升 5 倍数据中心存储性能，实现存储机架数节省 84%、能耗节省 78%。目前，华为全闪存数据中心已与银行、医院等开展合作，助力客户实现数据中心的绿色低碳转型。

3.绿色供应链：通过低碳化和数字化牵引供应链绿色发展，共建绿色供应生态

华为供应链主要负责产品的原材料获取、生产制造、运输及派送交付，而碳排放始终伴随着供应链的价值流全过程。为此，华为设计了基于实物流的碳核算架构以开展碳足迹管理，并结合供应链数字化转型的实践提出了供应链"绿数成赢"的低碳理念。绿色低碳的供应链，将更好地助力科技与自然共生。

供应链数字化和绿色低碳是供应链业务的一体两面。企业供应链在开展数字化转型的同时，也通过提升效率、降低成本实现碳减排。以绿色低碳目标为牵引，让企业围绕供应链从绿色低碳视角开展业务，这也将引导数字化业务再优化，形成正向循环。在过去的5年里，华为通过"ISC+数字化"转型，实现对象数字化、过程数字化、规则数字化，业务运作效率得到大幅提升，也降低了生产能耗、优化了运输路径、减少了资源消耗，从而实现了节能减排。同时，数字化业务过程的无纸化为公司和伙伴节省了大量的纸张，减少了树木砍伐。

华为对标客户要求和行业最佳实践，将绿色环保理念融入供应链业务全流程，明确原材料获取、生产制造、运输及交付等环节的环保要求，确保流程合规，通过供应链业务改善，打造有竞争力的绿色供应链。采购是华为协同伙伴减少碳排放的重要场景。根据采购业务流程，华为设计了原材料品类测算机制，从采购履行运作、采购流程管理、供应商节能减排三个方面实施绿色采购。为了给供应商减碳提供便利，华为针对140多个电子制造服务商和协同设计制造管理商等生产伙伴的货物往返节点，分析了供应商的送货路径并精确规划，优化华为接收节点，减少车次及里程。

2021年，华为提升了原材料直送到工厂的比例，减少了运输里程以及原材料仓库面积，折合减碳34.5吨。同时，华为将绿色环保理念融入采购质量优先战略及采购业务全流程，明确供应商认证、选择、审核、绩效管理及物料选型等环节的环保要求，确保流程合规，并通过多种激励手段引导供应商持续改进。华为还鼓励供应商统计碳排放量、设定碳减排目标、制定碳减排计划并实施碳减排项目。截至2021年底，TOP100供应商及高耗能型供应商已完成碳排放数据统计，98%设定了碳减排目标并实施了碳减排项目，华为将持续推动其他供应商尽快设定碳减排目标。

同时，为帮助供应商减少碳排放，华为于2021年举办了供应商碳减排大会，提出了供应链节能减排策略及要求，鼓励供应商积极响应号召，主动抓住发展机遇，践行低碳发展理念，并引导98％的TOP100供应商和高能耗型供应商设定了碳减排目标。在自身运营中，华为加大了可再生能源的使用力度，可再生能源发电量达3亿多千瓦时，比上一年增加了42.3％。华为数字能源聚焦清洁发电、能源数字化、交通电动化、绿色ICT基础设施、综合智慧能源五大领域，助力客户累计绿色发电4829亿千瓦时，节约用电142亿千瓦时，相当于减少2.3亿吨碳排放。此外，华为致力于建立基于循环经济的商业模式和闭环式产业链，减少对环境的破坏和对自然的索取。华为还参与"数字新使命行动"，承诺就气候变化问题采取行动。此外，华为发布供应商碳减排优秀案例，并邀请行业专家和专业机构对供应商进行节能管理培训和审计，帮助供应商识别节能减排机会点，加快绿色发展步伐。

华为在力求保证产品质量的同时，通过极简架构、生产指令优化和车间能耗优化等实现节能减排。供应链通过生产指令驱动高效制造和实物流转，生产指令的精准性直接影响到用电能耗和碳排放。华为结合AI算法进行指令均衡性管理，通过关联性数据分析发现，生产均衡性每提升1％，能耗降低约1.2％。2021年，华为通过提升均衡性、降低生产波动率，折合减少碳排放约2.39万吨。

在生产车间，华为通过集中监控生产设备能耗，优化空调系统运行，对照明设施实施技术整改（如荧光灯改造为LED灯）、用冷热泵取代电加热、空压机并网等，实现节能1865万千瓦时，折合减少碳排放约15000吨。

华为的全球物流体系覆盖了170多个国家的300多个物流仓储节点，包括4万条以上的运输线路，涉及各种运输方式。这是一个高度复杂的全球网络系统，华为依照ISO 14064标准，采用《温室气体核算体系》《IPCC国家温室气体清单指南》中的计算方法，设计了供应链碳核算架构，从全球运输和仓储两个方面测算碳排放。在新冠疫情期间，全球物流资源紧缺，但华为物流始终坚持绿色低碳管理，并取得了一系列成果，如华为通过采取优化原材料自提路径、集中配送、派送路径优化等举措，降低了发运到海外各个国家的空运比例（空运是高排放运输方式之一），减少碳排放 456 吨；优化全球物流仓储节点布局，间接减少碳排放约 99 吨；华为在国内 4 个区域配送中心试点采用区块链技术，减少货物签收、付款复核等环节用纸，节约用纸 32 万张。

（三）开启绿色发展之路，强化可再生能源利用

当前，绿色可持续发展理念已经深入人心，成为共识，越来越多的国家和企业加大对可再生能源的投资和使用力度。在从依赖化石能源向开发利用可再生能源的过程中，华为积极发挥示范作用，通过创新光伏、人工智能等技术，推动智能节能，充分实现减排和节能并行。

一方面，华为在自身运营中持续加大可再生能源的利用力度，如在成都研究所采用 100% 可再生能源供电，在东莞南方工厂、杭州研究所、南京研究所、西安研究所等建设了园区光伏电站，2021 年园区光伏发电量 1760 多万千瓦时。另一方面，华为数字能源发展聚焦清洁发电、能源数字化、交通电动化、绿色 ICT 基础设施、综合智慧能源等领域，积极推动能源革命，共筑低碳绿色未来。

在青海共和县，华为助力国家电投集团黄河上游水电开发有限责任公司建设了可"板上发电、板下牧羊"的风光水可再生能源基地（见图 8）。塔拉滩曾经是一片戈壁沙丘，饱受风沙侵扰。自从有了光伏电站，生态环境得到大幅改善：20 厘米深度土壤湿度增加了 32%、平均风速降低了 41.2%、空气湿度增加了 2.1%，牧草开始蓬勃生长。

其中，2.2 吉瓦光伏园区项目占地面积达 56 平方公里，有 700 多万块光伏组件，通过一系列智能化和数字化手段，精准管理每一串组件，让电站发电量提升了 2%、运维效率提升 50% 以上。自并网发电以来，该项目每年绿色发电近 50 亿千瓦时，通过全球首条专门输送清洁能源的特高压输电工程——青豫直流（±800 千伏）送往 1500 多公里外的河南省，为当地提供绿色电力。如今，光伏园区也成了牧场，昔日因缺乏优质牧草而离开这片土地的牧羊人开始重返家园。

图8　青海省海南藏族自治州共和县塔拉滩光伏产业园

资料来源：新浪财经。

四　华为集团绿色管理的启示

华为旨在构建更美好、更环保、更智能的全联接世界。在绿色管理和发展方面，华为一直是我国ICT行业的领头羊，身体力行地探索出了一条绿色发展道路。

（一）绿色ICT创新建设低碳社会

凡是我们走过的路，都会留下足迹，碳排放也一样。为了减少二氧化碳的排放量，我们应该尽量践行"绿色出行、低碳生活"，但人类日常生活留下碳足迹始终是难以避免的事情，即使已十分注意了，也只能做到减少排放，难以实现完全消除。因此，有人提出"碳手印"概念，即个人或企业对于环境和气候变化所产生的直接或间接贡献，包括碳排放、碳减排、碳吸收等。

对于ICT行业而言，这种"碳手印"效应就是以绿色ICT创新赋能更多行业低碳发展，进而释放出更大的减碳动力，创造更大的社会价值。比如,通过 ICT 技术帮助制造业实现智能升级,不仅能提升生产效率和优化流程,还能提高能源使用效率,减少不必要的消耗和设备损耗;通过 ICT 技术打造智能交通,可在提升交通运行效率的同时降低交通运输碳排放。在可持续发展的背景下,ICT 技术的应用可以为各个行业带来绿色减碳机会。华为表示,在运营商自身基础设施能效提升的基础上,通过 ICT 技术助力千行百业绿色减碳,可以减少 10 倍于自身的碳排放量,这种"碳手印"效应不仅可以为运营商带来经济效益的增加和品牌形象的提升,还可以为整个行业和社会创造更多的机遇和价值。

华为致力于减少自身的碳足迹,采用清洁能源和环保材料,推广低碳生活和出行方式,积极参与碳减排项目,为保护生态环境做出贡献。当前,华为构建了更经济、更稳定、更安全的清洁发电网络。比如通过 AI 加持光伏,降低度电成本 6%,使发电更经济;通过智能光储发电机,增强电网能力,提升新能源消纳 30%;通过 AFCI 智能电弧防护等,实现主动安全,推动绿电进入千行百业、千家万户。

"碳足迹"难以完全消灭,但"碳手印"效应提升没有天花板。比如,ICT 企业可以通过使用清洁能源和推广低碳出行方式来减少碳排放,通过参与碳减排项目来抵消碳排放等。"碳手印"效应越来越受到人们的重视,不仅能评估个人或企业的绿色发展水平,也能反映全球可持续发展趋势。促进ICT "碳手印"进一步发展,能够有效推动整个经济社会的可持续发展。

在通信业发生巨大变化的今天,移动宽带、三网融合、云计算、物联网等的发展给运营商和设备商带来新机遇,同时也给节能减排工作带来了巨大的挑战。作为全球最大的通信设备供应商,华为充分发挥自身影响力,呼吁全行业践行绿色发展理念,提倡上下游合作伙伴通过不断创新,贡献 ICT 解决方案,助力产业绿色升级,促进整个社会的绿色节能,让"绿色通信、绿色华为、绿色世界"理念成为现实。①

①《绿色华为 引领通信迈向绿色世界》,《移动通信》2010 年第 23 期。

（二）发扬粤商精神，坚持可持续发展道路

粤商作为中国商业文化的代表之一，始终坚持勇于创新、开拓进取的精神。现代粤商紧跟时代步伐，不断探索新的商业领域和业务模式，为广东乃至全国经济快速发展做出了积极贡献。华为作为广东省的知名企业，承袭了粤商精神，在信息与通信行业中不断创新、开拓，在实现可持续发展方面也积极行动，为粤商精神的传承和发扬树立了典范。

世界通信行业发展瞬息万变，数字化浪潮滚滚前行。这让众多企业不仅要思考如何发展，更要思考如何实现可持续发展。尽管面临着巨大挑战，华为仍积极承担社会责任，坚持通过创新的产品和解决方案促进各行业的节能减排和经济发展，持续牵引产业链各方共建低碳社会，为构建更美好、更环保、更智能的全联接世界而努力。通过减少碳排放、加大可再生能源使用力度、发展循环经济等解决了绿色发展道路上的各种难题，在可持续发展这条道路上，通过"信息无障碍"让更多人群受益，通过"教育与健康"助力创造共享价值，通过"绿色环保"实现人与自然和谐共生，牢牢守住"企业责任"这条不可突破的底线，助力实现经济和社会的可持续发展。

第四章
比亚迪：新能源汽车引领绿色交通变革

一　比亚迪的发展历程

（一）从深圳布吉"走出来"的全球第一大电池厂商

1995 年，王传福带着十几个人在深圳布吉正式成立了比亚迪公司，重点开展镍镉电池生产业务。成立之初为了节省成本，比亚迪并没有引进国外昂贵的自动流水线，而是把流水线拆分成多个固定工序，形成"高科技—劳动密集型"产业模式，不仅实现了生产成本比行业领先的日本同行低 40%，而且产品质量过关、成本低廉、价格便宜，很快就打开了市场，并以惊人的速度迅速在市场中站稳脚跟，尤其是在 1997 年金融风暴席卷东南亚后，全球电池的市场价格暴跌 20%~40%，而比亚迪凭借成本优势从飞利浦、松下、索尼、通用等大公司手中拿到了巨额订单，卖了 1.4 亿块电池，仅仅成立三年就在镍镉电池领域攻占了全球将近40% 的市场份额。2002 年 7 月，比亚迪在港股成功上市，并在 2003 年超越日本三洋集团成为全球第一大电池厂商后迅速开拓市场、抢占市场份额，从液晶面板、手机外壳等零部件入手，为诺基亚、摩托罗拉等国际大牌客户经营起 IT 代工业务，很快成为仅次于富士康的全球第二大代工巨头。

（二）从汽车行业"小白"到中国自主品牌销量冠军

比亚迪在港股上市后成功融资 20 亿港元，手握巨款打算进军一个新产业，当时选中的两个方向均体现了其超前的战略眼光，其中一个方向是如今的比亚迪汽车，另一个方向是半导体。2003年1月23日，比亚迪宣布以2.69亿元人民币收购秦川汽车77%的股份，正式进军汽车行业。然而，收购次日比亚迪股价就开始暴跌，两天内市值蒸发了27亿港元，股价瞬间雪崩将近50%，且后续跌幅加大，给比亚迪造成的影响堪称灭顶之灾。比亚迪接手的秦川汽车公司本身没有研发能力，其最具价值的便是汽车生产资质牌照。收购后比亚迪研发了第一款经济型轿车（代号"316"），但该车型并未得到全国各经销商的认可，在市场上几乎没有任何竞争力，最终比亚迪决定舍掉两亿多元的研发成本，不让"316"上市，将其永久雪藏。

2005年9月，比亚迪向市场推出了a+级乘用车F3，该车型在设计上借鉴了日韩汽车发展经验和模式，尤其重点参考了当时的市场销冠丰田花冠的技术和设计，但市场售价却比同类型汽车便宜很多，一经推出便很快成为市场爆款。截至2007年1月，F3的单月销量就突破了一个极具代表性的数字——10000辆，这是中国汽车自主品牌第一次凭单一车型实现月销量破万。比亚迪在早期模仿丰田汽车的过程中不仅学到了优秀的产品设计，为了节省成本还学到了一种垂直整合的经营模式。所谓垂直整合模式，指一家公司自主掌握产业链中的大部分环节，实现零部件自给自足。丰田汽车在这方面做到了极致，除了玻璃和轮胎之外，从发动机到底盘车身再到装配和内饰都可以自己生产。自2005年推出F3之后，比亚迪以惊人的研发速度陆续推出了F0、F3R、G3、L3、F6、M6等一系列车型，2009年成为中国自主品牌中的销量冠军。

（三）正式吹响进军新能源汽车行业的号角

2004年，即收购秦川汽车的第二年，比亚迪开始在半导体产业布局，注册成立了比亚迪微电子有限公司（今比亚迪半导体），并在不久之后开始研发IGBT芯片。IGBT被称为电力电子装置的CPU，在电动汽车内部负责电能的管控工作，与电池并列为电动车的两大核心技术。2009年，比亚迪发布了车规级 IGBT1.0 技术，实现了中国 IGBT"从 0 到 1"的突破，截至 2018 年升级至 4.0 版本，并于 2021 年发布了更高性能的 IGBT6.0 芯片，成为国内汽车行业中唯一掌握了 IGBT 从设计到制造再到应用的全产业链技术的企业。

比亚迪汽车在成立初期就确定了燃油、混动、纯电动三大战略方向，燃油车是起步需要，混动是过渡，而全面生产纯电动车则是战略目标。2007 年 10 月 11 日，比亚迪成功研发了全球第一块可用于汽车充电的磷酸铁锂电池，并将其用于次年在日内瓦国际车展上发布的新能源车型 F3DM 上。该车型不仅搭载了磷酸铁锂电池，还采用了全球首创的 DM 双动力混合系统，用户可以通过按键使车辆在混合动力模式和纯电动模式之间自由切换。

新能源汽车尚处于发展初期，民众对其续航里程和安全性持质疑态度。基于此，比亚迪从现实情况出发，确定了另一项发展战略——先大力推动公共交通电动化，再向私家电动车市场冲锋。相比私家电动车市场，在公共交通领域推行电动车的难度较小，原因如下：首先，在新能源政策的支持下，公共交通电动化的推广阻力相对较小；其次，城市公交有固定的运营路线，政府可以根据该路线规划设计规模化的充电桩网络，进一步完善公共交通电动化的基础设施，也为日后的私家电动车普及打下良好的基础；最后，公共交通的运客量不容小觑，一辆大巴每年的运客量大概 22 万人次，一辆出租车也能搭乘几千甚至上万名乘客，如果能在这两个领域实现电动化，将给私家电动车的推广起到良好的示范作用。

因此，比亚迪于 2010 年研制出首款纯电动大巴 K9，并在深圳市投放运行，助推深圳于 2017 年在全球率先实现了公交全面电动化。据深圳交通运输委员会统计，纯电动公交比柴油大巴节能 72.9%，每年替代燃油总量 34.5 万吨，另外还大幅减少了碳排放，改善城市空气质量效果显著。2018 年，深圳进一步推行出租车全面电动化，力争年内所有出租车将实现 100% 纯电动化。除了在深圳外，比亚迪还利用电动大巴打开了其他地区乃至海外市场。2015 年，比亚迪在英国伦敦发布了第一款纯电动双层大巴，中国领导人和威廉王子、凯特王妃还曾经一同登车检阅。2017 年 10 月，比亚迪在美国加州的兰卡斯特市建造了第一家中企独资的电动车大巴工厂，占美国纯电动巴士市场 80% 左右的份额。此外，在荷兰、意大利、法国、以色列、挪威、加拿大、日本、韩国、澳大利亚等 50 多个国家和地区随处可见比亚迪电动大巴的身影，这些商用电动车积攒的品牌知名度，将助力比亚迪进一步开拓市场。

2013 年 12 月 17 日，比亚迪发布了"王朝"系列第一款车型"秦"，这是一款插电式混合动力轿车，百公里加速时间 5.9 秒，最高时速可达 185km，综合油耗只有 1.6L。2014 年，比亚迪发布"王朝"系列的第二款汽车——比亚迪·唐，同时宣布了"542 战略"，即今后的产品百公里加速时间控制在 5 秒以内，全部采用四轮驱动，百公里油耗不能超过两升。2016 年，比亚迪先后引进了奥迪、大众、法拉利等汽车品牌的多位设计师，对车辆外形进行改造。比亚迪宋 MAX 于 2017 年上市，该车型设计语言的官方命名为"Dragon face"，其 LED 龙眼大灯、龙须线条和龙嘴格栅的设计让消费者眼前一亮，新颖的中国风设计语言，使其在广州车展上被评为"最佳时尚设计家用 MPV"。

2015~2017 年，比亚迪连续三年霸榜全球新能源乘用车销量冠军，但该头衔在接下来两年被特斯拉夺走。2020 年 3 月 29 日，比亚迪发布了一项重磅技术——刀片电池。刀片电池不仅在续航能力方面提高了 50%，还经受住了业内公认的最严苛的"针刺测试"，具备领先全行业的安全保障。随后，比亚迪精心打造的旗舰产品"汉"横空出世。作为首次搭载刀片电池的量产车型，"汉"在上市四个月后便实现月销量过万。2021 年，比亚迪接连发布了三款"王朝"系列的新车——秦 PLUS DM-i、宋 PLUS DM-i 以及唐 DM-i。它们虽为 DM-i 混动车型，但在体验上无限接近于纯电动车，且有效结合了电动车和燃油车的优点，不仅油耗低、续航能力强，价格也远远低于行业内的同类型汽车，在各方面的性能上碾压了一向畅销的日韩车辆。2021 年，比亚迪汽车的国内销量超过 72 万辆，同比大涨 100%。

2022 年，受俄乌冲突影响，石油价格一度大涨，汽车行业也受到一定影响。在此背景下，新能源车的成本优势迅速凸显。2022年4月3日，比亚迪在全球车企中率先宣布彻底停止生产燃油车，当月比亚迪乘用车销量同比暴增313%，有6款车销量过万，其中秦、汉、海豚三款车型位列包括燃油车在内的整个汽车市场的销量前十。比亚迪一连创造了三项历史纪录，力压一汽大众和广汽丰田，首次登顶中国市场月销量榜首，这是新能源车企首次超越燃油车品牌居销量第一，同时也是中国引入合资汽车38年以来国产汽车自主品牌首次超越合资汽车成为月销量冠军。2022年11月16日，比亚迪第300万辆新能源汽车下线，成为中国第一家取得这一成就的新能源车企。

2022年10月，中国车企自主品牌在国内的零售份额达到51.5%，首次突破50%大关。中国车企不仅逐步收复失地，还悄然进军海外市场。比亚迪在出口电动大巴多年后，2022年先后向欧洲和日本的乘用车市场进军，让"汉"车纵横天下。

二　比亚迪发展新能源汽车是现实诉求

随着科技持续创新和技术不断突破，世界各国都面临着油价上涨的困境、节能减排的难题及金融风险的潜在威胁，2022年的俄乌战争无疑更加剧了能源问题的严峻性。在此时代背景下，新能源汽车的技术研发和产业化发展变得越来越重要，美国、欧洲、日本等主要工业发达国家或地区加大了对新能源汽车的政策扶持力度，各国亟须结合自身能源状况和技术发展实力来推进新能源汽车发展。

对于中国汽车行业来说，大力发展新能源汽车产业意义重大。目前，我国的新能源汽车产业仍处于起步阶段，发展路线和研发技术仍面临诸多不确定性，基础设施不完善、消费者转换意愿不高、政策体系尚待健全等问题亟待解决。与此同时，我国汽车产业也面临着严峻的挑战。由于核心技术缺失和自主品牌发展滞后，我国汽车销量虽居全球首位，却难以成为汽车强国，被迫成为国外先进汽车企业的追随者。当前，我国正处于汽车工业改革的关键时期，政府大力提倡汽车发展由传统燃油汽车向新能源汽车过渡，这正是我国汽车产业奋力实现追赶和超越的最佳时机。

（一）新能源汽车贴合时代绿色主题

多年来，能源紧缺和环境污染问题早已成为全球关注的重要焦点。随着传统化石能源消耗对环境造成的影响日益严重，全球范围内能源供应不足问题也愈发凸显，经济社会的可持续发展受到严重制约，企业能源转型和低碳发展迫在眉睫。在此情形下，世界各国合力统筹协调能源绿色低碳发展与能源供应，纷纷制定和实施了一系列相关政策、措施和行动，优化调整能源结构，推动产业转型升级，探索水能、核能、风能、太阳能等清洁能源的开发利用，逐步减少对煤炭、石油、天然气等化石资源的依赖，努力降低二氧化碳的排放来保护生态和改善环境，积极迎接低碳经济时代。2021 年，欧盟、英美、俄罗斯、日韩、中国等设定净零排放目标，围绕碳中和出台行动计划，推动企业发展向清洁能源和绿色技术过渡，倡导可持续清洁能源的投资开发，从而缓解能源危机、保障能源安全。

2020 年 9 月，我国明确提出"双碳"目标，2021 年发布《中共中央 国务院关于完整准确全面贯彻新发展理念做好碳达峰碳中和工作的意见》《2030 年前碳达峰行动方案》，加快推动碳达峰碳中和"1+N"政策体系的构建。然而，实现节能减排和"双碳"目标绝非易事，汽车产业是我国国民经济的重要支柱产业，相关企业必须自觉承担起社会责任，优化汽车产业结构，加大产品研发力度，努力发展节能环保的新能源汽车，推动我国汽车产业迈向清洁化和低碳化发展阶段，同时促进全球汽车产业的绿色转型发展。

（二）新能源汽车对中国能源安全的必要性

过去，全球石油资源分布不均衡引发了多次战争。随着世界各国工业的加速发展，石油资源消耗量逐年提升，极有可能在未来数十年或数百年内消耗殆尽。这将引发新的能源危机，而导致这场危机的主要原因则是人类对石油资源的过度开采和使用。石油资源并非取之不尽、用之不竭，经过几十年的大规模开发和使用，全球石油储量逐步减少，难以满足未来几十年甚至几百年人类发展需求。尽管人类探明的石油储量和可开采的石油量仍在增长，但是随着开采难度的增加，成本也将不断攀升，最终达到难以承受的程度，彼时石油也就失去了开采和使用的价值。

我国必须要调整和优化以石油为主的传统能源结构，开发水能、风能、核能、太阳能等新能源来替代石油，从而保障能源安全、促进经济可持续发展。为此，各国正在积极地探索其他能源资源的开发利用，如页岩油、氢能、太阳能和风能等，以减少对传统化石能源的依赖。然而，这些新能源无法在短期内完全取代石油在相关产业发展中的位置。据国际能源署研究，来自能源领域的二氧化碳排放量逐年上升。根据世界银行、全球碳计划（Global Carbon Project）等的数据，全球六大二氧化碳排放国的排放量占全球总排放量的60%。

传统机动车尾气是大气污染的重要来源之一，同时也是公认的$PM_{2.5}$主要来源。在碳排放数据方面，全球碳排放总量中有1/4来自机动车尾气，机动车尾气无疑加速了全球气候变暖速度。同时，机动车尾气排放对我国大中城市空气造成了严重污染，也引发了严重的雾霾问题，其中80%以上的一氧化碳、40%以上的氮氧化物和碳氢化合物污染以及20%~30%的含铅颗粒污染物均来自机动车。

我国的节能减排工作面临着的诸多现实困境，如节能技术的研发和应用有待加强、节能减排产业政策尚未健全、资金短缺问题明显等，推行新能源汽车无疑可以在很大程度上缓解这一局面。新能源汽车以氢能、电能等洁净的能源作为动力，可以有效避免传统能源带来的环境污染和尾气排放问题。推广新能源汽车不仅满足了节能环保的迫切要求，还有利于我国汽车产业实现弯道超车，是实现我国可持续发展和环境保护的重要途径之一。目前，新能源汽车研发已经成为全球关注的焦点，美国、欧盟和日本等发达国家或地区日益重视新能源汽车相关技术研究，并取得了一定成果。近年来，随着能源危机和环境污染问题日益严峻，新能源开发利用在全球范围内逐步受到重视，绿色低碳已经成为人们生产生活方式的发展趋势。同时，汽车排放的尾气造成了严重的大气污染，也明显降低了人们的生活质量，新能源汽车逐步成为消费者的优先选择。

此外，分析汽车行业的生命周期可以发现，传统的燃油汽车产业进入了成熟期，而新能源汽车产业正处于萌芽和快速发展期。因此，发展新能源汽车有助于改变汽车产业受制于人的处境，实现汽车产业的弯道超车，促进国内汽车产业结构调整。如果各国都能加快推进新能源汽车产业发展，将在很大程度上有利于降低能源消耗和保护资源环境，同时也有助于促进世界汽车产业的绿色低碳转型。对于中国来说，发展新能源汽车有助于优化汽车产业布局和结构，增加我国汽车产业的市场份额，加快我国汽车"走出去"的步伐，逐步缩小与发达国家之间的差距。

（三）新能源汽车对中国汽车行业发展的重要性

现阶段，将新能源汽车作为未来汽车行业的发展标杆已成为全球汽车企业的共识，世界各国和相关汽车企业纷纷加快推进新能源汽车发展，以顺应时代发展趋势、实现"双碳"目标、实现战略转型。新能源汽车产业发展不仅是经济的有效增长点，也为交通领域的能源转型和低碳发展提供了新方向，对我国经济社会的可持续发展而言意义重大。

从 2010 年起，中国的汽车产量连续十年居世界第一。2020 年，我国汽车保有量达到 2.81 亿辆，和美国并列世界第一，然而汽车出口价值却不足100 亿美元，仅为德国的 1/12。同时，我国进口了价值 440 亿美元的外国汽车，导致贸易逆差超过 340 亿美元。中国汽车厂商虽然产量最大，却干着最累的活、拿着最少的利润，原因就在于汽车的发动机、底盘、变速箱等核心技术专利长期被西方国家所垄断。我国曾经尝试建立合资品牌，但"以市场换技术"的发展路线已经被证明是失败的。1984 年以来，合资汽车在中国市场雄霸 38 年，但相关外企牢牢掌握着核心技术。因此，发展新能源汽车不仅有利于我国汽车产业结构调整、实现"双碳"目标，还极有可能是改变我国汽车产业长期"受制于人"的局面、实现"弯道超车"的绝佳机会。目前，新能源汽车产业已成为国家重点产业，是中国七大战略性新兴产业之一。汽车产业作为经济发展的重要支柱产业，在促进经济增长和维护社会稳定方面也发挥着重要作用。据相关统计，汽车行业每增加一个岗位，其上下游相关产业的岗位增加数可达到 7 个。发展新能源汽车能在产业链上创造数以千万计的就业机会，有助于改善人民生活、拉动内需、助力经济内循环。

三　比亚迪技术创新助力实现零碳目标

作为绿色梦想的坚定实践者和引领者，比亚迪坚持以解决社会问题为导向，以技术创新为驱动，在光伏、储能、电动汽车、云轨及 LED 等领域开发绿色技术产品，打通了从能源开采、存储到应用的各个环节，为城市绿色用能提供了全方位解决方案。① 为了深入贯彻落实国家碳达峰碳中和目标，比亚迪积极推动交通电动化，推广绿色出行模式，助力交通运输领域节能减排；持续加大资金、人才、材料等投入，自主研发清洁能源技术；将节能减排嵌入生产经营各个环节，创新绿色运营管理方式；自觉承担绿色生态责任，努力成为新能源汽车领域碳减排标杆企业。

（一）积极推动交通电动化，比亚迪助力交通领域节能减排

作为零排放整体解决方案的先行者，比亚迪针对三类交通工具提出尾气减排"1/3"策略，助力交通运输领域实现零排放目标。首先，比亚迪锚定公共交通，提出了第一个"1/3"，希望通过推动公交、出租、网约车等公共交通的全面电动化，降低公共交通碳排放量。比亚迪早在 2010 年就提出了全球首个公共交通电动化方案，并获得了全球认可，率先试点的深圳市在 2011 年推广了 800 辆纯电动巴士，截至 2017 年底已推广各类纯电动巴士超过 1.6 万辆，成为全球首个实现公交巴士电动化的城市。目前，比亚迪已向

---

① 黄颖：《车企可持续发展与碳中和》，《上海汽车》2023 年第 3 期。

全球合作伙伴交付了超过 7 万辆纯电动客车，总运营里程超过 55 亿公里，绿色低碳足迹遍布全球六大洲 50 多个国家及地区 300 多个城市，有效减少二氧化碳排放量超过 400 万吨，相当于植树 3.5 亿棵。其次，比亚迪在专用车辆上下功夫，积极推进城市卡车及专用车全面电动化，实现了尾气减排的第二个 "1/3"。2015 年，比亚迪提出了 "7+4" 全市场战略，即在七大常规领域汽车电动化的同时，在四大特殊领域推广电动专用车。截至 2017 年底，比亚迪已向全球合作伙伴交付超过 7 万辆纯电动客车。最后，比亚迪将目光放到体量最大的私家车上，提出了第三个 "1/3"，通过加速私家车领域新能源汽车对燃油车的替代以及相关技术的运用，实现汽车全面电动化。比亚迪推出了高安全刀片电池、高性能碳化硅芯片、高效率 DM-i 超级混动系统等技术，为社会公众提供了更绿色的出行方式。

比亚迪一直致力于解决城市交通拥堵问题，并在此基础上提出了协同发展方案，即提升小型轨道交通和地铁的比例。比亚迪不断探索绿色出行方式，并将电动车产业链延伸到轨道交通领域，推出了中型云轨和小型云巴等跨座式单轨 "云轨"，以实现低碳路网运营，缓解城市交通压力，满足人们对绿色出行的需求。这种云轨属于中型运量的轨道交通，轨道可以架设在绿化带上低空运行，不占用道路资源，且造价仅为地铁的 1/5，建设成本低、出行效率高、能源耗费少且噪声污染小。目前比亚迪在轨道交通领域投入了大量物力和财力，以推动交通领域的绿色低碳发展，同时也不断探索绿色出行方式和跨界创新成果，从而促进城市可持续发展。

（二）聚焦储能行业发展，比亚迪积极开发清洁能源技术

为了推动城市可持续发展和全球能源结构转型，比亚迪不仅致力于用二次能源驱动交通，还在光伏、储能等领域研发清洁能源技术。比亚迪早在多年前就开始从事储能业务，并于 2008 年正式成立电力科学研究院，专注于储能技术和产品的研发。比亚迪于 2016 年率先开创了 "光储一体化" 模式，将太阳能转化为电能并储存，以降低光伏发电成本和实现光伏发电平稳上网，满足了光伏市场的多样化需求。比亚迪储能业务的特点在于全线自研和安全

性高，不仅覆盖了电池、电池管理系统（BMS）、能量管理系统（EMS）、双向变流器（PCS）等全领域，还有效将储能系统与太阳能光伏发电系统相结合，帮助用户将白天发电的清洁能源储存下来便于晚上使用。

安全问题始终是储能行业的痛点之一，任何安全隐患或风险都将给储能企业造成重大损失，包括产品安全、火灾安全、电力安全等。随着储能行业的快速发展，安全方面存在的诸多问题亟待解决。一方面，比亚迪积极开发储能系统，其2020年发布的电网级Cube储能系统取得了亮眼成绩，发布至今在全球的累计装机容量已超过3GWh。另一方面，从本质上来看，储能系统的安全就是电池的安全，比亚迪考虑到刀片电池在新能源汽车上的优良表现，将刀片电池应用到储能系统，推出了基于刀片电池的全新储能系统产品，不断提高整个系统中刀片电池的占比，利用刀片电池改善能量密度和保障电池安全。同时，为太阳能系统配置储能技术，让电网吸收和并网更多可靠、安全、低价的可再生能源，助力储能行业的能源结构调整，不断提高清洁能源占比。截至2022年12月，比亚迪储能产品已覆盖全球六大洲70多个国家和地区，储能系统累计出货量超6.5GWh，且2022年以来储能全球订单总量超14GWh。

（三）自觉承担企业社会责任，比亚迪为制造企业树立行业榜样

多年来人类对化石能源的过度依赖导致了环境恶化和资源枯竭，经济社会发展变得不可持续。作为绿色梦想的坚守者，比亚迪积极参与保护地球的绿色行动，并以前瞻性的国际视野向全世界展示了中国的绿色发展理念。2014年，比亚迪集团董事长兼总裁王传福受邀参加在联合国总部纽约举行的联合国气候峰会并发表主题演讲，表达了比亚迪解决能源危机、减少环境污染、实现可持续发展的绿色梦想。2015年，比亚迪成为中国唯一受邀出席联合国气候变化大会的新能源汽车企业，为全人类的气候变化问题发声，展现了中国绿色制造企业的责任担当。2016年，在墨西哥C40市长峰会上，比亚迪呼吁"为地球降温1℃"，通过电动车治污、云轨云巴治堵等方式，为地球减轻负担，为后代谋福利，得到了全球百余市长的积极响应。

比亚迪积极应对全球气候变化，获得了国际社会的高度评价和广泛赞

誉。2015 年，时任联合国秘书长潘基文在纽约联合国总部向比亚迪颁发了首个针对新能源行业的奖项——"联合国能源特别奖"，表彰了其在可持续发展领域所做出的杰出贡献。此外，比亚迪还因在推动可持续技术发展方面的卓越贡献，获得了 2016 年的"扎耶德未来能源奖"大型企业奖，这是中国企业首次获得此殊荣。作为全球最权威、最有价值的环境领域至高奖项，"扎耶德未来能源奖"评审团由全球知名可再生能源专家组成。随着中国宣布"双碳"目标，越来越多的行业、机构和人士加入到推动碳减排的队伍中来。比亚迪率先启动碳中和规划研究，既延续了一直坚持的绿色梦想，又展现了中国企业的责任担当。未来，比亚迪将继续加大绿色科技研发投入，加快企业和行业清洁能源生产生活方式转变，努力实现零碳目标，为制造企业的绿色转型发展树立优秀榜样，为推动可持续发展做出更大的贡献。

（四）积极响应环保号召，比亚迪坚持绿色运营

比亚迪积极践行企业社会责任，一直致力于环境保护和低碳发展。在温室气体管理方面，比亚迪将温室气体管理纳入企业运营活动的一部分，制定了《温室气体量化和报告管理程序》，并每年向相关方披露自身碳排放数据，定期核查和评审温室气体排放的控制情况，不断监测和改善温室气体管理绩效。在能源管理方面，比亚迪积极采取有效的节能减排措施，通过能源审计、内部审核、节能技术改造、员工培训等方式，不断提高能源管理体系的有效性，实现了能耗降低和能源利用效率的提高。此外，比亚迪还通过构建绿色能源管理体系、推广可再生能源、开展技术和管理节能等，持续减少能源消耗和二氧化碳排放。①

在节能减排方面，比亚迪积极响应资源节约和环境保护的号召，坚持生产绿色产品，帮助社会降低能源消耗的同时也注重减小自身经营活动对环境的直接影响。为了进一步推动节能减排，2021 年比亚迪环境保护相关投资超过 5 亿元，包括技术改造和设备升级，并实施了新建项目环境影响评估率

---

① 黄颖：《车企可持续发展与碳中和》，《上海汽车》2023 年第 3 期。

100%的举措。在深圳、惠州，比亚迪还完成了 43 项节能减排技术改造项目，包括比亚迪汽车工业有限公司的动力系统试验台架电能回收节能项目、深圳比亚迪电子有限公司的华为产品线产品容量测试柜节能优化改造项目、比亚迪半导体股份有限公司的功率模块焊接工艺节能减排改造项目、惠州比亚迪电子有限公司的集中供真空系统改造项目以及注塑机伺服改造项目等。这些改造项目共节约了 3332 吨标准煤的能量，减少了 13370 吨 CO_2 的排放量。

在绿色供应链方面，比亚迪致力于在供应链和原材料端实施绿色采购，建立了完善的"绿色供应商"和"绿色原材料"体系，并在物流环节方面积极推行更环保的运输方式，如采用低碳海洋运输方式、使用新型碳中性燃料（如甲醇）替代传统化石燃料、提高铁路运输比例等。此外，比亚迪还推广循环物流包装箱的使用，逐步将转运过程中使用的纸箱、木质包装箱、铁架等替换为可循环使用的吸塑围板。该围板循环使用寿命达 3 年以上，年回收循环次数达 900 多次，大大减少了企业生产过程中的资源消耗。

四 案例经验与启示

（一）科技创新是推动绿色低碳转型的核心动力

21 世纪以来，全球科技创新活动空前活跃，新一轮科技革命和产业变革正在淘汰落后生产技术、粉碎旧的国际生产分工体系、重塑全球经济结构。在企业管理领域，科技革命将深刻影响企业的战略规划、竞争优势和市场地位，要实现可持续发展和保持核心竞争力，就必须依靠科技创新。比亚迪将科技创新作为推动绿色低碳转型的核心动力，通过技术研发和产品创新推动新能源汽车市场逐步替代燃油车市场，提供交通运输节能减排解决方案，开发高效光伏技术储存清洁能源，逐步减少传统化石能源消耗量，降低能源依赖。在运营方面，比亚迪不断加大环保投入，进行设备改造和技术升级，减小自身生产经营活动对环境的影响。同时，在供应链和原材料端，比亚迪始终坚持绿色采购，建立健全"绿色供应商、绿色原材料"发展体系，推行更环保、更低碳、更高效的运输方式。例如，比亚迪积极推行低碳海洋运输和提高铁路运输比例等。

（二）牢牢掌握绿色低碳关键技术

从合资车的实践可以得出，关键核心技术无法通过购买、借用获得，特别是在绿色低碳方面，仅凭技术跟进、设备组装、产品革新等方式无法真正实现企业的绿色转型。唯有牢牢掌握关键核心技术，以关键共性技术、前沿引领技术、现代工程技术、颠覆性技术创新为突破口，勇于走前人未曾涉足之路，努力实现关键核心技术的自主可控，才能在全球市场上掌握创新主动权和发展主动权，在绿色技术创新革命中处于世界领先地位。

（三）国家的政策支持为新能源汽车产业发展提供了坚实的保障

自《可再生能源法》颁布以来，我国可再生能源的发展受到前所未有的重视。在"强制上网、分类补贴、费用分摊"的原则下，大量资本源源不断地涌入可再生能源领域，推动了可再生能源快速发展。从2009年开始，我国政府开始对新能源汽车实施补贴，并于2014年向私人用户端发力，以高额的购车补贴鼓励私人购买新能源汽车，提升社会公众对新能源汽车的认可度，帮助新能源汽车进一步开拓市场。虽然当前我国对新能源汽车的补贴力度有所下降，但新能源汽车凭借环保、低价、智能等优势，市场份额逐年上升。党的二十大报告明确提出，要加快节能降碳先进技术研发和推广应用，推动形成绿色低碳的生产方式和生活方式。中央经济工作会议强调，要加快绿色低碳前沿技术研发和推广应用。作为长期活跃在绿色低碳领域的领军企业，比亚迪深刻认识到科技创新对于绿色低碳发展的重要性，认真贯彻落实党的二十大精神和中央经济工作会议精神，坚持新发展理念，坚定不移地推进创新驱动发展。国家的政策支持可以进一步完善市场导向的绿色技术创新体系，让创新要素集聚，让各类型绿色技术创新活力竞相迸发，为高质量发展注入新的绿色动力，为新能源企业发展营造良好的市场环境。

能源类企业篇

第五章
明阳集团：清洁能源在路上

一　明阳集团的基本情况

（一）企业简介

明阳新能源投资控股集团（以下简称"明阳"）成立于1993年，总部位于中国广东中山，是一家专注于新能源装备和工程技术服务的公司，业务范围涵盖风能、太阳能、电气、高端芯片等领域，旗下拥有二十多家子公司，包括明阳智慧能源集团股份公司（以下简称"明阳智能"）、广东明阳电气股份有限公司、中山德华芯片技术有限公司等。明阳致力于推动上下游产业协同发展，打造清洁能源开发存储全业务链条，形成绿色能源整体解决方案，构建以新能源为主体、多能互补的新型能源体系。

作为广东能源企业中的元老之一，明阳既有老牌企业的坚守，也有新时代弄潮儿的冲劲。迄今为止，公司总共历经了三次产业升级：在第一次产业升级（1997~2001年）中，明阳投入大量资源完成从低压成套电器向高压成套电器的升级，形成高低压成套电器的生产能力，奠定了明阳在电器行业的地位；在第二次产业升级（2001~2005年）中，明阳开展国际交流与产学研合作，进一步整合企业内外的各类创新要素，完成从高低压成套电器向电力电子及自动化的转型，迈上了智能电器生产与制造的新征程；在第三次产业升级（2005~2013年）中，明阳基于对新能源产业发展形势的研判，对产业结构、技术开发、经营模式进行了变革，将发展方向转向风电行业，开创了风电行业的"明阳模式"。经过30多年的锐意进取以及三次产业升级，处于新旧时代交接口的明阳深知唯有历久弥新，方可生生不息。

明阳扎根中山 30 个年头，通过战略管理、研发项目管理、商业模式管理、人力资本管理等一系列管理实践创新，形成了以智能制造、智慧能源服务、光储氢为主的业务板块，在全球布局了"一总部、五中心"的研发创新平台，成为国内领先、世界领跑的新能源企业集团，是国家知识产权优势企业和国家高新技术企业，位居中国企业 500 强和全球新能源企业 500 强前列。

（二）企业特色与优势

1. 技术优势

技术创新是企业生存和发展的基石，明阳深谙其道，十分注重产品和技术迭代升级。在风机产品上，明阳的风机产品平台始终保持着特殊性和普遍性的巧妙平衡：一方面，将全球市场的适应性分析融入机组设计过程，让风机能在各种不同的环境下正常运行，便于在全球范围内进行推广和应用；另一方面，不断优化和升级产品平台，提高风机平台在不同应用场景下的分析能力，使其能在特殊情景下给出最优决策方案。明阳智能尽力练好内功、做足功课，凭借技术的积累提升平台的稳定性和可靠性。另外，在大功率海上风电整机技术上，基于全球技术和研发资源的高效整合，明阳对半直驱技术进行了反复消化、吸收和定制化的再研发，并取得了阶段性成果，由团队定制化研发的大容量 MySE5.5-11MW 海上抗台风型风机拥有结构紧凑、效率高、工程施工便捷、易维护等优点。得益于优异的抗台风性能，海上抗台风型风机在市场上广受好评，并获得大规模应用，拥有巨大的商业价值和应用前景。在深海漂浮式技术上，明阳从性能升级和结构创新两个方面入手，积极与国内外优秀研究机构开展深入交流和科研合作。为解决载荷传递、结构安全和运行平稳等技术难题，明阳研发了漂浮式技术和半潜式技术，以适应深海台风海域。在叶片技术方面，明阳拥有核心技术优势，特别是公司拥有专业的叶片技术研发团队，自主研发的分段叶片技术遥遥领先于同类型产品，目前该叶片已完成 58.8M 叶片的样片验证并取得了 DNVGL 认证证书，具备量产条件。同时，明阳在叶片技术上的创新还有助于解决复杂地形下的叶片运输问题，助推一些受地形限制而不能进行风电建设的地区转变成绿色能源生产基地。

2. 商业模式创新

目前，全球海上风电方兴未艾，而中国海上风电起步早、底气足、发展快。以目前的开发速度和力度，再加上行而有效的管理措施，中国海上风电未来很有可能领跑全球市场。但当下海上风电参与者仍面临诸多挑战，其中经营成本不断提升的问题亟待解决。随着海上风电补贴逐渐退坡，相关企业要想维系正常运营，应通过商业模式创新实现开源节流。在中山市委、市政府的支持和推动下，明阳不仅在技术创新上保持领先优势，还在商业模式上寻求重大的突破。明阳深刻明白客源即商源，必须要了解客户想法，满足客户需求，并为其提供多样化的承建、融资、合作等方面的整体解决方案。在产品销售模式上，明阳不断满足客户个性化需求，向客户提供定制化的系列风机产品；在工程项目承包上，明阳参与了项目建成前所有环节的工作，帮助客户亲眼见证工程从无到有、从有到优的过程，且在交付项目成果之前，明阳就已替客户处理好建设过程中有关资金、技术、运行等方面的问题，使得客户免受各类风险和隐患带来的影响；在 EMC 各类合同资源管理上，明阳专注于提供专业化节能服务，鼓励用能单位以节能效益支付合理利润，实现改善现金流、降低风险和节能环保的目标；在金融租赁上，为满足中小企业客户的购机需求，明阳联合租赁机构为购置风机产品的顾客提供金融租赁服务，中小企业仅需每期支付租金即可享受风机的使用权，这在一定程度上缓解了其短期资金压力。正是因为在融资、服务、资源等领域的创新，明阳进一步助推商业模式转型升级，持续吸引和收获大量的客户群体和合作伙伴，成功扭转了补贴退坡带来的经营亏损趋势，实现创收增收。

（三）发展现状

总体而言，明阳锐意进取，实力雄厚，发展稳步向前。截至 2022 年 9 月，明阳实现营业收入 216.64 亿元，同比上升 17.17%，其中风机制造板块销售收入 201.81 亿元，同比增长 18.58%；风电机组出货量 5.72GW，其中海上风机出货 2.22GW。前三季度公司实现归属于母公司所有者净利润 35.65 亿元，同比增长 60.65%；净利润率 16.41%，较上年同期上升 4.75 个百分点。相较于行业内其他企业，明阳智能是净利润规模最大，也是增速最快的风电整机商。可见，作为风机制造第一梯队主力，明阳智能的龙头地位稳固。

借力核心风机制造板块的高速发展，明阳智能通过技术驱动"风光储氢"一体化持续深化，并基于技术互通、管理模式可复制性等关联特性，将风电领域的领先优势拓展至其他新能源领域。在光伏方面，明阳第一期规划的产能为 2GW 的 HJT 电池片和 HJT 光伏组件已全面建成，年销售超 30 亿元；在储能方面，明阳 2022 年战略投资的海基新能源 2GWh 储能 280Ah 电芯产能也已经建成投产。同时，公司在氢能领域也实现又一重大突破，明阳智能 2022 年第三季度推出的 2000Nm/h 碱性水电解制氢装备是目前为止全球最大的单体碱性水电解制氢装备，这类制氢产品质能比高、能耗低、模块化、智能化、集成化等多方面优势显著，且制氢能力较强，拥有 10%~110% 宽频调谐制氢能力。与同等级设备相比，明阳智能的新型电解槽长度缩小了 50%，紧凑型槽体设计和特别设计的电极结构有助于推动制氢产业在科技化与经济性相融合方面迈上新台阶。

明阳既是国内风电领域的引领者，也是海外市场的开拓者。明阳高度重视海外市场的开拓和发展，希望与海外风力发电相关企业携手共进，让能源技术更好地造福全人类。例如，明阳积极与以英国为首的欧洲各国展开商务及技术合作。作为欧洲海上风电领跑者，英国对技术的先进性、产品的可融资性、供应链的稳定性和服务的可保障性的关注度较高。而作为全球最大的海上风电场，我国海上风电产业规模和产值不断提升。未来，随着自主研发能力的提升和全生命周期运维服务能力的提高，加上融资环境的完善，中国的风电产品将会逐步满足以英国为首的欧洲开发商对于项目经济性和稳定性的综合考量。2022 年 7 月，明阳智能全球存托凭证（GDR）在伦敦证券交易所正式挂牌上市，标志着中国海上风电正式迎来"走出去"的新时代。

作为全球清洁能源整体解决方案供应商，明阳开展国际业务已有十个年头，经过长时间的"摸爬滚打"和业务沉淀，摸索出一条适合自身发展的国际化道路，对全球目标市场的把握越来越精准，将东南亚、东北亚、欧洲和南美作为国际业务的重点开拓区域，并着手相关的市场调研、资源投入和项目开发等工作。由此可见，明阳的国际业务管理日趋成熟，发展前景广阔。

二　明阳集团的绿色、低碳蓝图

（一）全面贯彻绿色理念

明阳牢记本心、乘风破浪、勤于进取，始终坚守产业报国的崇高理想，秉承"发展绿色能源，造福人类社会"的企业使命，[①] 以建设天蓝、地绿、山青、水净的美丽中国为己任，致力于可再生绿色清洁能源和优化绿色能源的循环利用。明阳践行绿色发展理念，将绿色管理贯彻落实到生产中的每一个环节，从设计、采购、生产、销售、回收到处理，实现全作业流程绿色低碳升级，助推绿色供应链管理优化。此外，绿色理念不仅是明阳集团的使命和责任，更是每个明阳人的不懈追求和美好愿景。倡导绿色理念，既是内部企业文化塑造和文化传播的重要一环，也是明阳员工凝聚共识、加强身份认同及获得归属感的关键一步。在自上而下共同参与的绿色实践中，明阳强调要发挥领导和管理层的榜样作用，引领团队认真贯彻落实绿色理念，在团队内部确立了绿色小愿景，制定绿色"微准则"，强化员工绿色身份标签，营造基层低碳文化氛围，积极践行清洁环保的生产方式，进一步激发了全员主动参与生态文明建设的内在动力。正是在绿色文化的熏陶下，明阳才能坚持做到全流程绿色化，才能在纷繁复杂的产业变革中把握方向，才能在全国乃至全球的新能源领域占有一席之位；正是怀揣着这份绿色理念，

---

① 姚咏梅：《"能动文化"引领企业创新发展——2019 全国企业文化（明阳集团）现场会在中山召开》，《中外企业文化》2020 年第 Z1 期。

明阳人才能常怀"美丽中国梦"，肩负绿色责任，提供优质绿色服务，做有担当的"新能源"人，并做出"发展清洁能源，造福人类社会"的庄严承诺。

明阳不仅是绿色发展的拥护者、清洁能源产业前沿的探索者，也是国际三 R 环保理念［即节约（Reduce）、重复使用（Reuse）、再利用（Recycle）的循环经济理念］的践行者。明阳积极响应国家关于"推进能源生产和消费革命，构建清洁低碳、安全高效的能源体系"的战略部署，[①] 按照《可再生能源法》，以实际行动坚定履行社会责任，坚定走绿色发展、生态优先的道路，坚定做节能减排的领军者和主力军。明阳以非凡的眼力、沉稳的定力、不屈的毅力，踊跃参与全球环境治理，坚定推动人类绿色命运共同体的构建。首先，自"一带一路"倡议提出以来，明阳领导便以长远的眼光与独到的见解提前规划"一带一路"沿线地区的新能源布局。目前，明阳已在"一带一路"沿线 10 多个国家布局了风光储新能源，并着手在青藏高原建造全球最大的风光水清洁能源基地和装备制造基地。[②] 明阳内部全员遵循全球绿色共识，牢记全球生态参与者的责任与义务，将三 R 理念落实到生产销售实践中。据统计，明阳风机产品每年可减少碳排放 4200 万吨，其效能等同于每年人工建造 2300 万立方米的森林。明阳将绿色环保理念融入产品设计、制造、销售和运维整个过程，[③] 用心为客户、居民和全社会提供优质的绿色服务，不断创造绿色价值。明阳积极发挥核心企业的"领头羊"作用，吸引并甄选有潜力、有愿景、有创新的企业加入绿色生态供应链，共同践行保护环境的责任和使命，为社会和公众提供更多优质的绿色产品与服务。

[①] 《明阳集团：绿色创新推动高质量发展　做全球清洁能源智慧化、普惠制领军者》，《中国环境监察》2020 年第 6 期。

[②] 《明阳集团：绿色创新推动高质量发展　做全球清洁能源智慧化、普惠制领军者》，《中国环境监察》2020 年第 6 期。

[③] 《明阳集团：绿色创新推动高质量发展　做全球清洁能源智慧化、普惠制领军者》，《中国环境监察》2020 年第 6 期。

（二）顺应低碳智能发展趋势的战略构想与实践

随着国家生态文明建设和"双碳"政策的持续推进，企业发展迎来了新机遇和新挑战。面对新形态、新业态、新生态的重大变革，明阳展现出"势如破竹"的底气与信心，基于企业现状和未来目标，结合行业政策方向与市场动向，进一步明确企业战略定位，并制定了科学有效、协调有序的绿色战略。

1. 创新战略

自主创新是明阳的信仰，自强不息是明阳的追求，明阳全体同仁耐得住寂寞、扛得住打击，有敢为人先、勇向潮头的魄力，有不怕跌倒、永不服输的毅力，这使得他们在多项技术创新上持续取得丰硕成果。首先，在风电整机的研发上，明阳陆续推出的 5～7 兆瓦新产品，是迄今为止全球最大、技术最先进、拥有自主知识产权的抗台风型大型海上风电机组。[①] 其次，在智能电气技术领域，明阳推出了技术性能优异的新型电力电子产品，如光伏逆变升压一体化装置、大容量海上风电升压变压器、海上风电智能升压系统等，还研发了柔性直流输电技术，进一步提高企业在电气市场的份额。此外，在高倍聚光技术方面，明阳始终处于行业领先地位，其光伏技术团队研制的三结太阳能电池芯片光电转换效率超过 40%，模组光电转换效率达到 30% 以上，而更高转换效率的四结芯片也已经研发完成。最后，有关生物航油的项目规模日趋扩大，明阳不断完善废油回收及再生技术，废油循环利用效率逐步提高，一期规划的再生循环润滑油产能高达 20 万吨。此外，为优化生物航油供给，明阳还积极开展国际合作，立项启动了 80 万吨生物航油的生产工作。

2. 金融资本战略

健康畅通的商业运作离不开充足的资金支持，明阳积极拓宽融资渠道，

---

① 《明阳集团：绿色创新推动高质量发展　做全球清洁能源智慧化、普惠制领军者》，《中国环境监察》2020 年第 6 期。

制定并实施产融结合战略，通过股权融资卓有成效地整合了产业、金融和资本三大资源，形成由产到融、由融到产、产融互补的产业生态。明阳十分重视金融对供应链的支撑作用，以产业资本和金融资本的结合为基础，着力打造以下游业务投资、股权债务融资、金融创新、产业并购为核心的金融资本平台，使产品体系金融化、资产证券化，增强产品研制能力和开发建设能力。近年来明阳申请的绿色资产证券化已获得深交所批准，将成为深交所首单绿色资产证券化项目。除此之外，明阳智能还成功发行了一笔市值达 2 亿美元、期限为 3 年的绿色债券，成为首家在澳门债券市场上发行工商企业绿色债券的企业。

3. 国际化战略

为积极响应国家"走出去"战略，满足"开源新通路"的业务需求，明阳着力规划与执行集国际化市场、人才、技术、服务于一体的海外战略，并锚定东欧、印度、南非、东南亚等目标市场，建立符合双方利益的合作机制，不断完善项目监管机制，推动公司能源业务在全球范围内走得更远、更久、更稳。此外，明阳在海上丝绸之路上凭借风机整装技术和风电工程优势，加快实施国际化战略，产业布局覆盖了印度、巴基斯坦、东南亚、非洲等地区。2012 年 11 月，明阳基于自主研发的风机进军印度市场，与本土企业信实能源签订了 2500MW 的风机订单合同。次年，明阳又将商业项目带到南欧，与罗马尼亚潘尼斯库集团签订了 200MW 风电项目开发协议、EPC 项目与设备供货协议。

4. 海上战略

明阳坚守本分，砥砺前行，积极开拓新能源价值洼地，填补了中国海上发电供给的缺口。作为国内高端装备制造业的翘楚，明阳紧跟广东海洋强省战略部署，积极承担海上风电大风机及相关重大装备研究制造、海洋工程建设的任务。未来，明阳将继续发挥领军企业的带头作用，有序开展海上风电实验、高端制造以及高端装备出口等项目，助力发展海上新经济，为全省经济高质量发展贡献力量。此外，海上风电开发还有利于促进空气动力学、流体力学、材料科学、电力电子等多学科交叉的系统科学和工程研究,① 吸引不同领域的人才在海洋风电领域集聚。可以肯定的是，作为引领者和革新者，明阳带动了海洋风电学科前沿和基础理论的进步，使广东成为全球海洋风电领域的人才高地，助推广东海上风电产业欣欣向荣。

5. 人才战略

明阳始终把人才作为第一资本，面向全球吸纳高端技术人才。为达成"世界领先的智慧能源系统整体解决方案提供商"的目标愿景，明阳坚定实施"双百培育、重用领军、鼓励创业"的人才战略，为公司高质量发展构筑起强大的人力资源支撑。明阳注重人才培育，经过对人才的定向培养，使其迅速成长为公司的核心管理人才和高级专业技术人才。同时重视营造学习氛围，为内部员工提供良好的成长与发展环境，并配置了一套灵活的激励机制，根据员工需求制定个性化的激励方法，例如，为企业内领军型人才和学科带头人量身订制激励方式，吸引国际和国内领军型顶级人才加盟并予以重用，重视其发展过程中的高层次需求，让高端人才感受到被尊重的同时能够实现个人价值，使其更好地发挥自己的专长和优势。目前，明阳已拥有超过 2000 人的研发队伍，全球布局"一总部、五中心"的研发创新平台，建有博士后科研工作站、国家级企业技术中心和国家地方联合工程实验室，共参与制定国际国内行业标准 89 项，在全球新能源企业 500 强中居第 32 位。②

（三）绿色能源产业的协调布局

明阳集团站得高、望得远，以敏锐独到的眼光俯瞰全球新能源产业。明阳提前布局新能源产业，早早就意识到该产业的市场潜力和发展前景，并积极打造以风能、太阳能、生物质能、智能电气、高端芯片五大产业为主的新能源产业帝国。早在 2011 年，公司就开始实施第二步发展战略，

---

① 《明阳集团：绿色创新推动高质量发展　做全球清洁能源智慧化、普惠制领军者》，《中国环境监察》2020 年第 6 期。

② 姚咏梅：《"能动文化"引领企业创新发展——2019 全国企业文化（明阳集团）现场会在中山召开》，《中外企业文化》2020 年第 Z1 期。

旨在集团成立 30 年时实现产值 1000 亿元的目标。这一目标对公司未来的发展而言至关重要，将推动明阳集团在新能源领域迈向更高的台阶。为达到这一战略目标，明阳针对五大产业发展情况提出了不同的战略方向和发展要求。

其中，在风能产业方面，明阳海上抗台风型风机 MySE5.5-11M 成功投入量产，并启动了 15~20 MW 超大型海上抗台风型风电机组的研发工作，未来明阳将立足海上风电核心技术，延续自身在风电领域的优势并加强在其他领域的关联性应用，成为全球顶级的风能开发整体解决方案提供商。在太阳能产业方面，明阳依托自主研发的核心设备，致力于打造性能更强的碲化镉薄膜太阳能电池，使其兼顾高发电量和低衰减的优点，在光伏产业方面，明阳凭借自身资源和技术优势，加快光伏产业布局，开拓高效光伏产品市场，在碲化镉电池、钙钛矿电池、异质结电池等研发和应用上不断取得重大突破，立志于成为全球一流的光伏产品和光伏发电整体解决方案提供商。在生物质能产业方面，明阳挖掘国内生物质能发展潜力，加强生物质能与高端化工材料的产业融合，逐步形成了生物柴油、航煤等生物质能源和高端化工材料技术研发与转化的全产业链体系，致力成为国内规模最大、创新力最强的生物质能及高端化工材料企业。在智能电气产业方面，明阳集团在整个电力价值链深耕 17 余年，累计向上百家电力相关企业供应了数以万计的电力电子产品，未来将立足于产业发展前沿，加强新型电力电子装备的研发，加大对产品销售的资源投入，逐步加强对智能电气、智能电网、电力电子产品的研制和生产，将自身打造成为全球领先的电力电子产品供应商。在高端芯片产业方面，明阳长期专注于太空能源芯片、微波通信芯片和高倍聚光太阳能芯片的研发和生产，并于 2019 年成功赢得了中国航天科技集团公司的第一份空间外延片合同，同年就空间芯片的销售与俄罗斯航天局对接，这意味着明阳生产的芯片将在卫星上得到应用。不难预见，未来明阳将投入更多精力和资源在芯片技术领域，在国产芯片的研制事业中发挥更重要的作用。

从绿色能源产业的布局可以看出，明阳将牢牢抓住新能源领域的战略性机遇，以更坚定的决心助推能源事业的发展，以更高的姿态屹立在新能源高端装备制造的发展前沿，持续发挥在新能源产业中的中流砥柱作用，让绿色低碳成果惠及全人类。

三　明阳集团绿色能源的探索之路

（一）攻克绿"芯"技术难关

近年来，新能源市场需求旺盛，全球风机订单量激增，发展潜力不容小觑。截至 2022 年第二季度，全球风电整机订单总量超过 4300 万千瓦，订单规模高达 181 亿美元，再创历史新高。其中，中国风机订单总量取得了亮眼的成绩，订单量占全球的八成以上，成为推动全球风机市场发展的主力军。但同时，国内厂商技术创新不足的问题也愈发突出，特别是自主芯片研制和风机驱动技术两大方面，相较于国外成熟产品而言，尚存在一定的差距。如何突破风电整机技术壁垒，有效破解核心技术"卡脖子"问题，长期以来受到了业内各界的广泛关注。

作为行业龙头，明阳集团"勇担当，善作为"，坚决承担起技术创新的任务。2022 年 6 月 1 日，明阳集团发布了新的发展计划，计划调整公司整体战略布局，明确了高端芯片产业的重要战略地位，并明确提出公司将逐步加大对高端芯片研发的支持力度，使其成为继风能、太阳能、生物质能和智能电气四大产业之后的第五大支柱产业。明阳深刻地认识到，随着经济新常态下高质量发展带来的产业变革压力不断增大，企业要谋求新出路、实现可持续发展，始终绕不开技术独立。为此，明阳多年来专注于高端芯片的研发与生产，尤其聚焦太空能源芯片、微波通信芯片和高倍聚光太阳能芯片方面的技术突破。目前，明阳在高端芯片产业发展方面已取得了阶段性成果，在高端芯片技术研发上实现了重大突破，不仅形成了芯片生产、封装等一条龙的自动化生产线，空间电池芯片、柔性电池芯片、红外探测器、红外激光器、雷达耿式器件外延片等产品也实现量产；另外，成功研制效率为 32%

的空间太阳电池产品，打破了国外在该领域的长期垄断，并在巴基斯坦遥感卫星一号等多颗卫星航天器上获得成功应用；同时，稳步推进实施高端MOCVD 装备、高端化合物半导体微波芯片、高端空间太阳能电池芯片、高倍聚光太阳能电池芯片四大项目。

技术独立关系到企业核心竞争力。唯有把关键技术牢牢掌握在手里，不断提升技术的自主性、独立性和创新性，方可争夺产业革命先机，提高企业的国际竞争力。明阳致力于推动"中国芯"产业发展，加速推进国产机芯全覆盖战略。如今，在明阳上下同仁的辛勤耕耘下，风机关键的核心半导体功率器件已完全实现国产化，打破了国外的长期技术垄断。同时，明阳自主研发国产机芯的行动也得到各方的高度关注和广泛支持，国家集成电路产业基金、华芯投资、广东省经信委等，以高达 12 亿元的一期注资额为明阳机芯自主研发注入动力，助推高端化合物半导体芯片国产化进程。在各方的共同努力下，明阳集团芯片产业未来将持续推出高精尖的国产芯片产品，逐步提高国产芯片的市场竞争力和国际影响力，让中国"芯片"智造走出国门、享誉全球。

（二）强化能源的科学管理

作为广东省新能源的领军企业、海上风电产业的佼佼者，明阳之所以能获得如今辉煌的成就，要归功于其背后与时俱进的管理创新模式。一方面，明阳智能以新能源高端设备制造与智能微电网技术为基础，构建了智慧能源数据仓库和大数据计算云平台，依托互联网技术实现能源系统数字化管理。另一方面，明阳借助先进智能化的管理模式，针对项目进程中的痛点和难点对症下药，为智慧能源、智慧风电场、海上风电等领域的运行管理提供一系列行而有效的解决方案，积累了丰富的项目管理经验。

在智慧能源方面，明阳基于系统管理学思想，打造智慧能源"风、光、储、网、发、配、售"一体化产业平台和能源互联网共享生态圈。通过统筹冷、热、电、气、水区域综合能源规划，在供给侧布局海上风电、风光储多能互补微网，在需求侧搭建园区分布式风电、光伏和储能智慧微网，利用物联网、云计算和大数据，以及功率负荷预测、能量优化调度、在环混合仿真和人工智能等技术，构建了"源—荷—网—储—充—云"六位一体能源网和信息网深度融合的能源物联网和智慧能源云平台，通过能效监测、优化控制、供需动态匹配和虚拟电厂等技术及清洁能源全生命周期管理和微网能量优化管理平台，提升客户用能的安全性、经济型和可靠性，降低综合用电成本，提高用电服务质量。

在智慧风电场方面，明阳集团研发的 Deep Matrix Space（DMS）数字化解决方案平台已投入运行，未来有望帮助企业进一步实现风电场管理智能化。DMS 平台内存海量数据，工程经验丰富，能定时更新和上传更优的算法、更智能的因子，促进风电场规划设计技术与大数据和人工智能技术的深度融合，助推决策智能化、高效化、科学化。根据物理过程参数化实验与网格划分实验结果，DMS 平台建立了以 WRF 模式为基础的数值模型，并通过与全国各地代表性测风塔实测数据进行模拟计算，模拟全国降尺度风资源数据。同时，DMS 平台融入了 CFD 仿真模块，通过 CFD 仿真不仅可以模拟分析出各个机位点的水资源在地形影响下发生的变化，还能更加精确地反映各个机位点的风资源情况。

在海上风电方面，要实现整个风电场的高效管理，就要求企业对每一个环节、每一个区域都实行科学精准的把控，这十分考验一个企业的运营管理能力。对于明阳来说，实施全生命周期管理和智能化管理有助于实现这一目标。为了适应海上特有的气候、风况、地形等自然环境条件，提高风电场整体收益投资比率，维持风电场低耗能、高效率运作，明阳智能采用 LCOE 的经济性分析模型，引入平准化度电成本计量模型衡量海上风电效益，并基于机组、基础、安装、传输、运维等因素的综合考量，优化各个环节的生产管理，提升机组电厂的发电效益，降低整体价值链的费用与成本，为客户带来更大的收益。另外，明阳大力推行智能化管理，其研发的海上机位智能优化模块，结合全生命周期机位优化策略，辅以微观选址发电量测算方法，能够最大限度地保障发电量测量工作精确程度，破解发电量损失难题。除此之外，通过多重变量嵌套迭代遍历寻优方式配合尾流模型加以计算，该智能优化模块还可实现两小时内对上万种机位排布方案快速寻优，精准锁定优化机位排布坐标，提高海上风电场全生命周期发电量。

明阳顺应智能化、低碳化管理趋势，把能源系统看成一个联系和发展的整体，运用科学的管理模式及时发现问题、高效分析问题、灵活处理问题，维护了项目正常运营，实现了多元经营创收，为公司高质量发展提供了技术支撑。全生命周期的创新不仅为企业生产经营注入了源源不断的发展动力，还推动了社会能源消费结构的转型，提高新能源消费在国民消费中的比重，使人民以更低价格体验更高品质的能源产品和服务。

（三）绿色产品推陈出新

深入市场调研，满足顾客需求。风电是一项系统工程，对项目布局、基础设施建设、产品和技术研发等都有较高的要求，尤其是在复杂多变的海上环境下，海上风电对产品性能的要求更为严苛。明阳智能遵循"以人为本"的服务理念，在了解客户的想法、需求和困难之后，通过先进的研发平台和系统的解决方案，以最快的速度为客户提供优质的产品和服务与及时的反馈。风电逐步进入平价时代，以海上风电为例，风机投资额约占海上风电投资总额的48%。在平价降本压力下，消费市场对经济型风机的需求日益旺盛，因此半直驱型风机逐渐成为市场主流。明阳智能作为国内最早掌握并使用半直驱技术路线的整机商，半直驱技术积淀深厚，凭借领先的技术提前进入市场并迅速抢占份额，其中 MySE 系列风机更轻、更紧凑，基于该技术路线迭代的大型机组发展较快且成本更低。相较于主流公司的 6MW 平台，采用超紧凑半直驱技术的机舱尺寸仅为同等级双馈机型的 1/3，为同等级直驱机型的 1/2。与行业内其他生产商的风机机型相比，超紧凑半直驱风机较直驱风机体积更小、重量更轻、安装效率更高，更便于运输和吊装，能更好地满足顾客需求，市场竞争优势明显。因此，超紧凑半直驱技术路线更适应陆上和海上风机的发展趋势，为企业大型化风机竞争奠定良好的基础。

更新核心技术，产品迭代升级。深耕半直驱机型的同时，明阳智能推出大兆瓦双馈机型，助力平价时代陆风放利。相对于海上风电而言，陆上风电的维修难度较小，目前双馈技术路线在陆上风电大型化趋势下占据一定优势，并且部分以双馈产品为主的风机企业在积极开拓市场。在此背景下，明阳智能在半直驱技术路线不断发展的同时，积极开发双馈技术路线，明阳智能在 7 月某项目招标中推出 MySE5.0-193、MySE5.56-193、MySE6.25-193 双馈机型，一定程度反映了公司在双馈技术路线上发力。陆上风电半直驱和双馈两翼发展、海上风电超紧凑半直驱及漂浮式风机迭代领航，为明阳智能在风电行业的领先地位提供了坚实的技术保障。据中国银河证券数据，2022 年 1~9 月全国风电累计装机 19.2GW，同比增长 17.1%，2023 年风电行业项目公开招标量创历史纪录，前三季度达 76.3GW。据国金证券数据，截至 2022 年 9 月末，明阳智能陆风共中标 8.7GW，陆上市占率达 16%；海风共中标 3.4GW，海上市占率达 38%。从总体中标量看，明阳智能名列前三。

创新引领发展，绿色赋能产品。通过高效整合资源、创新芯片技术、持续推陈出新、科学有效管理，明阳坚持以创新引领企业进步，不断增强自身在技术端的领先优势，近年来公司的研发投入持续加大，攻克风机制造板块核心技术，持续推出新产品。以漂浮式海上风电技术为例，明阳智能以半直驱技术为基础，经过多轮调试和升级，于 2021 年成功研发国内首台漂浮式海上风机且完成并网发电测试，突破了我国风机制造商在漂浮式海上风机技术上的难关。2022 年 9 月，明阳智能又一次为中国漂浮式海上风电创造了里程碑式的产品迭代，其最新发布的双转子漂浮式海上风电平台"OceanX"是"世界容量最大、重量最轻的双转子抗台风漂浮式风机"。"OceanX"采用同时搭载两台 MySE8.3-180 风机的"双子座"设计，机组总容量达到 16.6MW，可应用于水深 35 米以上的广泛海域。"OceanX"的推出进一步彰显了明阳智能在海上风机领域的实力，也证明了我国在海上风电高端装备制造升级、挖潜深远海风能资源方面的能力和潜力。

四　案例经验与启示

（一）人尽其才，才尽其用

人才是企业发展的核心竞争力，明阳牢牢遵循人才是企业第一资源的原则，致力于让每一位明阳人的价值都能得到实现和提升。在明阳集团，每位员工都可以充分的发挥才华与能力。一直以来，公司重视培育爱才重才的内部文化，奉行"价值导向、担当有为"的人才激励理念，执行公平公正、能人晋升的人才提升体制机制，鼓励科研和一线员工创新创业，一同成长；牢固树立"以人为本"的科学发展观，将员工发展和企业发展相绑定，让员工职业发展不受束缚，能在工作中大显身手、大放异彩，真正做到人尽其才。通过辅助员工规划职业，引导员工个人发展目标与企业发展目标相一致，鼓励员工为共同目标的实现做出贡献；建立"明阳学堂"，设置人才管理室，明阳积极发掘员工的才能与优势，鼓励员工将个人能力落到实处。此外，公司还采用绩效考核的方式评定工作成效，帮助和指导员工提高工作能力、改进工作绩效，从而更好地实现才尽其用。

（二）务实求新，自觉能动

一路走来，从一个默默无名的作坊式小工厂发展为海上风力发电领域的翘楚，明阳以务实为基础，以能动为手段，以创新为目的，克服了发展过程中的种种困难。务实是明阳的企业风范，是明阳人的行动指南，是一步一个脚印走出来的真理。明阳发扬粤商精神，将务实摆在首位，强调只有把树根扎好扎牢，企业的生命树才能苗壮成长、开枝散叶。在复杂多变的行业环境中，唯有务实求新，方可保持长盛不衰。"能动"是明阳立业之本、文化之根、形象之魂，是企业生存和进步的原始动力、员工取得自我成就的激励动力、知识文化塑造的内生动力。明阳从马克思哲学观中汲取灵感，并结合三十年来的管理经验，总结出一套独具特色的"能动"哲学，即在辩证看待物质与意识关系的基础上，强调发挥明阳人的能动作用。"能动"反映了在激烈复杂的内外部环境下，企业采取系统的管理方法，以维持企业生产经营的动态平衡的过程。能动理念同时也是一种价值观念，在公司价值与个人价值融于一体的基础上，整合内部价值理念，对价值产生和转换的各环节重新进行排列组合，重铸组织价值链体系。明阳"能动"精神汇聚、碰撞、融合，形成了一套与众不同又与时俱进的世界观和方法论，释放出放射性的内生能量和厚积薄发的强大活力，积淀为一种生生不息的企业文化。

（三）品质先行，满足客户

一个企业，只有产品做好了，消费者才会信赖，品牌口碑才能树立起来，路才能走得更远。至今为止，明阳始终严格把控生产流程、产品质量关卡，笃信要用品质打开市场、打动消费者、打响名号。在明阳集团，有这么一句格言广为流传，即"用一个螺丝钉决定一个公司的价值！"就是这么一句简短的话，却一直为明阳人所传颂，为明阳人所牢记，为明阳人所奉行，成为无数明阳人的工作准则，成为无数明阳人的奋斗目标。明阳人深刻意识到一颗螺丝钉承载的不仅仅是产品价值，还有员工价值、企业价值甚至中国价值。明阳坚持"能动服务，感动客户"的服务理念，以真诚专业的态度服务客户，力求将优质的产品带给消费者，让明阳品质成为对外最响亮的宣传口号。同时，明阳还尽力满足客户需求，如在光伏发电方面，明阳在电池组件的研发、生产、销售全流程，为客户适配最佳产业规模，制定了效益最大化的太阳能发电系统解决方案。不仅如此，客户还可在购买电池组件产品的基础上，根据自身需求享受产品定制、项目咨询、方案设计、施工安装、售后运维等多元化服务。

第六章
省能源集团：绿色能源探索的新力军

一　广东省能源集团企业概况

（一）企业简介

广东省能源集团有限公司（以下简称"广能集团"）成立于 2001 年，总部位于中国广州。公司以电力生产为重心，形成了包括风电、水电、火电、光伏发电、核电在内的复合产业，上下游产业涉及港口、航运、金融、综合能源服务等，[①] 业务辐射范围广，国内外均有所涉及。广能集团作为一家具有强大实力的绿色能源企业，坚持以能源为核心，协同上下游产业链发展，并持续提升一体化水平。

作为广东省属国企，广能集团早年深耕能源发电行业，经过数十年的下潜深造，已在电力工业打下坚实的基础，电力生产能力与日俱增。但广能集团并不满足于产量的提升，开始更多地关注能源产品的质量，着手提高供给水平，生产绿色能源产品，让消费者用上优质的终端能源产品，从根本上改变电力生产消费方式，迈上了清洁低碳、安全高效的现代电力工业新体系建设道路。[②]

作为广东省能源革命的主力军，广能集团沿袭多年改革求新的优良传统，始终走在能源行业发展前端，以不拘于泥、推陈出新的态度用心开发绿

---

① 《广东能源集团：打造国内一流并具有国际竞争力的绿色能源集团》，《中国环境监察》2022 年第 7 期。
② 《广东能源集团：打造国内一流并具有国际竞争力的绿色能源集团》，《中国环境监察》2022 年第 7 期。

色能源、推动绿色发展，现已发展成为广东省实力最强、规模最大的能源企业。截至 2021 年底，集团资产总额 1962 亿元、资产负债率达到 62.98%，集团实现上网电量 1474 亿千瓦时和营业收入 660 亿元，创历史新高。同时，风电及光伏等新能源装机为 509 万千瓦，在推动广东能源转型、构建现代能源体系方面持续发挥行业先锋作用。

（二）企业特色与优势

1. 资源优势

广能集团高度重视资源的开发、运用与管理，崇尚"物尽其用，人尽其才，地尽其利"的管理哲学。首先，集团致力于清洁能源的开发与利用。广能集团始终坚持高质量发展和可持续发展，科学制定"十四五"发展战略规划，充分发挥企业内部资源优势和专业优势，以海上风电为重心不断加快新能源资源开发、建设、储备，清洁能源装机和新能源装机规模持续增长。海上风电不仅是广能集团的主营业务，也是广能集团创收的重要来源，为能源开发工作提供了资源保障和资金支持。截至 2022 年，广能集团首批布局的多个海上风电项目已经全部建成投产，包括近海浅水区珠海金湾、湛江新寮、阳江沙扒、湛江外罗等，其中珠海金湾 30 万千瓦项目是粤港澳大湾区首个建成投产的大容量海上风电场（见图 1），湛江外罗 20 万千瓦项目荣获国家优质工程奖（见图 2）。在海上风电的基础上，广能集团抓住平价上网新机遇，积极探索多样化的发电方式，如争取优质新能源发电项目，加快推进陆上风电和太阳能发电项目的开发、建设、投资与并购工作，拓宽业务范围。[①] 另外，为缓解广东能源供需矛盾、平衡城乡能源供求，广能集团科学构筑了风、光、水、火储多能源互补体系，加强多能协同供给和能源综合梯级利用，进一步提高能源利用效率和综合效益。[②]

---

① 《广东能源集团：打造国内一流并具有国际竞争力的绿色能源集团》，《中国环境监察》2022 年第 7 期。

② 《广东能源集团：打造国内一流并具有国际竞争力的绿色能源集团》，《中国环境监察》2022 年第 7 期。

图 1　珠海金湾海上风电场

资料来源：南方+。

图 2　湛江外罗海上风电场

资料来源：中国环境监察。

其次，广能集团重视创新型人才的引进与培育工作。近五年来，广能集团持续在人力市场招贤纳士，借助大学生就业创业智慧服务平台已吸纳本科及以上学历的高素质人才超 5500 人。据统计，广能集团在职员工中有一半是工程技术人员，他们既是集团发展的中坚力量，也是企业平稳运行的重要支柱。另外，广能集团不断加强高端人才引进力度，以优渥的薪资待遇在市场上征强兵、招良将。在科研管理层的人才配置方面，集团聘用的科学技术研究院经理均为科创领域的高精尖人才。在科研技术岗位中研究生及以上学历的有 200 多人，其中科研团队中硕士研究生占 80% 以上，科技研究所中博士及以上学历的有 7 人。此外，科研团队年轻化也是广能集团人力资源发展的一大亮点。广能集团致力于打造一支年轻化、专业化、高素质的技术人才队伍，科研团队中员工的平均年龄仅 36 岁，他们实力与干劲兼具，文化素质高、专业技术能力强、工作态度认真。近几年，集团充分发挥地处沿海地理优势，坚持与海外企业进行沟通和交流，积极拓展海外能源业务，在海外合作项目中取得了丰硕的成果。2022 年，集团与 Next Decade 公司签署"HOA"协议，计划每年从得克萨斯州布朗斯维尔的里奥格兰德采购 150 万吨及以上的液化天然气，以弥补本土天然气储能不足，保持天然气的长期稳定供应。同年，广东能源集团旗下的超康公司投资的约旦阿特拉塔油页岩矿电联营项目正式投入商业运行，项目规划建设的两台容量为 277 兆瓦循环流化床发电机组及其配套预计可实现油页岩矿年产量 1000 万吨。全面建成后，每年可提供电量约 37 亿千瓦时，可保障当地 10%～15% 的用电需求，对提升能源保障水平、创造就业岗位具有重要意义。

2. 文化优势

从因"厂网分离"改革而问世的广东省粤电资产经营有限公司，到进一步做大做强的广东省粤电集团有限公司，再到省内实力最强、规模最大的广东省能源集团有限公司，其间离不开集团上下的辛苦经营、崎岖改革与协同合作，更少不了优秀企业文化和核心企业精神的支撑。广东省能源集团认真履行社会责任，践行着"追求卓越，聚能拓源"的发展观，奉行着"合和共生，守正出新"的管理哲学，守护着"厚德善能，益邦惠民"的使命愿景。广能集团员工始终秉承"专业、诚信、进取、协同"的优良传统，坚持发扬"严、细、实"的工作作风和"用心工作、健康生活、激情奉献、追求卓越"的企业精神，势必以"专业、严谨、务实"的态度投身于绿色能源工作中，把"低碳、节能、环保"的理念认真贯彻到日常的工作和生活中，用实际行动助推绿色能源事业远航。选择正确的方向，走正确的道路，是广东省能源集团持续进步、欣欣向荣的重要原因。广能集团在党的领导下，积极响应节约资源和保护环境政策号召，强化战略引领、重视责任落实、加快转型升级，以新发展理念为指引开辟绿色转型发展道路。在广东省政府的支持下，广能集团以《能源生产和消费革命战略（2016—2030）》《广东省能源发展"十四五"规划》《能源技术革命创新行动计划（2016—2030 年）》等多个文件为纲领，加快向环境友好型过渡，持续深化企业绿色改革，激发企业内生发展动力，协同粤港澳大湾区建设，保障湾区内清洁能源的稳定输送和安全供应，助推高效绿色低碳"生态湾区"的建设。

3. 技术优势

创新是引领发展的第一动力，在激烈的国际竞争中，唯创新者进、唯创新者强、唯创新者胜。受新冠疫情等影响，企业面临着严峻的现实困境和经营难题。广能集团深知唯有改革创新才能破解困境，依托科研团队，以合作为手段、技术攻关为重心、成果应用为目的，持续强化改革创新对企业有序运行和健康发展的促进作用。首先，广能集团注重吸纳行业内专家学者的建议意见，组建了"智囊团"，通过成立科技创新委员会、专家委员会等有效整合了各方智力资源，将集团打造为一个集思广益、共同参与、平等交流的平台，使科学战略的落地、科学技术的创新和科学项目的管理更卓有成效。其次，广能注重企业跨界跨领域合作，不断推进创新联合体建设。[1] 企业创新不仅要从内部发力，也要从外部借力，更要走出企业，落到实践。为此，广能集团提倡产学研紧密联系、有机融合，强化产业链和创新链的协同发展，推动与科研院所、知名高校等高水平研究机构的战略合作，为企业科学技术创新注入新活力、提供新思路、创造新方法。再次，广能深入开展科技研发，创新赋能能源产业。广能集团持续加大科技研发投入，以能源发展为主业，聚焦新能源装机、储能设备、太阳能芯片、数字化信息系统、运维系统等方面，加快推进技术软件开发和科技创新发展。最后，广能集团高度重视科技应用成果转化，将技术创新和经济效益有机结合。以火力发电机组为例，广能集团通过破解控制系统优化、燃煤掺烧、深度调峰等一系列关键清洁技术，并将其应用于火力发电机的升级改造当中，大大地降低了能源消耗，提高了污染物处理能力，为企业带来了上百亿的创新收益。[2]

---

[1] 《广东能源集团：打造国内一流并具有国际竞争力的绿色能源集团》，《中国环境监察》2022年第7期。

[2] 《广东能源集团：打造国内一流并具有国际竞争力的绿色能源集团》，《中国环境监察》2022年第7期。

（三）发展现状

广东是能源消费大省，年均能源消费量居全国前列。改革开放以来，广东能源产业迅速发展，生产力大幅提高，能源供给呈多元化发展，广东能源供需矛盾得到初步缓解。总体而言，广东能源发展现状可以归纳为两个要点。第一，传统化石能源资源相对紧缺。相对于省内巨大的能源消费需求，煤炭、石油、天然气等化石能源供应量和储存量明显不足，仍需依赖外地调入和进口来填补需求缺口。这种情况延续多年，严重阻碍了广东能源转型和发展。为了补齐这一短板，广能集团积极寻找其余能源替代品，逐步减少化石能源消费。第二，非化石能源资源类型丰富，可按部就班地开展能源开发工作。广东目前可开采的清洁能源类型丰富多样，包括水能、太阳能、风能、生物质能等。其中，水能资源主要蕴藏在北部的流溪河和东部的增江，开发程度基本饱和。[1] 太阳能资源大多分布在粤东沿海地区，属于三类地区，全年日照时数在 2300 小时以上。借助优越的地理位置，加上国际窗口的放大作用，广东光伏未来还有很大的开发空间。风能资源以陆上风电为主，集中分布在东北部高山脊地区与南部珠江口沿江沿海地区，相关开发项目大体成熟。生物质能发电主要包括城镇生活垃圾焚烧发电和农林生物质发电等，具备良好的利用价值。[2]

广东新能源项目发展迅速，核电、风电、天然气、太阳能等清洁能源从无到有进入消费领域，优质能源消费所占比重逐年攀升。随着资金投入规模逐渐扩大，水电、核电和风电等新能源装机容量有所增长。截至 2021 年底，广东省内电力装机总量达 1.56 亿千瓦，其中核电装机 1614 万千瓦，气电装机 3182 万千瓦，风电、光伏、生物质发电装机 2191 万千瓦。广东天然气年供应总量达 478 亿立方，为确保天然气输送的稳定性和时效性，已投资建成

---

[1] 《广州市人民政府办公厅关于印发广州市能源发展"十四五"规划的通知》，《广州市人民政府公报》2022 年第 31 期。

[2] 《广州市人民政府办公厅关于印发广州市能源发展"十四五"规划的通知》，《广州市人民政府公报》2022 年第 31 期。

天然气主干管网 3630 公里覆盖 21 个城市。除此之外，广东不断强化和完善新能源基础设施，已建造 LNG（液化天然气）接收站 4 座，充电站约 3450 座，高速公路快充站 354 座，公用充电桩约 15 万个；2021 年广东新能源产业营收超 4000 亿元。

二　广东省能源集团绿色低碳发展的必由之路

（一）不忘初心、砥砺前行——国企责任与担当

20 世纪 90 年代末期，全国掀起改革开放的浪潮，各行各业活跃兴盛。随着生活条件不断改善，人民用电需求持续攀升，而电厂电力供应相对紧张，导致电价长期居高不下，电力供需矛盾逐步激化，给当地企业生产和居民生活带来诸多不便。为了打造高效、开放、公平的市场环境，提高电力市场供应水平和服务质量，广东能源集团的前身——广东省粤电资产经营有限公司正式诞生。可以说，自成立的那一刻起，粤电就被赋予了"敢为人先、开拓进取"的精神内核，承载起能源革新的光荣使命，力争开创能源事业的崭新局面、完成推动能源发展的伟大任务。多年来，粤电勇于攀登电力技术高峰、打破能量承载的极限、将电力技术创新成果惠及寻常百姓家，点亮南粤大地的能源之"芯"。

2019 年，广东省粤电集团有限公司正式更名为广东省能源集团有限公司，名字的变更不仅意味着身份地位的转变，还寄托了广东省对能源提质升级和能源多元化的殷切期望。广能集团继承粤电优良传统，坚持弘扬"激情奉献，追求卓越"的企业精神，勇于展现"务实创新"的企业风范，坚决担当国有企业责任，抓紧改革目标，明确改革任务。在努力保障全省能源安全稳定供应和国有资产保值增值的同时，加大清洁能源的开发和储备力度，优化调整能源结构，建立起以储能为核心的多能互补能源体系，取得了"经济+社会"效益双收的喜人成果。正是有了这么一班不辞劳苦、推陈出新的能源人，南粤大地的能源之"芯"才能愈加明亮。

进入新时代，广东省能源集团承担着新的使命任务，坚定不移地做大做强做优国有企业，充分发挥广东能源的主力军作用。习近平在关于国有企业"六个力量"的重要论述中明确指出国有企业必须肩负中华民族伟大复兴的历史使命，新时代的国有企业需要更多地发挥模范带头作用，拉动其他企业深化能源改革、加快产业转型、履行社会责任。走绿色低碳发展道路、实现经济可持续发展已成为时代的要求，把促进新能源和清洁能源发展放在更加突出的位置，灵活有序地发展太阳能、风能、氢能等多种可再生能源已成为国有能源企业的战略任务和重点改革方向。近年来，广能集团凭借一往无前的奋斗姿态，在新能源改革方面做出了积极探索。集团重点授权放权新能源业务，绿色能源经营得到提速增效，具体体现为：新能源备案规模突破1300万千瓦，年度新增新能源规模约260万千瓦；新能源的投资规模扩大，实现投资规模同比翻倍；新能源装机进度加快，新能源装机突破500万千瓦。至今，广能集团依然牢记使命，不忘初心，以保障能源安全为改革目标，以增进社会福祉为发展动力，脚踏实地，行稳致远，进而有为，奋力开创能源新局面，让南粤大地的能源之"芯"持续发光发热。

（二）能源结构调整与升级"箭在弦上"

当今世界正经历百年未有之变局，全球经济市场发展下潜伏着巨大危机，能源市场在俄乌冲突、新冠疫情、极端气候等多重因素影响下出现了严重的失衡，特别是以油气、煤炭为代表的传统化石能源供给疲软，需求旺盛，价格长期居高不下。如果继续保持传统能源"占大头"的能源结构，势必会对中国能源安全造成严重威胁，对经济社会的稳定发展也会带来一定影响，可见传统化石能源市场将不可避免地走下坡路。与此同时，中国经济发展进入转型期，中央鼓励绿色低碳的经济发展方式，对新能源产业予以大力支持，尤其是最近几年光伏等新能源产业异军突起，产值屡创新高，竞争力强劲，足以说明新能源逐渐替代传统能源能够助力中国经济可持续发展。节能降耗，绿色发展，能源结构转型升级势在必行。

《"十四五"现代能源体系规划》在能源低碳转型方面提出了明确要求，

强调保持降碳工作常态化，五年内单位 GDP 二氧化碳排放累计下降 18%，且能源消费结构还需进一步调整，使可再生能源的消费占比处于更突出位置。到 2025 年，非化石能源消费比重将提高到 20% 左右，非化石能源发电量比重达到 39% 左右，电能占终端用能比重达到 30% 左右。[①] 我国现阶段开发建设与节能降碳协调并进，例如在海上风电项目上，既要稳步推进电场规模化开发，也要注意存量煤电机组节煤降耗改造、供热改造、灵活性改造"三改联动"的战略部署。为保证广东能源安全、供给稳定，防止"断崖式"供应现象的出现，《"十四五"现代能源体系规划》在新型储能方面提出更高的要求，明确指出到 2025 年末电力系统中的储能装机规模需达到 3000 万千瓦以上，以支撑清洁低碳、安全高效的能源体系建设。此外，《广东省能源发展"十四五"规划》就能源结构优化提出相关建议，强调把清洁能源放到能源消费增量的主体位置上，[②] 持续增加清洁能源消费，争取将非化石能源消费比重提升到 32% 以上，将非化石能源装机比重提高至 49% 左右，[③] 争取让电能在终端用能中的占比达三成或以上。能源改革还需进一步深化，逐步构建开放、竞争、公平的能源市场，促进新能源交易市场的规范管理，加快形成主要由市场决定价格的机制。

当前，广东"双碳"政策已进入实施阶段。为了确保如期实现"双碳"目标，能源企业要做好"加减法"。一方面，相关企业要推动能源产业结构优化升级，加快淘汰落后产能，逐步放弃高污染高风险项目，严格管控高耗能高排放产业规模，鼓励支持传统产业减排降碳改造。另一方面，相关企业要积极打造"低碳、零碳、负碳"新业态和新模式，重视节能环保产业、清洁生产产业、清洁能源产业发展，打造一批绿色低碳产业示范基地，让绿色低碳成为能源产业新常态。能源企业要有意识地开展"绿色工业革命"，创新一体化的绿色制造模式，从工厂、园区到产业全面实现低碳管理。除此

---

① 《广州市人民政府办公厅关于印发广州市能源发展"十四五"规划的通知》，2022 年 9 月 8 日。
② 李汉龙：《广东：着力推动能源绿色低碳转型》，《环境》2022 年第 5 期。
③ 李汉龙：《广东：着力推动能源绿色低碳转型》，《环境》2022 年第 5 期。

之外，还需继续加强非化石能源的开发利用，例如，科学拟定海上风电基地以及陆上风电基地的方案，加强对风电资源的高效利用；积极发展光伏发电，分布与集中管理"两手抓"等都有利于加快碳达标的任务完成进度等。

为了更好地推进粤港澳大湾区建设这一国家重大战略，建设发展活力充沛、创新能力突出、产业结构优化、要素流动顺畅、生态环境优美的国际一流湾区和世界级城市群，必须将能源革命摆在湾区建设的重要位置。目前，粤港澳大湾区正尝试向生态湾区转型升级，如何推动产业整合升级、构建可持续发展的运营模式，如何满足居民日益增长的绿色低碳环保生活需求，如何建立人与自然和谐共生的城市生态系统，成为粤港澳大湾区向生态湾区成功过渡需要解决的三个关键问题。要同时解决以上问题，能源结构优化升级或许是最优方案。唯有深化供给侧结构性改革与能源结构性调整，才能为传统产业淘汰落后产能清除障碍，为新兴产业和制造业发展注入动力，为节能减碳的产业运营提供支持；才能充分发挥生态湾区绿色效能，实现生态湾区经济可持续发展。唯有通过扩大清洁能源规模和降低能源生产成本，才能从根本上改变能源消费方式和消费观念，将绿色、低碳、节能、智慧的理念落实到日常生产生活中，使居民生活更加幸福安康，绿水青山焕发勃勃生机，人民的幸福感和获得感持续增强。

三　广东省能源集团新旧能源交替的探索之路

（一）新旧能源衔接与转换过程中存在的问题

广能集团在新旧能源的衔接与转换过程中承受了多方压力，不仅面临着能源生产和消费总量持续增长的约束，还要着手解决可再生能源接入比例逐步提高的难题，并且用电负荷的不确定性变化对电力系统的正常运营提出了更高要求。尤其是 2021 年下半年，受电力燃料供应不足、发电装机可用容量不足及能耗双控等因素影响，全国多地出现了电力供应缺口，广东省发展正处于近十几年来供需矛盾最突出、形势最复杂的阶段。

一是能源供应安全保障程度不够。首先，能源依赖问题突出。省内矿产能源资源贫乏，仅靠本土供给无法解决持续增长的能源资源消费需求，需要依靠大量外来能源资源补给，能源资源对外依存度高达70%，且易受极端天气气候条件、运输条件、突发事件、国际能源市场波动等外部因素影响，[①] 能源安全和稳定难以得到保证。在煤炭方面，广东省自2006年起关停省内所有煤矿后煤炭供应全部依靠外部输入，且地处国家"西煤东输、北煤南运"末端，电煤供应不稳定、价格波动大；进口煤炭在稳定电煤整体供应、改善企业经营体系等方面发挥了积极作用，但近期在国际地缘政治影响下存在断供风险。在天然气方面，广东乃至全国天然气资源严重不足。近年来，广东省大力推动促进天然气利用，天然气消费量激增，但2022年以来天然气价格指数大幅上涨，受俄乌冲突等因素影响居高不下，国际天然气现货采购受到限制。同时，天然气利用政策优先保障城镇居民需求，高峰时段用气保障性不强。其次，能源储备不足也是亟须解决的问题。尽管广东在天然气储备方面已达到国家要求，但储气总量仍不符合国际气体联盟标准，主要归因于省内储气设施建设不平衡不充分。就煤炭而言，广东省煤炭储备设施、储备动用投放机制、管理机制等不够完善，若出现市场资源紧缺叠加台风等极端天气影响，极有可能导致缺煤停机情况发生。

二是能源供给结构需进一步调整优化。近年来广东在海上风电、核电、太阳能、氢能等清洁能源方面发展迅速，但仍处在初步开发阶段，风电、光伏等新能源的大规模开发利用还有巨大空间。同时，新能源项目补贴发放严重滞后，阻碍了新能源项目投资和后续发展。另外，源网荷储协调发展水平有待提升。一方面，受新能源间歇性、季节性发电的影响，电网发展受约束，西电东送不确定性增加；[②] 另一方面，由于省内骨干支撑和应急备用电源不足，高峰负荷时段部分地区电力供应紧张现象频发，给人们的日常生产生活带来诸多不便。

---

① 李汉龙：《广东：着力推动能源绿色低碳转型》，《环境》2022年第5期。
② 李汉龙：《广东：着力推动能源绿色低碳转型》，《环境》2022年第5期。

三是市场机制和价格机制尚不完善。其中，最为突出的问题是电力市场化价格机制亟待完善，2019年煤炭、天然气等燃料价格飙升，电力、热力价格机制与煤炭、天然气价格机制尚未完全理顺，发电企业成本无法得到有效覆盖，导致大部分火电企业常年处于亏损状态。当前电力市场价格机制主要存在以下问题：现货环境下市场政策与规则不利于燃气机组生产经营；电价浮动政策未执行到位，结算价格不能及时客观反映发电成本、市场供求状况和资源稀缺程度等；电网企业代购电市场价格机制不合理，代购电均价低于月度批发市场综合价格；容量市场尚未建立，容量成本无法得到有效覆盖等。与此同时，煤炭、天然气保供长效机制也存在一定缺陷。煤炭方面，煤炭贸易商合同违约、囤积居奇等严重扰乱市场正常运行的行为时有发生，2021年广能集团煤炭年度合同兑现率仅为76%，其中国家指导定价部分兑现率70%；在煤炭价格快速上涨过程中，电煤年度合同违约量267万吨，现货合同违约量超400万吨。天然气方面，全省天然气主干管网"一张网"还需进一步完善，管网公平开放等问题尚未从根本上得到解决，天然气用户直供政策需加快落实。

（二）新旧能源衔接与转换的方法与途径

实现新旧能源的有序衔接与转换，需要坚定不移地把创新放在能源发展的核心地位，突破能源技术瓶颈，加大能源技术创新力度，加快关键技术研发攻关，推动能源产业向数字化和智能化转型升级，以科技创新支撑引领能源高质量发展。

加强创新平台和能力建设。充分整合省内外科研院所、高校、企业等创新资源，积极部署建设国家级、省级、国家地方联合创新等多种平台；积极推动建设粤港澳大湾区国家技术创新中心，支持先进能源科学与技术广东省实验室及阳江海上风电实验室等分中心建设；加快推进源网荷储一体化，开展园区级源网荷储一体化建设以满足多元化需求；优化集生产和消费于一体的能源服务，探索能源需求侧管理、积极响应需求、虚拟电厂等新业态和新模式。

113

加强关键核心技术研究。首先，加强高端技术引进，瞄准世界科技和产业变革前沿，挖掘稀缺人才和组建科研团队双管齐下，保持优势核心技术的源头供应。其次，夯实通用技术基础。在海上风力发电技术基本理论的指导下，建立完善的海上风力发电相关标准和检测认证体系，开展抗台风抗腐蚀、漂浮式风机基础、柔性直流送出等技术攻关，推进共性技术更新和应用。再次，攻坚突破关键技术，塑造企业核心优势。如攻克高效晶硅电池、浆料工艺、薄膜电池、逆变器、智能组件等方面的技术瓶颈，降低高端制造门槛。最后，迎合工业革命4.0浪潮，数智化赋能绿色管理。攻克智能电网核心元器件的研发难关，使大功率电力电子器件人工智能与电力融合、电力全域物联网、多能互补综合供能以及电力网络安全稳定落到实处。

推动碳达峰碳中和技术研发。不仅要统筹低碳能源和传统能源的高效利用，也要加大绿色节能技术研发力度。在煤电领域积极开展"三改联动"（节能改造、供热改造、灵活性改造），把提高煤炭资源的利用率和转换率工作与节能降碳减排工作相结合；加强新型电力系统相关基础理论研究和技术攻关，科学制定新型电力系统相关标准；开展氢气纯化、低温液氢、低压固态储氢技术研究，加快催化剂、碳纸、膜电极等燃料电池关键设备国产化研制；深入开展碳排放与大气污染源头控制技术以及清洁低碳火电技术、碳捕集、利用与封存（CCUS）、微藻减排等末端治理技术研究。

（三）新旧能源衔接与转换的改革措施

建立新旧能源有序衔接与转换的体制机制，需坚持科学发展的系统观念，保障能源安全和绿色低碳转型双管齐下，以技术创新和体制机制改革为驱动，增强能源供给弹性和韧性，提高能源供给侧水平，加快产业现代化进程，构建清洁、高效、稳定的现代能源结构。

强化能源安全保障。加强能源产供销体系建设，形成煤、油、气、核、新能源等多轮驱动能源供给体系，全面提升能源供应系统的安全性。一是建立煤炭保供长效机制。进一步完善和推动电煤中长协机制，坚定不移地推进"基础价+浮动价"的定价机制；提高中长协履约效果，建立合同履约的监督和奖惩机制，加快建设市场诚信体系，充分发挥中长协机制的保供稳价作用；加强与山西省、内蒙古自治区等的沟通联系，协调加快煤炭产能释放，做好煤炭供需衔接，切实扩大煤炭有效供应。二是建立长效的天然气保供机制。建立健全天然气市场交易体系，加强与供应链合作伙伴的联系，切实提高与国内气源企业中长期合同的签约比例，支持省内有条件的企业签订国际中长期采购合同，锁定天然气资源及其价格；完善天然气管网体系、加强互联互通，确保全省天然气市场供应和价格稳定；提高电力信息预测与公布的及时性和准确性，通过气电与电调充分沟通协调的方式，增加现货市场气量约束条件。三是增强能源安全储备能力。加强政企合作，构建政府储备与企业储备有机结合、互补联动的天然气储备体系，通过在广州、阳江等地区建造天然气调峰储气库，形成以沿海 LNG 储罐为主、内陆 LNG 储罐为辅，可替代能源和其他调节手段为补充，管网互联互通为支撑的多层次储气调峰系统。

在确保安全的前提下，构建以新能源为主体的新型电力系统。遵循"双碳"目标和生态文明建设整体战略，持续优化能源结构，大力发展风电、光伏等非化石能源，推进煤炭清洁高效利用，加快构建以新能源为主体的新型电力系统。[1] 一方面，立足我国能源资源禀赋，坚持先立后破、通盘谋划，采取碳排放总量指标市场化交易方式，兼顾煤电规模的严格管控与煤电项目的合理安排，保证电力、热力供应。另一方面，加快建设以大型风光基地为基础、以周边清洁高效先进节能的煤电为支撑的新能源供给消纳体系，进一步加大天然气调峰发电项目和抽水蓄能电站开发建设力度，推动源网荷储和多能互补发展，加快提升新能源消纳水平和电力系统运行效率。此外，坚持源网协同发展。当前新能源发展提速、新能源配套送出工程建设滞后、源网发展不匹配等问题突出，需进一步做好电网规划与新能源建设的衔接工作，加大新能源配套送出工程建设力度，实现源网协同发展。

深化能源体制机制改革。能源交易是创造能源价值的最后一步，也是实

---

[1]　李汉龙：《广东：着力推动能源绿色低碳转型》，《环境》2022 年第 5 期。

现能源营收的关键一步。因此，需要不断完善配套体制机制，形成公平开放、有效竞争的市场结构和能源市场体系，从而释放市场活力，优化能源资源配置。首先，完善市场决定价格机制。要改革市场价格机制，首先要理顺电力与热力及煤炭与天然气之间的价格运行机制，基于运行原理和逻辑建立起成本传导顺畅、联动合理、调节有效的市场化价格机制，并以价格为引导助推上下游产业稳定协调发展。同时，电力市场辅助服务补偿与交易机制也需与时俱进，通过建立健全电力辅助服务的交易规则与政策，形成合理的辅助服务费用传导路径，有序开展容量市场和输电权市场建设。其次，为进一步开拓能源市场、提升市场份额，广能集团逐步建立健全跨省区电力市场交易体制，积极探索建立跨省区辅助服务市场以及跨省区可再生能源增量现货市场，保障能源跨省交易的广泛性和有效性。再次，加快油气体制改革，进一步加快"全省一张网"建设，建立管网公平接入机制，实行管网开口公平开放、统一贸易计量交接等标准；完善大用户直供政策，避免城燃等企业增加供气层级并明确管输费收费机制，有效降低终端用户用气成本。最后，制定有关新能源的激励机制，支持和促进新能源的生产和消费。通过制定"储能+可再生能源"等政策，促进可再生能源参与市场交易，建立可再生能源绿证制度，针对化学储能、多能互补等能源新业态配套建立标准体系和配套体制机制。

加大产融结合力度。充分发挥金融在资金保障、以融促产等方面的支撑作用，有力保障企业发展资金需求。一方面，充分利用广能集团在供应链中的核心地位，推广绿色低碳的供应链金融新形式，创新绿色信贷、绿色债券、绿色保险、绿色发展基金等融资渠道，联合银行及其他金融机构推出绿色金融产品，探索可靠、高效、环保的融资模式，完善绿色信贷指引目录和其他融资标准，为低碳技术创新提供绿色金融支持。另一方面，加大对传统火电企业的政策支持力度。当前火电机组面临着诸多经营难题，金融机构仍需要向传统能源提供信贷资源支持。同时，"三改联动"的后续推进仍有大量资金需求，相关部门应为经营困难的燃煤机组、燃气机组提供专项资金补贴，对在电力紧缺时期做出突出贡献的保供电企业给予适当奖励或补偿，维持企业正常生产经营，提高企业持续发展能力。

四　案例经验与启示

在国家政策的引导和发展战略的驱动下，广能集团将经济、社会、生态的和谐发展与企业的前途命运紧密相连，用数十年光阴探索出了一条独具特色、行而有效的低碳发展之路。简单来说，广能集团绿色发展的主要经验如下。

（一）明晰企业市场定位，理清战略节点重点

广能集团能在短时间内迅速发展并取得一定成就，离不开其对能源市场趋势的把握和自身发展的清晰认知。区别于传统的化石矿产能源企业，广能集团具备更长远的目光和更不凡的胆识，清楚认识到要实现可持续发展、提高企业柔性，必须探索节能减排的生产方式，走更低碳、更高效的绿色转型发展之路。为此，广能集团紧抓"绿色能源"这一核心，围绕实现"双碳"目标开展工作，深入贯彻落实"降碳减污"政策，由点到线、以线带面地全面布局能源业务，绘制企业绿色发展蓝图，致力于构建资源节约型、环境友好型企业，打造具有国际影响力的低碳能源集团。

（二）合理有序开发，注重科学管理

在"十四五"时期下，广能集团将遵循规律和利用规律真正落到实处，在尊重和保护自然的前提下充分发挥主观能动性，循序渐进地进行新能源项目开发。一方面，集团非常重视市场调研工作，对市场需求情况和潜在市场规模提前进行摸索，然后以"自建+收购"双轮驱动为抓手，不断加快海陆风电、光伏发电等清洁能源发电项目的开展，加快构建清洁低碳、安全高效的能源体系。目前，广能集团在建工程规模突破 2500 兆瓦，总投资超 100亿元，推进的重点项目共 13 个，其中 7 个为广东省重点建设项目。另一方面，在新能源项目工程建设上，开发公司十分注重项目"五控"管理，坚持全过程的减排减污，尽力做到"能开尽开、能建尽建、能投尽投"，围绕

"新能源建设"目标整合资源，全面协调作业，使广能项目开发工作卓有成效。

（三）勇担社会责任，争当"绿色先行者"

广能集团持续保持对绿色事业的敏感嗅觉，积极开展节能减排工作。多年来，广能集团坚持着眼于"美美与共、生生不息"的崇高理想，着力于企业碳排放的严格管控，着手于绿色能源产品的生产制造，环保指标一直领先于国内行业平均水平，为全国环保事业做出了突出贡献。2017 年，集团全面完成广东常规燃煤机组的超低排放改造；2020 年，省内 6 台现役燃气机组脱硝改造完成并成功运行；2021 年上半年，通过净化过滤技术升级全面完成了火电厂废水零排放改造。另外，广能集团坚持将控碳减碳工作摆在战略发展的重要位置，争取到 2027 年集团全口径发电碳排放强度比"十三五"期末下降 25%，使全口径发电碳排放强度居省内以及全国前列，为广东尽早实现"双碳"目标注入充足动力。凭借对企业、社会、自然"三位一体"的理解，广能集团在能源转型和绿色发展上屡创佳绩，在企业进步和践行社会责任的平衡中实现了经济效益和生态效益的双赢。

第七章
南方电网:创新引领绿色转型

一 南方电网的基本情况

（一）公司概况

南方电网公司（以下简称"南方电网"）成立于 2002 年，是中国大陆最大的电力公司之一，主要业务包括电力传输、电力配电、市场化经营等，服务范围涵盖广东、广西、云南、贵州、海南五省区及港澳地区。其中，电力传输业务是公司的核心业务，主要负责跨省电力输送、电网稳定运行等。电力配电业务则负责将城市电力按照用户需求进行分配和供应。

截至 2021 年，南方电网全网供电面积 100 万平方公里，可供 2.54 亿人同时使用，全网统调最高负荷达 2.16 亿千瓦，已为南方五省区全社会供给电量 14056 亿千瓦时。[①] 公司网内拥有水、煤、核、气、风力、太阳能、生物质能等多种电力来源。截至 2021 年底，全网总装机容量 3.6 亿千瓦，其中火电 1.6 亿千瓦、水电 1.2 亿千瓦、核电 1960.8 万千瓦、风电 3407.6 万千瓦，光伏 2292.8 万千瓦，非化石能源发电量占比 48.9%。[②] 南方电网采用交直流混联的技术进行远距离、大容量、超高压输电，这种技术往往被视为高科技含量且难以驾驭的；公司掌握超（特）高压直流输电、柔性直流

---

① 《南方电网：自主创新勇于担当　推动中国能源产业发展》，《高科技与产业化》2021 年第 6 期。

② 《南方电网：自主创新勇于担当　推动中国能源产业发展》，《高科技与产业化》2021 年第 6 期。

输电、大电网安全稳定运行与控制、电网节能经济运行、大容量储能、超导等系列核心技术，建成并运行世界第一个±800千伏特高压直流输电工程，荣获国家科技进步奖特等奖，标志着南方电网在特高压输电领域处于世界领先水平。

作为国内率先"走出去"的电网公司，南方电网积极响应和落实"一带一路"倡议，不断加强与周边国家电网互联互通，持续深化国际电力交流合作。在输电业务上，2021年公司向周边国家输送电量超400亿千瓦时，其中仅越南一个国家就送电394.9亿千瓦时，缅甸送电达19.4亿千瓦时，老挝送电达11.5亿千瓦时。① 在项目建设上，公司如期建成中老铁路外部供电项目，且成功中标智利首个高压直流输电项目。通过电网项目，南方电网与东南亚各国展开友好的贸易往来，达成亲密的合作伙伴关系。

（二）发展现状

中国南方电网前身是广东电力公司，1997年，随着广东省电力市场的逐步开放，市场竞争的局面逐步打开，广东电力公司顺应时势，开始进行内部结构改制与重组，最终于2002年成立了南方电网有限责任公司。

自成立以来，南方电网持续深化电力改革并取得一系列重大成就。首先，南方电网用了二十余年的时间实现了售电量从千亿级向万亿级的跨越，其中2022年售电量高达12626亿千瓦时。其次，二十余年来，南方电网的营业收入翻了6倍，平均每年增长9.8%；在西电东送电工程上，南方电网不断完善基础设施，加强输电技术研发应用，目前已经形成"八条交流、十一条直流"，19条500千伏及以上大通道，送电规模超过5800万千瓦。② 截至2022年，公司全网110千伏及以上变电容量达到12.4亿千伏安，电网

---

① 《南方电网：自主创新勇于担当　推动中国能源产业发展》，《高科技与产业化》2021年第6期。

② 《南方电网：自主创新勇于担当　推动中国能源产业发展》，《高科技与产业化》2021年第6期。

线路长度总计 25.8 万公里，基本能满足南方大部分地区的电力需要。①
2021 年，南方电网资产总额首次突破 1 万亿元大关。

南方电网一直致力于推动清洁能源发展和节能减排，加强技术创新和智能化建设，提高电力供应质量和效率，保障能源安全，推动能源转型升级。公司依托广东、广西、云南、贵州和海南等地已形成较为完备的电力产业链，同时还积极开展跨区域合作并开拓国际市场。在未来，南方电网还将继续坚持创新驱动和可持续发展，为全球绿色能源事业和生态文明发展作出更大的贡献。

二　黎明前的黑暗，南方电网面临的机遇与挑战

（一）广东电力能源需求缺口扩大

广东省是经济大省，2020 年 GDP 首次跨上 10 万亿元台阶，连续 31 年蝉联全国第一的位置；同时广东省也是人口大省，截至 2021 年，人口总数超过 1 亿，是全国常住人口最多的省份之一。庞大的经济规模加上巨大的人口流量，催生了不容小觑的电力消费需求。2021 年广东全省用电量高达 7866 亿千瓦时，占全国电力消费总量的 10%。随着工业 4.0 临近以及人们对美好生活需要的日益增长，在内外部环境未发生重大变化的情况下，预计广东省电力需求增长态势在未来一段时期内仍将比较强劲。

广东省电力需求稳步增长。省内电力需求的增长契合经济发展和生活水平提升趋势，一方面，经济发展步入新阶段，5G 技术、AI 人工智能、智能机器人、区块链技术等的应用拉动工业生产力大幅提升，促进大数据中心和基站用电、生产用电水平进一步提高。可以肯定的是，大部分能源企业的电力供应仍未能达到 Web3.0 技术的要求，在质量、安全和效率上仍存在一定

---

① 《南方电网：自主创新勇于担当　推动中国能源产业发展》，《高科技与产业化》2021 年第 6 期。

的问题，这意味着供电企业需要进行电网技术创新以达到生产力提升的要求。另一方面，随着后疫情时代的来临，省内经济稳步复苏，来粤就业人数持续增长，电力需求也会呈现上升趋势。据预测，未来全省用电量预计达7850亿千瓦时，增速将维持在10%以上，中长期用电需求增长的基本面不会改变，电力行业向清洁智能、安全高效、多能互补方向发展的趋势愈加明显。

广东省电力供给能力仍需提升。2021年广东省发受电量总计6115亿千瓦时，与同期全省用电量相比，存在1751亿千瓦时的需求缺口，这意味着在不考虑省外电力输送的情况下，仅凭广东省内电力企业的供电，省内企业生产活动和居民日常生活将受到一定程度的影响。另外，广东电力供给端对需求端的信息接收能力和反馈能力有待提高，总体上呈现需求不敏感、服务滞后的特点，电力供应不稳定、不灵活、不高效的问题频发。如果广东省再不从供给端入手提升生产效率，南粤不仅难以实现电力自给自足，还会增加能源不确定性风险。

（二）煤电能源紧张的矛盾加深

全球化石能源价格高涨致使正常供应受阻。2021年煤炭、天然气等一次能源市场价格暴涨，"量缺价高"现象频出，主要表现为：一是市场煤炭价格持续上涨，8~9月形势加剧，缺煤停机最高达2019万千瓦。二是国际天然气供需重构，LNG现货价格成倍上涨，在中长期协议量不足的情况下，现货采购困难，广东缺气停机最高达1100万千瓦。由于原有的电力能源价格市场机制不完善，未能充分预判市场出现的紧缺涨价现象，没有联动燃料价格与上网价格、上网电价与销售价格，导致价格出现严重倒挂，火电企业陷入越发越亏困局。

煤炭供应呈现量紧、价高、质差的特点。2021年煤炭价格快速上涨，9月底，广州港燃煤价格已达1650元/吨，同比增长230%。由于长协签订不足，缺乏稳定、长期、优质的供应商，现货采购难度加大，煤炭接续供应困难，发电企业被迫采购低热值煤。但低热值煤属于比较劣质的煤炭种类，大量使用容易造成机组损坏、安全运行风险。据统计,2021 年 9 月广东省内的煤机临修达 500 万千瓦、限高 1000 万千瓦,给整个省的电力供应造成较大困难。

燃煤发电成本未进行足额疏导。2022 年一季度广东、广西、贵州、海南的年度长协煤电价格平均上浮 8.4%,随着近期电煤价格上涨,前期签订长协价格未能足额覆盖发电成本。此外,云南近期出台政策明确继续沿用 2021 年水电补贴火电机制,但煤电成本无法及时有效传导至终端用户,难以保证发电企业预期。目前黔电送粤价格初步协商一致按照市场交易价格顺推形成,具体计算方式仍在进一步协商中。

(三)新旧能源体系转换的困境

我国电力市场化改革起步较晚,目前仍处于计划与市场双轨制运行阶段,电价机制和电力市场存在诸多与新型电力系统建设不相适应的问题,不利于推进新旧能源体系转换。其中,能源市场问题主要表现在以下四个方面。

一是省间交易壁垒较为严重,制约电力资源在更大范围内优化配置。由于新能源资源与电力需求在地理分布上不匹配,新能源电力需要跨省跨区乃至在全国范围内消纳,这就要求建立跨省跨区电力市场。但跨省跨区市场涉及多省区利益协调,各省区电力市场模式、规则又不尽相同,而电量、电价等核心市场要素与地方经济发展直接相关,这就导致了事实上的"省间壁垒",影响了全国电力资源优化配置效率。

二是市场机制不健全,难以保障电源固定成本回收,威胁长期电力供应安全。风、光等新能源发电对电力系统而言,电量替代效益虽好,但容量替代效用较低,新能源快速发展需要其他电源提供容量保障。当前我国电力市场主要是基于边际成本统一出清的电能量市场机制,不能充分体现调节性资源价值,难以保障回收发电机组前期固定投资成本足额回收,无法有效引导新增电源投资,无法保障长期系统容量充足。

三是新能源不参与市场或参与市场的机制不健全,长期来看不利于新能源发展。目前全国大部分地区针对新能源仍实行政府定价，几乎依靠电网保障性消纳，不参与市场交易；而在山西等新能源装机占比较高的地区，新能源虽然参与了市场，但以"报量不报价""不承担偏差责任"等方式参与，未实现与其他电源公平竞争。随着新能源发电量占比越来越大，新能源消纳将愈发困难，必须加快建立适应新能源大规模发展的市场机制。

四是在电—碳等多市场协同上，缺乏顶层设计。电力市场、碳排放权市场、绿证市场等均是实现"双碳"目标、促进能源结构绿色低碳转型的重要市场机制。但目前各市场分属不同政府部门管理，市场间呈现相对独立运行状态，有效协同不足，并不能充分发挥电力市场、碳排放权市场等的综合调控作用。

三　南方电网绿色转型发展的探索与成果

南方电网把落实"十四五"电网发展规划纳入工作全局，系统谋划、统筹推进建设新型电力系统，致力于打造一个高效清洁环保的能源体系，逐步减少化石能源使用，推进可再生能源开发利用，积极实施可再生能源的替代行动，用绿能助力南部五省区和粤港澳大湾区产业结构转型升级。目前，南方电网正致力于电力系统供给侧改革、新旧能源体系转换以及绿色技术改革，用实际行动探索数字智能、绿色低碳的发展道路。

（一）平衡电力供需，深化电力供给侧改革

广东省电力供需问题的实质是城市电力供给系统对市场需求的反应能力和满足能力不足，若要适应动态变化的电力市场，则对供给方的信息系统与生产系统会提出更高的要求。南方电网敏锐地捕捉到这一切入点，并就信息系统和生产系统进行了一系列改革。

精准预测做好供需平衡。由于广东省各个区域的经济发展情况不同，季节、节假日、生活习惯等差异存在，广东电力负荷呈现明显的空间和时间不平衡的特征。如国庆期间，产业园区内的工厂会降低产能甚至停工，该片区

的用电负荷会大幅降低，但随着假期结束，工厂恢复生产，用电负荷会快速攀升，这时就十分考验电力企业的协调能力。针对区域内用电负荷的大幅波动，南方电网提出用数据预测用电需求的解决方案。南方电网广泛开展国庆期间工业用户开工情况调研，将用户数据上传至数字平台，利用大数据等技术手段精细化分析和预测产业园区内负荷特性，提高负荷预测精准度，再通过合理规划电网运行方式扩大复工期间的电力供应。除了保障小范围区域的电力稳定供应外，南方电网还积极在更大范围内布局电力稳定运输，一是联合地方政府强化预警预报，加强输电线路运行维护，确保电网安全稳定运行；二是充分发挥平台资源配置的作用，根据各市发电用电的时空特性，开展省内余缺调剂，最大限度提升公司的全网供电能力。在季节变化和天气不确定性层面，大数据技术同样可以助力于科学有效的决策，电力调度控制中心可结合历史负荷、气象等数据，对特殊天气或季节更迭情况下的电网负荷进行精准预测，制定节能高效的供电方案。

全力提升供给侧能力。一方面要使发电方式多元化，丰富能源种类，构筑多能互补的电力供应系统。在煤电、气电上，南方电网着力推进广东目标网架、对澳门输电第三通道、梅州阳江抽水蓄能电站等重点工程建设，加强燃煤燃气供应保障，最大限度释放煤电、气电发电能力。在水电上，南方电网加快推进抽水蓄能电站等一批电力保障重点项目建设，增强水电蓄水能力，通过合理控制水位提升电网运行调控能力。在光电上，公司于南方区域的 83 个农村县区开展分布式屋顶光伏试点，推进区域电网承载能力测算工作，加快配套电网工程建设以满足"十四五"期间 2200 万千瓦分布式光伏并网需求。另一方面提高输电服务效率，扩大优质电力产品供给。调动国企的活力，提高其竞争力，合理地市场化是最易见效的手段，因此南方电网联合政府共同建立规范、科学、有效的电力市场机制，让交易渠道更加通畅，也让企业能更敏锐地收集到需求端的信息。除此之外，以建设安全高效的现代能源体系为目的，统筹主干电网、城农网投资和优化策略，着力构造智能电网，扩大有效和中高端供给，为广大客户提供更加可靠、稳定的优质电能。

（二）优化能源结构，逐步降低化石能源比重

1. 充分利用清洁能源输送绿色电力

广东海岸线长，海上风电资源丰富，具有发展大规模海上风电的优势。南方电网着重利用这一特点，在海域上搭建风电机组，充分利用海上风电资源。2021年底，南方电网在广东成功建设了阳江沙扒海上风电项目且顺利实现全容量并网投产。2022年12月，在广东省能源局指导下，市委、市政府和南方电网广东电网公司在濠江区海上风电产业园规划建设广东省风电临海试验基地，这是国内首个风电临海试验基地。除海上风电外，南方电网还积极探索光伏发电、陆上风电、生物质发电等，拓展绿电生产途径。

2012~2021年，南方五省区非化石能源装机容量占比由44%增长到50%以上，非化石能源发电量占比也达到总发电量的一半以上，领先于全国平均水平乃至全球平均水平。十年来，南方电网公司通过新能源装机的大规模投入，全力推动广东、广西、云南、贵州、海南等南方五省区及港澳地区新能源开发利用，用实际行动助力南部地区实现"双碳"目标。2021年南方五省区每度电所产生的二氧化碳排放仅相当于2012年的60%。

十年间，西电东送电量从2012年的1243亿千瓦时增长至2021年的2206亿千瓦时。2021年，南方电网西电东送日售电量多次创历史新高，首次突破11亿千瓦时大关，达到11.12亿千瓦时。其中，昆柳龙直流工程2021年全年累计输送清洁水电超277亿千瓦时，相当于输送1/4个三峡电站年发电量，减少燃煤消耗800万吨。可以说，通过西电东输工程，南方电网真正做到使绿色效益惠及西部地区。

2. 积极推进能源综合利用业务引导清洁能源消费

为更好地发挥清洁能源对传统产业转型的促进作用，南方电网深入企业和工厂，结合不同客户的用电需求，推广更为清洁的能源——绿电，让清洁能源替代传统能源，成为企业生产经营所需的主要原材料。经过不懈努力，南方电网2021年度实现替代电量359亿千瓦时，占全社会用电的2.5%。此外，南方电网积极参与助力南方区域绿色电力交易，协同电力交易机构积极

构建适应能源低碳转型发展的电力市场机制，共同组织开展南方区域可再生能源电力消纳量交易，2021 年南方区域率先释放可再生能源电力消纳量交易。2022 年可再生能源电力交易规模创国内历史新高，累计成交水电消纳量凭证 770 万个和非水电消纳量凭证 280 万个，折合电力消纳量 105 亿千瓦时。承接国家绿色电力交易项目试点，成交电量 16.3 亿千瓦时，建立"电能量价格+环境溢价"价格机制，提升南方区域绿色电力消费能力。[①]

随着补贴政策的推出和绿色理念的推广，新能源汽车风靡国内市场，新能源汽车交易量增多，势必会带动配套充换电基础设备需求量增加。因此，为满足日益增长的充电需求，必须加快构建充电服务保障体系。嗅到商机的南方电网加大资源投入，已累计建成充电站 9000 多座，充电桩大概 7.5 万支，充电站服务点遍布广东、广西、云南、贵州、海南等五省区，预计到 2023 年将实现充电站覆盖南方五省区的全部乡镇。同时，南方电网还积极打造国内电动汽车充电服务平台，推出"顺易充"App，电动汽车车主可以通过 App 在地图上寻找充电桩，并进行扫码充电，为广大车主出行提供便利。

（三）新旧能源体系的衔接与转换

面对新旧能源体系的转换难题，南方电网不气馁、不畏难，积极发挥勇于变革、乐于奉献的精神，运用南网智慧寻求破局方法，最终围绕市场体制机制从四大层面提出新旧能源体系衔接与转换方案。

坚持按照市场化机制形成"主体电源"上网电价。在新型电力系统建设初期，煤电仍然作为主体电源稳定电力供应；风电、光伏能源占比迅速提高，其上网电价放开由市场形成；海上风电成本仍处于较高水平，需继续依赖政府引导与支持，在技术和项目上争取投资补贴、税收减免等财税政策支持。存量低价水电、核电发电成本固化、上网电价较低等，仍需按照政府定

---

① 张勉荣：《面向"双碳"目标的南方区域电力市场建设实践与思考》，《中国电力企业管理》2022 年第 10 期。

价继续保留电网企业统购，以保障居民、农业电价水平相对稳定。在新型电力系统建设中后期，风电光伏等新能源逐渐成为主体电源，上网电价全部通过市场形成，并开始承担系统调节成本；煤电、气电则转为提供调节能力为主、提供电能量为辅，其上网电价机制转向"容量补偿（容量市场）+市场电量电价"机制。公司根据煤电和气电机组成本特性，差异化制定容量补贴或建立容量市场机制，兑现发电容量价值。

完善输配电定价成本监审与核价规则。想要建立科学的监督审核机制，就要实施"两步走"战略。第一步是改革跨省跨区输电价格机制。结合全国和区域统一电力市场建设，南方电网分阶段推动跨省跨区输电价格由单一电量制电价逐步向两部制电价或单一容量制电价过渡，对应容量电费分摊纳入并随省级输配电价统一回收，促进中西部清洁能源按照发电价格"轻装上阵"参与受端市场竞争，降低或消除跨省跨区交易的价格壁垒，更好地推动新能源在更大范围内灵活优化配置。第二步是完善省级电网输配电定价机制。通过合理核定输配电价水平，使南方电网能够保持正常盈利能力，以支撑新型电力系统建设的电网投资需求。公司按照激励约束并重原则合理核定输配电成本，足额保障电网生产性成本。同时，合理确定定价权益资本收益率，支持企业的健康发展。此外公司还优化输配电价结构，逐步理顺分电压等级、不同用户类别的输配电价比价关系。

完善电力成本和价格传导机制。电力成本与价格是交易过程中最为关键的两大要素，必须加强并完善两者间的信息传导才能促进电力交易的顺利进行。首先，在大能源市场观念的指引下，南方电网一体化推进一次能源市场和电力市场建设，畅通了"一次能源—电能—用户"的价格传导机制。其次，通过电力市场规则或专项价格机制，公司将统一支付的系统调节性成本，如抽水蓄能、新型储能、化石能源机组容量补偿、需求侧管理等，及时足额向终端用户电价进行传导。再次，公司丰富用电侧电价形式，加大分时电价执行力度，推广实施高可靠性电价、可中断负荷电价等需求侧管理电价，体现电能质量和供电可靠性差异，有效引导用户优化用电曲线，促进用能效率的提高。最后，完善高耗能行业差别化电价政策，充分发挥电价杠杆作用。公司加强电价政策执行监管，抑制高耗能行业盲目发展，引导产业转型升级。

充分发挥各方优势和作用促进电力市场建设。在电力市场建设中，南方电网从来不是孤军奋战，而是善于联合各方，发挥优势达到事半功倍的效果。公司在这方面主要有四项举措：一是鼓励新能源报量报价参与现货市场，充分发挥煤电、气电、抽水蓄能、新型储能等各类电源的协同作用，配套建立调频、备用、爬坡、转动惯量等辅助服务机制。二是充分发挥负荷侧灵活调节资源作用，推动负荷侧资源参与电网互动，促进新能源消纳，通过灵活可调资源、电动汽车、虚拟电厂等负荷侧资源参与电网互动，积极跟随新能源出力特性，提高新能源消纳能力。三是充分发挥储能提供电力支撑、参与系统调节的基础资源作用。储能是新型电力系统不可或缺的重要组成部分，也是其区别于传统电力系统的重要特征。加快完善促进储能发展的政策机制，增强新型电力系统的整体优化能力。四是充分发挥电力市场引导绿色能源消费的作用，通过深化绿色电力交易试点，创新绿色电力交易市场机制等措施，南方电网发挥领先作用，助力绿电市场的规范化、创新化建设。

（四）绿色数字技术创新与应用

进入新时代，数字化和绿色化已成为全球经济发展的主旋律，放眼全球电力市场，大部分电力企业都选择利用数字技术优化整体产业链，以满足不断增长的能源消费需求。毫无疑问，用数字化赋能绿色低碳生产已成为电力行业的发展方向。南方电网既是中国最大的电力公司也是行业龙头企业，不仅要肩负着推动低碳经济发展的使命和责任，还要担任"掌舵者"角色，推广数字化技术应用。为此，南方电网高度关注数字化与绿色化的协同发展，以数字化赋能绿色管理，用绿色化支撑数智化升级，一方面依托数字技术提高清洁能源利用率、降低污染物和二氧化碳排放，推动绿色发展；另一方面用绿色效益传递正反馈，以低碳需求引导向更高阶的数字化升级。其中，数字电网的建设是南方电网近年来绿色数字化探索的核心方向。

数字电网是以云计算、大数据、物联网、移动互联网、人工智能、区块链等新一代数字技术为核心驱动力，以数据为关键生产要素，以现代电力能源网络与新一代信息网络为基础，通过数字技术与能源企业业务、管理深度融合，不断提高数字化、网络化、智能化水平，而形成的新型能源生态系统，具有灵活性、开放性、交互性、经济性、共享性等特性，使电网更加智能、安全、可靠、绿色、高效。在数字电网技术层面，围绕"云大物移智链"（云计算、大数据、物联网、移动互联网、人工智能、区块链）数字化技术与传统电网技术进行融合，以先进数字化技术构建基于传感量测、边缘计算、信息连接、数字平台、跨域智能五大层级的数字电网技术架构。依托这些工程技术，数字电网不仅可以增强新能源数据采集的广泛性和实时性，还能分析发现系统运行规律和潜在风险，及时做出反应决策。

之所以数字电网能提高电网生产运作效率，其原因在于它能基于项目管理的思维，用数字技术内容创新和改造运营流程，弥补企业在各个环节上的生产管理瑕疵和监督机制缺点，从而提高整体生产链的效率和质量。

发电业务上，南方电网重点建设项目包括设备状态监控平台、电站智能巡视、新型状态监测装置应用。

在输电业务上，南方电网主要围绕无人机自助巡检、三维数字化通道建设、智能终端应用实现数字输电。公司全网配备近 8000 架无人机、110kV 及以上线路机实现 95% 无人机覆盖，全年机巡业务量 88.7 万公里；全网 500kV 及以上线路基本实现三维数字化通道建设和机巡监察全覆盖；配置 2.1 万台输电在线监测终端，全网 500kV 及以上线路外部隐患点智能终端覆盖率 100%。"十四五"期间，南方电网在持续优化主网架的同时，将推动与周边电网互联互通，加快保底电网建设，持续提升电网防范安全风险能力，加快提升输电智能化水平，推进输电线路智能巡视和智能变电站建设。

在变电业务上，数字电网主要通过建立新标准系统，开展新技术研究应用，使业务、设备数字化，实现变电站巡视、操作、安全智能化。比如，大量使用红外摄像机、可见光摄影机、巡检机器人、无人机四类技术，用机器替代人工实现无人巡视。据调查,单站预置点数量最多达到 1.5 万个,可节省一半人工巡维工时。另外,数字电网融合图像识别、智能接地桩、电子围栏、UWB 定位系统、WAPI 通信、北斗定位、智能五防及智能联动等新技术应用贯穿于生产作业全环节,实现风险管控。

在配电业务上,南方电网逐步完善智能配电服务体系,截至 2021 年底,南方电网在全网 65 个地市局共同开展智能配电房、智能台区项目 18890 个。公司全面开展数字配电示范区建设,先后打造了佛山高明、广州琶洲、深圳福田、南宁五象、河池东兰、云南迪庆、贵州乌当、海南博鳌等示范项目,致力于试验和推广智能配电经验。"十四五"期间,南方电网的配电自动化建设将会以故障自愈为主攻方向,加强配网状态监测,实现故障快速定位、故障自动隔离和网络重构自愈,并逐步扩大自动化覆盖面。另外,也要推进智能配电站、智能开关站、台架变智能台区建设,推进微电网、配电网柔性化建设,推广智能网关应用。

在用电业务上,南方电网打造数字化需求侧管理平台,进一步提高需求侧数据采集和传输能力,推动数据信息化,实现海量数据的有机互联、融合。同时,以电网数字孪生平台为基础,打造现代供电服务体系,构建满足用户多元需求的用电用能产品体系。"十四五"期间,南方电网将加快推动"新电气化"进程,持续提升电能在终端能源消费中的比重,提高电能利用效率。与此同时,南方电网还积极响应电力市场需求,加快电动汽车充电基础设施建设,通过智能联网实现车网互动,推动智能家居与智能小区建设。

除了数字电网建设外,南方电网还在其他业务领域继续探索与推进绿色数字技术的创新与应用,势要将绿色数字化进行到底。

在海上风电送出方面,公司开展大容量、轻量化海上风电汇集平台设计与集成技术和海上风电设备数字化、智能化、无人化运维技术研究,研制紧凑化、高可靠性、免维护装备,建立大容量海上风电机组全工况模拟及并网试验平台,支撑广东大规模海上风电友好并网送出。

在多元用户供需互动方面,公司开展多元用户供需互动智能用电、大规模电动汽车车网互动技术等研究,建设"网—荷"友好互动虚拟电厂系统平台和"车—桩—网"综合服务与能量交互一体化平台，满足千万用户数量级供需互动和百万辆级电动汽车充放电需求，利用用户侧资源平衡新能源波动并实现削峰填谷，使得南方区域电能占终端能源消费比重达35%以上，全网削减5%以上尖峰负荷。

在综合智慧能源方面，公司开展电氢气冷、热综合能源系统规划和协同调控技术研究，研制多能流高效转换和存储装备，建设高效柔性综合能源系统，实现多能互补梯级利用和可再生能源分布式就地消纳，满足用户多元化用能需求，能源综合利用效率提升20%以上，实现低碳甚至零碳利用。

在电碳耦合方面，公司开展以电碳流分析为基础的电碳监管核查、电碳计量认证、电碳评估优化和预测分析技术研究，实现碳排放的精确核算和认证，加强电碳资产量管理与价值发掘，建设电碳经济服务平台，推动公司由电力资源配置平台向电碳资源配置平台转型，提升电碳经济服务能力，助力南方区域电力行业有效控制碳排放。

在电力物资库存方面，公司建成首个"零碳"仓库。仓库应用"云大物移智"新技术，落地智能出入库、配送路径规划跟踪、仓库全景可视化管控等多个先进仓储业务场景，实现了匹配电网仓储业务性质的物资作业自动化与管理数字化；通过构建全域物资仓库智能管理系统监控平台，实现了周转仓、智能急救包及仓库智能设备的互联互通，促进了管理运作过程数据化、无纸化；通过打造仓库智慧园区管理系统，实现仓库全景式智能安防管理。此外，为充分利用仓库屋顶空间，建设并网型分布式光伏发电系统，实现发电就地消纳，构建了"自发自用，余电上网"的低碳用电模式。目前仓库屋顶已安装了1777平方米光伏发电组件，装机容量达302千瓦。通过低碳化改造，周转仓光伏系统每年发电量约28.4万千瓦时，预计每年可减少143.4吨二氧化碳当量。在实现仓库碳中和目标的同时，余电回馈电网，提高电网清洁能源渗透率，助力电网碳排放因子下降。

正如南网人所说的那样，绿色数字化是南方电网的必经之路，是其日后的主攻方向。为保证"十四五"规划目标如期达成,南方电网将坚定不移地推动数字化与能源生态的有机结合,进一步凝聚各方力量,携手打造数字电网新生态,为网络强国、数字中国、智慧社会作出应有的贡献,用绿色数字"电"亮未来。

四 南方电网绿色转型的启示

南方电网在推动绿色转型方面形成了良好的示范效应。公司将绿色低碳和节能优先的基本原则贯穿于电力系统建设的各个环节,致力于推进可再生能源的开发利用,控制煤电总量,优化电网调度和管理,提高供应质量和效率。这些努力向社会展现了低碳生产、绿色运营的重要价值,同时也为经济社会的全面绿色转型做出了积极贡献。南方电网主要有以下经验和启示供能源企业或有绿色转型需求的公司借鉴。

(一)构建绿色能源供给体系

一直以来,南方电网公司坚持清洁低碳的绿色发展理念,大力支持可再生能源发展,建立清洁低碳的现代化能源体系,深入实施西电东送战略,提升对清洁能源的消纳能力。南方电网在构建绿色能源供给体系方面下足功夫,从四大方面扩大能源供给。首先,加快清洁能源建设,强化节能降耗。南方电网提出五大绿色能源战略,即从水电、风电、光伏、储能和清洁燃煤电力五个方面加快绿色能源建设。例如在水电方面,南方电网加快布局抽水蓄能电站建设,全面投产阳江和梅州抽水蓄能电站。其次,保证绿电交易常态化。南方电网已组织建立规范合理的绿电交易市场机制,既丰富了电力市场交易品种,又拓宽了电力产品的交易渠道,完善了南方区域的绿电供给体系。最后,广泛参与国际能源交流与合作,加强外部供给能力。在"一带一路"倡议下,南方电网加强与沙特 ACWA Power 公司的合作,凭借先进的输配电技术开拓国际市场,输出电网管理经验,携手共建绿色能源体系,打造互惠互利、合作共赢的绿色丝绸之路。

（二）加强电网与环境协调发展

南方电网积极推进清洁能源利用和智能电网建设，提高清洁能源的消纳能力和降污能力。南方电网把环保作为电网建设的重要理念之一，将其落实到日常经营中。一方面，建立环保与电网协调发展的工作机制。在项目建设和运营过程中，南方电网既强调环保投入和环保绩效管理，又注重项目的环境影响评价和环保审核，兼顾经济效益和生态效益。组织和参与环保公益活动，增强员工环保意识，培养环保文化，加强形象建设。另一方面，坚决防范环保风险，杜绝重大环境污染责任事件发生。南方电网积极推进绿色低碳电网建设标准和评价工作，继续加强输变电设施电磁环境和噪声监测治理，加强温室气体六氟化硫管理，进一步提升公司环保风险监督能力和信息化管理水平，完善公司环保风险管理体系。

（三）引导绿色低碳的生产生活方式

南方电网采用多种途径推广环保理念，引导企业、居民等选择更加绿色低碳的生产生活方式。在企业生产层面，南方电网内部积极推进节能减排，鼓励企业生产线采用清洁生产技术，采购节能环保设备，生产绿色认证的产品，加强排放方面的监管。在组织文化层面，公司积极组织或鼓励员工参与环保公益活动，增强员工环保意识，培养环保文化。在商业合作层面，公司以绿色环保指标为依据筛选合作伙伴，重点评估上下游企业生产线的能耗与污染物排放情况，选择符合绿色价值观且有潜力的公司，构造强劲有力的绿色供应链。在社会层面，南方电网通过开展环保宣传活动、能源供给侧改革、绿色能源消费补贴等方式，引导企业和居民提高节能减排和低碳生活的环保意识，推广更为环保友好的生产生活方式，如运用价格机制引导居民合理用水用电、鼓励居民生活垃圾分类、给予绿色补贴促进企业绿色能源消费等。南方电网通过不断推广绿色低碳的生产生活方式，真正做到了推动全社会绿色低碳发展。

（四）重视数据管理能力建设

　　未来是数字化时代，对数据的敏感度和处理能力越来越成为评判一家企业综合实力的重要标准。南方电网高度重视数据管理能力建设，将数据融入各项业务和日常管理，充分释放数据生产要素价值，让数据流动引领价值流通。南方电网逐步整合电力产业链上下游资源，让数据要素进一步地聚合和流通，赋能产业链全环节效率提升，实现节能降耗、降污减排全面监督管理。在首届中国数据治理年会上，南方电网获得"2022年度十大数据治理名牌企业"殊荣，其数据管理成果入选"2022年百项数据管理优秀案例"。将来，南方电网会持续深耕数据领域，让电力数据要素价值普及更多领域，促进跨产业融合与创新，为公司数字经济发展注入新动能。

第八章
光华科技：锁定低碳经济与绿色增长

一　光华科技的发展历程

（一）深耕行业四十余载

广东光华科技股份有限公司（以下简称"光华科技"）是一家集研发、生产、销售、服务于一体的高端专业化学品供应商。公司主要从事高性能电子化学品、高质量化学品、新能源材料、废旧动力电池的梯次和循环利用，以及其他特殊化学品的开发和技术服务。

光华科技是我国电子化学品领域的"领头羊"，其前身——汕头同平区光华街道化工组于1980年成立，主要从事化学试剂的生产制造。当时，汕头市作为我国四大经济特区之一，不仅是对外开放的窗口，更是经济发展的基地，扮演着"排头兵"的重要角色。改革开放期间汕头孕育了一大批推动改革开放进程的弄潮儿企业，光华科技就是其中之一。2002年光华科技为了填补国内空白领域，决定巧用自身多年积累的生产化学试剂的经验，切入PCB电子化学品业务。2003年光华科技在汕头研发中心的基础上，横向壮大研发团队，成立广州研发中心，率先在电子专用化学品方面开展产品研发工作。电子化学品是一种专门用于辅助电子产品的特殊（精细）化工材料，它的质量会对PCB电子化学品的性能及其生产的连续性、稳定性有重大的影响，是PCB电子化学品行业的关键支撑原料。PCB具备电子化学品的品种规格繁多、技术门槛高、产品淘汰更新快、客户准入门槛高等特性，其对服务商的技术与定制化服务能力都有着极高的要求。光华科技深谙此道，一方面重视公司的技术创新和模式创新，另一方面贯彻"以顾客为中心，为顾客创造价值"的理念，以客户需求作为产品研发导向。在前者上，光华科技创造性地提出"三位一体"的集成模式，即围绕 PCB 专用化学品的一系列营销、技术和服务流程；在后者上，光华科技积极与客户开展合作，为客户提供个性化产品与服务，逐步建立起以客户需求为核心及导向，驱动研发和服务日益完善的发展模式。千帆竞发，勇进者胜。随着企业步入上升期，加上得到大批客户的认可和支持，光华科技的规模迅速扩大，年营业收入从 8.6 亿元增加到 25.8 亿元，实现了约 300% 的增长。自 2015 年上市以来，光华科技已连续 12 年在"中国电路业"重点公司排行榜中居"国内专用化学品公司"的首位，且连续 5 年被评为"中国电路业"的优秀公司。在同行眼里，光华科技是 PCB 专用化学品生产商的领跑者，受到业内诸多知名 PCB 专用化学品企业的认可与赞赏。光华科技是一家热衷于强强联手的科技公司，据统计，迄今为止其合作过的世界百强 PCB 专用化学品生产企业不少于 60 家，在全球前十的生产企业中，光华科技合作过的就有 9 家。

　　光华科技一直深耕于化学品行业，从摸索、成长到高质量发展，从第一个独立的品牌注册到现在的电子化工领域的领军地位，光华科技凭借着锐意进取的精神，逐步成长为一家领先的专用化学品生产服务商。光华科技在省内横向布局生产，分别在汕头和珠海设立生产基地，厂房总占地面积近 53 万平方米，基地内不仅配备国内第一条完全自动化的氧化铜生产线，而且还拥有世界领先水平的电池原料生产设备，是我国目前同行业最具现代化和规模化的生产基地之一。光华科技在国内横向布局营销，以广州为中心，在北京、上海、苏州、昆山、厦门、长沙、成都设有 7 个分支机构，经过几年的摸索，光华科技逐步建立健全市场营销体系，拥有 200 多个地区的营销网络，并将营销网络扩展到世界各地，目前光华科技的产品已经出口欧美、日韩、东南亚等，深受世界各地客户的肯定与信任。

（二）创新引领发展

创新，是流淌在光华科技血液中的重要基因。光华科技总裁郑靭认为，要想在市场上立于不败之地，就必须持之以恒地创新。几十年前与中山大学化学与化工学院王植材教授的一次偶遇，让郑靭重新认识到技术创新对于企业发展的重要性，于是他诚邀王植材教授加入光华科技，一同用技术改变企业命运。正是在前辈一步一个脚印地探索和付出下，光华科技才有能力培育出一批批具有创新精神的专业人才队伍，才能拥有如今完备的科研体系，才能探索出一条以技术先行、科技引导的发展道路。在这条道路的指引下，光华科技已完成10多个研发与创新平台的建设工作，包括"国家企业技术中心""院士工作站""博士后科研工作站"，这些平台均已取得了国家五个部门的联合认定和设立批准。此外，光华科技研究院分析检测中心正式获得国家 CNAS 权威认可，这说明光华科技的分析检测中心硬件设施、检测能力、研发水平和管理能力等均达到国际认可标准，出具的检测报告具有国际权威性和公信力，这也从侧面证实了实验分析测试中心的优势和实力。除了对前期创新给予足够的支持外，光华科技还看重创新成果的保护，近年来，光华先后被评为"国家知识产权优势企业""广东省民营企业创新产业化示范基地""国家技术创新示范企业"，同时光华的第一家产业知识产权运营中心也在汕头正式揭牌。

在科技创新中，人才是最主要的驱动力。光华科技将人才视为企业的第一资源，不断落实人才招聘和培养工作。一方面，为吸引人才，光华科技自1993年开始由粤东向大湾区中心迈进，逐步将营销与研发的重心转移到广州，借助广州这一经济腹地广泛吸纳海内外优秀人才，为企业注入研发新活力、新血脉、新思想。目前，公司已经招聘了一批由教授、高工、博士、硕士组成的200多人的研发团队，具有较高专业水平、创新意识强、实践经验丰富，具备自主开发多类精细化学品的基础研究、应用研究及工程化转化能力。另一方面，凭借多年的项目和技术经验，光华科技建立了一套完善的人才培训机制，人力资源部联合其他部门通过人才梯队培养的方式，以公司目标为导向对不同层级的员工开展针对性培训，旨在提高各个层级员工的研发能力和工作效率。同时，公司还积极开展校企合作，为学生提供就业和实践的平台，助力其将实践运用与教学理论相结合，加快培养产业实用型技术技能人才。

在电子信息技术快速发展的今天，供应链的协作创新变得更加重要。光华科技与客户、大学、科研机构开展了强有力的合作，从供给端和应用端等多个维度，着力解决产品从研发到生产的一系列难题。5G 时代的来临给各行各业带来新的机遇与挑战，郑朝总裁表示，光华科技将持续协同下游发展，与知名终端应用客户探索产业链协同合作创新模式，加快步伐研发新的核心技术，推动国内 5G 技术的应用，攻坚"卡脖子"技术。

（三）大力发展新能源业务

随着国家大力推动绿色经济发展，新能源汽车行业迅速崛起，对锂电池的需求也不断增加，再加上"双碳"政策的实施，废弃电池和动力电池原料等行业呈现出良好的发展势头。光华科技很早就着手于动力电池的回收与综合应用，在锂电池原料方面的投资占公司总投资的 50%。目前，该项目已完成了全部技术的产业化应用，在汕头已建成年处理量达 10000 吨的废旧锂电池生产线，在珠海市已建成年处理量达 60000 吨的废旧锂电池分级回收利用和拆解分拣生产线，所生产的电池及电子产品向国内新能源及电子行业的领军企业提供，年销售额达 5.7 亿元。在此基础上，光华科技以自身产品的优异性能在广东省获得了第一个通过《新能源汽车废旧动力蓄电池综合利用行业规范条件》的"白名单"资格。

从 2019 年开始，光华科技相继和奇瑞、五洲龙、元宝淘车（芜湖）、鑫盛汽车、中兴通讯等企业进行合作，形成了一条完整的、可循环的废弃锂电池综合利用产业链等。光华科技认为，通过安全高效的梯次利用技术和资源回收技术与各行各业展开合作，不仅能取得经济利益，而且能促进生态效益与社会效益的有机融合。光华科技致力于成为废旧动力电池循环利用的示范企业，实现用少量的碳代价，换来动力电池在车辆中更长的服役时间，让退役动力电池得到绿色无害处理，让每分碳支出得到更大回报。

二 光华科技的可持续发展之路

（一）抓住科技创新法宝

长期以来，国际上化工行业一直把精细化工当作是石化行业发展的重要战略方向，并把其当作是一个国家综合国力和综合科技实力的象征。精细化工产品种类繁多、专用性高、附加值高、产业关联度高，在很多国民经济行业和高新技术产业均有广泛应用。只要提供与行业领域相匹配的应用技术和体系标准，精细化工就可实现加工工艺的升级和产业链的延伸，达到增加功能、提高品质、节能降耗、降低污染等目的。国家一直以来对化工产品的精细化处理高度关注，从"六五"规划到"十五"规划，精细化工一直被列为我国化学产业发展的重点。尤其是进入 20 世纪 90 年代，"信息高速公路"概念爆火、互联网技术普及，使得信息产业在人们的生产生活中扮演着越来越重要的角色。而电子化学品作为电子信息产业的先导，是一种基于精细化工技术制造出来的符合电子器件要求的电子材料，位于电子信息产业链的最前端，决定了信息通信、家用电器、汽车电子、节能照明、航空航天等领域终端产品的发展上限，[①] 在某种程度上，电子化学品对下游及终端产业的发展起到了决定性作用。

电子化学品逐步渗透至国民生产活动与非生产活动的各方面，深刻地影响着我国产业结构、国民经济和国防建设。因此，国家对电子化学品十分重视，出台《"十二五"国家战略性新兴产业发展规划》《新材料产业"十二五"发展规划》等相关政策。为加大扶持力度，我国采取鼓励措施，如重新核准多晶硅牌照发放、氟化工准入、稀土准入与整合、集成电路"国八条"

---

① 李岩：《我国电子化学品行业发展现状及趋势研究》，《化学工业》2020 年第 1 期。

等，旨在促进电子化学品制造由低端走向高端。在国家政策扶持和市场机制作用下，国内电子化学品行业近十年来一路高歌猛进，呈现出高增速、高产值、高效益"三高"特点。"十三五"以来，电子化学品行业平均年增长率为17.5%，远超同期工业增加值增速两倍多，这意味着电子化学品行业领先于其他工业行业，在拉动工业经济发展的过程起到重要作用。2018年，国内电子化学品行业市场规模高达3288亿元，其中，集成电路（IC）用化学品市场规模为597亿元，平板显示（FDP）用化学品市场规模为317亿元，印制电路板（PCB）用化学品市场规模为325亿元，新能源电池（NEB）用化学品市场规模为1962亿元，其他电子化学品市场规模约为87亿元。[①] 然而，在电子化学品中部分关键产品存在严重依赖问题，对外依存度达70%以上。该类产品对外竞争力严重不足，主要原因可以归结为：一是行业内中小企业居多，资源和技术相对不足，企业的自主研发创新水平较低；二是国内专利保护意识薄弱，行业亟须一套完善的知识产权保护体系。[②]

　　光华科技为了改变行业内长期以来对进口高端电子化学品严重依赖的局面，加大研发和设备投入，潜心钻研，攻关高精尖电子化学品技术。其中成效最突出要数光华科技的PCB产业。光华科技专门设立广东东硕科技有限公司作为技术研发的主力军，负责PCB产品的研发、生产、销售。目前东硕科技已形成PCB内层处理、孔导通化、铜镀层、线路成型、成品表面处理及辅助工序几大类产品，包括棕化液、水平沉铜、垂直沉铜、沉镍金等，一些产品指标达到了世界先进水平，如电镀液产品的研发填补了国内快速、超薄填孔空白，领先于国内外大部分企业。光华科技还提供了"氧化铜+VCP电镀液"方案，一方面，生产出纯度高、杂质含量低、品质稳定的电子级高纯氧化铜产品；另一方面，解决了国产氧化铜填孔电镀时间长、板面镀层较厚、填孔凹陷度较大等问题，填补了我国此类产品在国际市场的空白。目前，光华科技入选广东省首届"专精特新"培育名单，是我国最大

---

① 李岩：《我国电子化学品行业发展现状及趋势研究》，《化学工业》2020年第1期。
② 李岩：《我国电子化学品行业发展现状及趋势研究》，《化学工业》2020年第1期。

规模的 PCB 专用化学品生产服务商之一。

光华科技紧抓研发生产工作，围绕自主创新能力开展多个特殊化工产品的生产，生产了一系列具有自主知识产权的专用化学品。2013 年，公司制备的电子级硫酸铜、电子级硫酸镍、电子级氧化铜和电子级氨基磺酸镍等多款产品，经专业测试结果显示，其性能指标已达到了国外同类产品的水平，这些专用化学品配套高端电子电路载板一起使用可以释放更优异的性能，且能达到国际 IPC 标准，通过持续推出创新、优质的专用化学品无疑将助力我国高端电子化工产品实现新的突破。2017 年以来，光华科技实施"印制电路任意互连特种电子化学品关键技术及产业化"项目，围绕第三代 PCB 互连镀铜关键技术瓶颈，开展横跨精细化工与电子电路领域的相关技术研究，突破了我国在电子特气、湿电子化学品等方面的技术瓶颈，并将其应用于解决 PCB 中的任意互连特种化学品的研发、生产与应用等国际难题，从而突破国外在这一领域的技术垄断，并将此类自创产品与技术推向国际市场，让国产电子化学品真正地走出国门。光华科技是中国电子电路产业在全球由弱变强成长历程的见证者和贡献者，一路上光华科技使用自主创新宝剑过关斩将，跻身国内电子化学品产业领先位置。

（二）迎接"5G"春风，拥抱时代变革

2020 年，"新基建"被列为国家重大战略，而 5G 则是支持经济社会向数字化、网络化、智能化转型的根基，5G 商用为上下游产业带来了市场机遇。通信技术的演进促进了通信设备的换代重建，作为组装电子零件用的关键互连件，PCB 专用化学品市场规模迎来了大幅提升。但是，随着信息技术的不断升级，终端产品对 PCB 专用化学品也提出了更加苛刻的要求，然而 PCB 专用化学品的不同要求、不同性能的提高，都必须在化学配比和生产过程中进行调整。一直以来，光华科技都将创新作为发展的第一驱动力，随着电子工业的发展，光华科技的化学试剂业务亦与之同步发展，不断推陈出新。化学试剂既是科学研究、分析、检测中必不可少的物质，也是探索新领域、新技术必不可少的基本物质。凭借在化学试剂领域深耕 40 余年的经验积累和技术

优势，光华科技积极布局5G制造用专用化学品的开发与终端应用测试。光华科技的高工刘彬云认为，5G高宽带、大连接、低时延的三大特性对电子材料和器件的可靠性和信号完整性有着较高的要求，即材料表界面在超低粗糙度的情况下要有强的结合力，这也是5G器件制造的关键核心技术之一。显然，传统的通过粗化提高结合力的工艺已不再适用。针对超低轮廓铜箔与树脂的结合，光华科技开发了低粗化的键合工艺，采用有机黏合剂，以其化学作用力代替传统粗糙的机械嵌锁，达到对高连接强度、高可靠性的要求，同时有效地降低了信号损耗，在印制电路板的层压、干膜和阻焊以及其他5G器件金属化等工艺上均有优异的性能表现。他表示，有机键黏合剂在5G器件中有巨大的应用价值和广阔的市场前景。

在PCB电子化学品业务上，光华科技也是顺应5G技术的发展和应用，进行了一系列的研发。作为PCB上游产业的供应商，光华科技提前布局应用于5G的产品，在5G基站、5G天线、终端的射频组以及其他电路等相关的关键电子专用化学品新材料上已形成很大优势。此外，光华科技持续与下游企业、终端客户探索协作式的产业链发展模式，提供有利于高频信号传输的解决方案。2020年5月，中兴通讯与光华科技携手结成紧密的战略合作伙伴关系，开展对有关5G通信基站产品用材料的共同研发，双方就化学、电镀药水等新型表面金属化产品，如印刷电路板、陶瓷介质滤光片、天线阵列等进行了战略合作。

随着新基建、万物互联、智慧医疗等应用的加快，电子电路产业也迎来了更大的发展空间。光华科技携手产业链上下游合作伙伴，持续聚焦行业发展前沿，以高端电子化学品为核心，加快研发新型绿色材料、低碳产业化方法以及环保创新工艺技术，攻克"卡脖子"技术，加快国产化进程，助力国家科技创新发展。

（三）迈上能源发展"新"台阶

我国提出"双碳"目标。从节能减排的角度来说，混动汽车是快速减少碳排放、降低能耗的最佳方式。按照《节能与新能源汽车技术路线图

2.0》，我国汽车行业的碳排放将在 2028 年之前达到峰值，到 2035 年较峰值降低 20%，新能源汽车将逐步占据汽车行业的主导地位，其中，新能源汽车和节能汽车的年销售量将各占 50%，届时我国汽车行业将逐步完成向电动化的转变。能源革命成为实现碳达峰碳中和目标的重要路径。近年来，新能源汽车的市场渗透速度越来越快，市场份额进一步增加。电池作为新能源汽车的"心脏"，是为其提供能量的关键部件，而其造价成本也超过生产总成本的 40%。新能源汽车要想走得更远，离不开电池技术的进步和性能的提高，换而言之，攻关新能源电池技术就是制胜的最佳方法。光华科技凭借在电子化学品领域的核心技术累积，进军锂电材料生产行业，从 2017 年起开始涉足锂电池的生产制造领域，并于 2018 年在珠海市投资 5000 万元人民币成立了珠海中力新能源科技有限公司。

"智能电网和先进储能应用工程"是广东省发展新能源战略性新兴产业的重大项目之一，其核心内容是：锂离子动力电池梯次利用、新型充换电技术与设备研发、储能系统集成监测与运营等。中国是世界上新能源汽车和动力电池使用体量最大的国家之一，未来将会有一大批动力电池退役。报废的动力电池如果处置不当，将会对环境造成极大的破坏。光华科技除了借助核心技术优势布局锂电材料生产外，还敏锐地捕捉到富有潜力的细分"赛道"——动力电池回收利用。珠海中力常务副总经理郭文辉认为，由于锂矿的不可再生属性，锂矿的开采成本不断攀升，上游原料价格上涨。然而，以四到六年作为动力电池的使用寿命来折算，新一轮的废旧电池淘汰潮即将来临。据行业人士预测，到 2025 年，中国将累计报废 78 万吨的废旧动力电池，其再生利用的市场规模将突破 200 亿元。针对这一情况，珠海中力一鼓作气，在国内建立起 13 个回收网点，截至 2020 年，废旧电池的回收量已达 2900 多吨。光华科技依托在电子化学品领域的技术积累，具备了"动力电池梯级利用—拆解分类利用—材料修复—有价金属回收—材料制造"的全过程技术化和工程化能力，在国内率先实现了《新能源汽车废旧动力蓄电池综合利用行业规范条件》中的认证和节能减排目标。

风电和光伏具有"看天吃饭"的不确定性，其产生的电能有波动性和间歇性等特点。随着新能源发电的大规模、高比例应用，加之煤电转型，装机规模增加速度趋于放缓，若遇上无风无光、阴冷冰冻的极端气候，风力和光伏发电的出力将会大幅下降。郭文辉相信，能量储能必定是今后的发展趋势。储能可以理解为"充电宝"，在风能和光伏发电高峰或社会用电低谷时进行充电，反之，在风能和光伏发电低峰或社会用电高峰时进行放电。合理使用储能设备既可以通过灵活输电使光伏发电和风电趋于稳定，提升可再生能源的利用率，还能与火电、核电等常规电源相协调，为电力系统运行提供调峰调频等辅助服务，从而增强电力系统的韧性。针对这种情况，珠海中力在确保安全性的前提下，进行一项利用废旧动力电池存储能量的研究。该储能系统采用高精度的电池状态评估与调控方法，可以保证电池的使用寿命、性能与可靠性。

党的二十大报告强调，必须加速推进创新驱动发展。光华科技始终坚持以创新为企业发展的基础，充分增强在化学品方面的技术优势，依托企业的国家级企业技术中心和省部级研发平台，不断在新能源领域创新，如今已在新能源材料以及动力电池回收等领域形成了明显优势。未来，光华科技将保持与上下游企业的友好合作关系，继续深耕废旧动力电池回收业务和循环再利用技术，用创新技术做大绿色经济蛋糕。

三 光华科技的可持续发展之探索

（一）守住初心，方得始终——绿色环保生产

随着全球环保意识不断加强，世界各国对电子产品的环保性能要求也越来越高，纷纷通过立法限制电子产品中污染及有害物质的含量。欧盟于2003年公布了《关于在电子电气设备中限制使用某些有害物质指令》，限制企业销售有毒有害物质含量超标的产品，我国于2006年发布了《电子信息产品污染控制管理办法》，规定电子信息产品的设计及制造过程企业对有毒、有害物质或元素的使用和控制应当符合国家标准或行业标准。作为国内

电子化学品绿色方案供应商，光华科技奉行"绿色生产、低碳排放、节能高效"的方针，在深入布局高端电子化学品领域的同时，牢记"绿色环保，追求卓越"的使命，积极在绿色化学创新的道路上探索与成长，立志成为高品质、低耗能的专用化学品领军企业。

绿色发展既是国家产业发展的基本方向，也是企业成长的高阶目标。在电子信息行业，节能高效的生产方式和绿色环保的电子产品已成为发展的必然趋势，新型环保电子化学品逐渐成为市场主流。光华科技敏锐地察觉到这一点，迅速开展多个环保项目改造，这些项目涵盖了整个生产流程，包括燃煤锅炉改造项目、每年生产14000吨的动力电池正极材料项目，以及电子化学品的绿色化、高质化和高效化改造项目。升级改造后将有利于提升电子化学品的产品品质、产线效率、环保低碳水平，有效推进企业的绿色生产。

在新设备、新工艺、新技术的应用上，光华科技已建立起一套标准化的工厂制度且配置了相应的设施设备，以满足现代化化学生产要求以及环境保护要求。目前光华科技已经掌握了合成、精馏、萃取、结晶和重结晶等多种先进工艺，基本可以实现电子级高纯电子化学品、功能性复配专用化学品、化学试剂等高端电子化学品的生产制造。公司的生产线配有最先进的生产设备，未来还将逐步引入智能制造设备。通过使用新设备、新技术和新工艺，企业的硬件配套水平和生产效率得到了极大的提高，让产品生产朝着自动化、数字化的方向加速发展。

光华科技走在循环经济发展前沿，这使得其产品的质量要求比国家规定的标准要高得多。在提高产品质量的同时，光华科技不断健全生产管理体系，在企业的生产运营中贯彻循环经济方针，实现节约能源、降低能耗。秉承着"循环经济"的理念，公司于2016年开始向绿色智能制造的方向发展，开展电子化学品绿色化提质增效改扩建项目与清洁生产技术改造及示范，通过新设备、新技术和新工艺的应用，将绿色设计、绿色技术和工艺、绿色生产、绿色回收利用等贯穿于产品的整个生命周期，使产品生产向自动化、数字化发展，获得经济、生态和社会效益的协同优化。

广东省发改委、广东省人社厅公布了2018~2019年度广东省节能先进集体名单。光华科技以其在节能环保、绿色智能制造、循环经济等方面的领先优势，获得"2018~2019年度广东省节能先进集体"的殊荣。在绿色生产方面，光华科技更是被国家工信部授予"全国绿色工厂"称号，成为引领行业绿色发展与节能减排的示范样本。未来，光华科技将坚持"高效、绿色、循环、低碳"的发展道路，坚持"科技创新"和"绿色经济"的理念，推动循环经济发展。

（二）借助核心技术优势，布局新能源材料生产

中国新能源产业空前发展，带动上游的锂电产业高速腾飞，不仅在国内开花结果，还领跑全球动力电池市场，是近年来的高景气赛道。光华科技依托核心技术优势，在电子化学品的合成、分离、提纯等领域积累了成熟的应用经验，从2011年开始，在新能源材料制备、锂离子电池状态评估、主动均衡、拆解与回收、修复与再生等方面取得了重要进展。经过十余载历练，光华科技已经成长为优质的新能源材料供应商，打造了一条年产14000吨磷酸铁锂正极材料及14000吨磷酸铁锂的生产线。目前主要产品有磷酸铁锂、碳酸锂、磷酸铁，以及聚酯复合铜箔的特殊化学制品。光华科技拥有1.4万吨的磷酸铁锂正极材料和1.4万吨的磷酸铁锂前驱体产能。目前生产产品有磷酸铁锂、碳酸锂、磷酸铁、PET复合铜箔专用化学品等新能源材料。其中，光华科技生产的碳酸锂产品由电池回收加工制成，纯度和杂质含量等指标远高于行业标准；磷酸铁则采用纯铁工艺生产，拥有无副产品、工艺废水零排放、低耗能、原料来源宽广、产品一致性高、磁性物质低、指标可控、适合大工业化生产等亮点。磷酸铁是制备磷酸铁锂的关键原料，但随着下游需求的迅速增长，其产量也出现了明显的缺口。光华科技在汕头市投资2.47亿元，建立了一项年产3.6万吨磷酸锰锂和磷酸铁正极材料的生产项目，主要包括新建材料合成线、闪蒸、窑炉、机械粉碎系统、输送系统等，主要产品为磷酸铁、磷酸锰铁锂及其前驱体。

在锂电产业链上，铜箔是锂电池材料中的重要载体。在制造成本上，虽然铜箔的整体占比不高，却是控制锂电池综合性能的核心部件。为提升锂电

池的总体性能，光华科技积极动员内部研发团队开展实验与测试，最终用PET材料取代传统铜箔中的部分铜，大幅降低了过去近乎百分百纯铜制造的成本，提高了电池产品的安全性。目前，光华科技已具备PET铜箔整体定制化的服务解决能力，与国内优质的铜箔生产商建立了合作伙伴关系，为其产业化助力增效。

（三）布局废旧锂电回收，打造第二成长曲线

随着新能源汽车行业的规模化、高质化发展，如何处置废旧动力锂电池已成为亟待解决的问题。废弃锂电池中含有多种危险废弃物，安全回收势在必行。光华科技作为广东省首家符合《新能源汽车废旧动力蓄电池综合利用行业规范条件》的"白名单"企业，不仅彰显了企业自身强劲的技术创新能力，更为广东省新能源汽车产业链的闭环化建设提供了有力支撑。

在"梯次利用"方面，光华科技在锂电池的状态评估、主动平衡、拆解和回收、修复和再生等方面，已经拥有了自主核心技术，并吸引了中国松下、松下四维、奥动新能源、地上铁等行业龙头企业以及多家国际知名车企开展实质性的战略合作或商业合作，通过上下游产业的合作共赢、资源互补，共同树立电池回收与循环经济的典范。

在回收再生领域，光华科技研发出"电池精拆—极板分离—极粉分离"的新流程，已形成年精拆40000吨的能力；在三元和磷酸铁锂废旧动力电池的再生与循环方面取得广东省科学技术成果，并被评为"整体技术处于世界前列水平"，实现镍钴锰回收率达99%，铁、磷回收率达98%，石墨回收率达98.5%，锂综合回收率达95%以上。光华科技通过提高资源回收率，最大限度地保护了生态环境，对新能源行业的可持续发展起到了巨大的推动作用。

在研究能力开发上，光华科技始终坚持产学研相结合的发展模式，并在国内外广泛进行技术交流和合作。2003年，我国第一个电池回收利用相关的国家自然科学基金项目交由北京科技大学进行研究。2017年，光华科技与北京科技大学启动了产学研合作。2019年，双方协同产业链上各相关企

业共同实施"第一个废旧锂电池再生"重大研究计划。据悉，双方共同研发的废弃锂电池中关于多元素高效回收与无害化处理的关键技术已实现了成果转化，并已取得 15 项国家发明专利，发表了 20 多篇关于废旧锂电池的文章（包括 10 篇中国科学院一区的 SCI 文章，综合影响因子为 105，两篇文章被选为《绿色化学》的封面文章，并获评中国有色金属协会优秀论文一等奖）。

光华科技在汕头已实现年处理量为 10000 吨废旧锂电池的产能，在珠海市则已实现年处理量为 60000 吨退役锂电池梯级利用和拆解分类的产能，形成了一套成熟且可推广的产业化模型，为粤东新能源行业的绿色转型升级、粤港澳大湾区废旧动力电池的循环利用提供了技术支持，并将逐步向全国推广。

四 光华科技绿色发展的经营启示

光华科技一直致力于研发、生产、销售高性能电子化学品、高品质化学试剂与新能源材料和退役动力电池梯次利用，在专业化学品领域精耕细作了四十多年，发展成为龙头企业，为国家攻关"卡脖子"难题，在绿色发展道路上行稳致远。光华科技的绿色发展经验可总结为如下几条。

（一）坚定绿色低碳的企业发展观

一方面，光华科技拥有高度自觉的环保意识，紧跟全球绿色化浪潮，积极履行企业责任。伴随全球变暖，绿色低碳成为人类的共识，作为化学专用品企业，环保低碳生产责任更为重大，光华科技勇扛肩上绿色责任，自创立以来一直以科研创新觅求最优的绿色环保方案，致力于成为环境友好型企业，最大程度上减少生产带来的环境负担。另一方面，光华科技倡议并践行绿色生产。面对国家转向绿色生产、高端制造的重要转型期，光华科技坚定不移地走可持续的绿色发展之路，不断地用高新科技来支持企业的绿色发展，生产环保低碳的专用化学品，解决业内的绿色清洁难题，探索绿色产品生产和退役动力电池回收处理等。一直以来光华科技追求高质量发展，在开展高质量专用化学品生产的同时，充分利用内部研发体系，通过替换有害元素、改良产品生产配方，生产了一系列的环保型电子化学品、化学试剂。光华科技把绿色基因注入产品，不仅有效提升产品品质，而且积极履行社会责任，实现节能减排、减废，大大推动了 PCB 行业的绿色生产。得益于自身专用化学品的技术经验积累，光华科技乘坐科技快车，踏入了新能源领域，近年来加强退役电池梯次利用的研究，携手多家新能源车企跑赢绿色发展的"最后一公里"。

（二）重视科技创新，加大科研投入，助力低碳环保发展

光华科技奋斗的步履布满了科技创新的征途，坚定秉持敢为人先的粤商精神，并充分聚合创新资源，在内部打造集聚化学人才的精英研发团队，在外部通过联合近 20 所高校院所开展产学研项目，将绿色研发新活力、新思路融入企业生产。创新是光华科技发展的最强动力，每年企业都会在研究和开发方面进行巨大的投资，以不断完善自身的研究和开发系统。企业高水平的技术研发团队不仅取得了丰富的成果，还攻坚了行业痛点。光华科技总是擅长厚植人才沃土，除了在内部培育精英研发团队，还在社会上积极与高校开展产学研项目，并与产业链上下游企业进行合作，共同推动绿色低碳发展，充分联动校企合作向社会释放绿色能量。未来，光华科技仍将协同多方在新绿色材料开发、人才引进和培养方面深耕细作，以科研创新力量推动高端专用化学品及退役电池回收等领域高质量发展，为科技强国贡献力量。

（三）培养敏锐的市场反应力

塑造动态思维能力。从上述案例不难发现，光华科技对于市场和行业动向的敏锐观察能力。在重要的战略节点，光华科技总能洞察市场新缺口，紧抓机遇，开展新业务。以动力电池回收业务为例，通过细致观察行业动向，光华科技灵敏地捕捉到新能源车产业发展机遇。在分析内外部环境的基础上，光华科技作出进军新能源材料这一新领域的决策，随即利用自身深耕专

用化学品行业的技术积累，发展新能源原料和动力电池产业。经过多年的酝酿，光华科技的全资子公司珠海中力成为 2018 年第一批满足《新能源汽车废旧动力蓄电池综合利用行业规范条件》要求的公司，充分展示了"敢为天下先"的粤商形象。

（四）擅用自身优势，联动产业链上下游共同绿色前行

作为专用化学品的服务商，光华科技一直以来都致力于为世界提供高端的产品和服务，用先进优质的产品进军海外市场，以自主创新技术填补国内空白。光华科技着眼于提升整体供应链的竞争力和知名度，通过合作将新能源龙头企业纳入产业链，为宁德时代、国轩高科等供应高质量的电子化学品，从整体上提高供应链的实力。此外，光华科技以身作则，通过生产优质的绿色 PCB 电子化学品，在产业链上游打好绿色基础，为下游企业传递绿色能量，疏通绿色生产的脉络。此外，光华科技还积极解决 PCB 制造装备过程中化学品综合回收利用问题，为绿色产业链筑起坚实的围墙。

光华科技凭借"敢为人先"的创劲，着力攻克技术难关，勇攀科技高峰，助力建设全球领先科技强国。面对未来，光华科技将遇新发展阶段、建新发展格局，继续坚持绿色创新理念，以行业标兵的示范作用引领行业、联动产业链实现高质量发展。

民生类企业篇

第九章
广药集团：
为社会民生增添绿色"药"素

一 公司简介

（一）公司概况

广州医药集团有限公司（以下简称"广药集团"）是一家大型医药企业集团，主营中西成药、化学原料药及制剂、大健康产品、医疗器械、生物医药、医疗健康养生服务等医药相关的业务，涵盖了产品的研发、生产和销售。广药集团是广州市属第二大企业集团，拥有上市公司广州白云山医药集团股份有限公司及 30 家成员企业，旗下拥有的 12 家中医药企业中，有 10 家是百年老字号，占据全国医药行业老字号的半壁江山。其中，最亮眼的老字号莫过于冠有"全球最长寿药厂"之称的"陈李济"。除此之外，被誉为"凉茶始祖"的王老吉，还有"敬修堂""潘高寿""采芝林""何济公"等家喻户晓的中华老字号均是广药集团旗下品牌。

（二）公司实力与价值

广药集团实力雄厚，是全国最大制药工业企业，2021 年，公司首次入选《财富》杂志，成为全球首家以中医药为主业进入世界 500 强的企业。2022 年，在由英国品牌评估机构 Brand Finance 发布的全球最具价值医药品牌榜单中，广药集团跻身全球二十强名单。不止于此，广药集团还连续十年居全国制药工业百强榜榜首，在国企改革"双百企业"名单中也能看到广药的名字。广药集团能有如此雄厚的实力离不开其背后强大的"智囊团"，这支"智囊团"由 3 位诺贝尔奖得主、21 名国内院士专家和国医大师以及数百名博士及博士后组成。另外，广药在全国范围内拥有 10 家国家级科研机构、14 家省级企业技术中心、21 家省级工程技术中心，科研实力和创新能力不容小觑。正是由于在科研方面投入了大量资源和精力，广药集团才能屡获创新成果。广药已斩获国家技术发明二等奖、国家科技进步二等奖以及省部级科技奖励等多个奖项。2021 年，广药集团的星群夏桑菊、白云山大神口炎清、王老吉凉茶等 6 个项目入选国家级传统中药非物质文化遗产。可以看出，不管在商业、科技方面还是在文化方面，广药集团都积极、持续地向全国乃至全球输出南粤力量。

（三）四大板块三大业态的总体布局

目前，广药集团由"大南药""大健康""大商业""大医疗"四大业务板块构成。其中，"大南药"板块以医药制造为中心，下设中一药业、陈李济药厂、奇星药业等 10 多家中华老字号药企，负责中西制药，拥有从原料到成品的完整产业链，生产的医药产品上千种；"大健康"板块则是围绕保健食品、功能性饮品等健康产品，下设王老吉大健康、王老吉药业等公司，负责产品研发、生产与销售，明星产品王老吉凉茶便是出自其中；"大商业"板块聚焦医疗物资流通领域，主营业务包括医药产品、医疗器械等的批发、零售与进出口，旗下的医药公司、采芝林药业及医药进出口公司负责批发业务而"采芝林药业"、广州医药大药房、"健民"等药业连锁店开展线下零售业务；"大医疗"板块以白云山医疗健康产业公司为主体，通过投资、合资、合作等多种方式，重点发展医疗服务、中医养生和现代养老三大领域。"大医疗"板块已有的项目成果包括广州白云山医院、润康月子公司等。

作为龙头企业，广药集团对行业发展趋势有比较透彻的见解，结合近十年国内外的社会环境与行业态势，提出电子商务、资本财务、医疗器械三大新业态。在电子商务领域，公司积极探索"医药+互联网"的商业模式，与淘宝、天猫等大型电商平台开展合作，借助互联网龙头企业的影响力，布局线上销售网络。2016 年，广药白云山天猫旗舰店正式投入运营。另外，广药还尝试借用互联网渠道布局线上服务。2019 年，广药集团与阿里巴巴旗下的阿里健康签订战略合作意向，联手打造医药电商 O2O 模式，探索处方外流、线上医保支付等业务。在医疗器械领域，广药集团先是与美时医疗控股有限公司签署了合作意向书，共同打造拥有自主知识产权的高端医疗器械研发生产基地，随后又与奥咨达公司展开战略合作，共同建立国际医疗器械研发孵化产业平台。广药坚持引进前瞻性和引领性的高端医疗器械项目，争取让医疗器械这类战略性新兴产业能在广州形成优势集群。在资本财务领域上，广药集团不断深化国企股权改革，建立激励约束长效机制，既充分调动了员工的积极性和创造性，又保证了员工绩效与企业目标相一致，鼓励员工和企业朝着同一个方向努力、成长。

（四）加快中医药"走出去"步伐

除了充分布局国内"生产—销售"网络，广药集团还积极开拓海外市场，让优质中医药走出国门。比如，奇星药业研制的华佗再造丸，是首个获得国家科技进步奖的中成药，销往全球 29 个国家和地区，连续十多年居全国中成药出口第一名，并在韩国、新加坡、马来西亚、柬埔寨、越南等多个"一带一路"国家完成市场销售注册；701 跌打镇痛膏在加拿大市场颇为畅销；广东凉茶颗粒及小儿七星茶在马来西亚市场备受欢迎；王老吉凉茶的销售网络也已覆盖全球 100 多个国家和地区，在千万多个终端均有销售。经过不懈努力，广药集团用扎实、高品质的产品征服全球市场和消费者，推动中医药走向世界。

二　广药集团绿色转型发展的必由之路

（一）粗放式发展不可持续

工业革命以来，蒸汽机的使用促使生产力大大提高，尤其是拉动了以制造业为主的第二产业迅速腾飞，大规模生产的需求引发了对自然的过度开采，且生产活动对环境的影响日益提升。粗放式发展方式是以能源资源的高投入、高消耗为代价来拉动经济增长，长期将会对自然环境造成难以估量的影响。在如今的制造行业中，一些资源密集型产业和能源密集型产业仍属于"双高"（高耗能、高污染），不仅消耗大量的资源和能源，而且生产效率也不尽如人意。随着边际效益递减，这种发展模式也走到了尽头。如今，人们深刻地认识到粗放式发展的利大于弊，不仅污染环境，还引发温室效应，导致极端天气频发，严重威胁人类生存。2022 年，西欧地区遭遇暴雨、洪水席卷、北美地区因高温频发山火等都与气候变化有着莫大的关系，极端天气造成人员伤亡和经济损失。此外，粗放式发展会过度消耗资源，外加由地缘政治冲突等因素引起的能源价格过快上涨，制造业企业的经营成本增加，制约了企业发展和业绩增长。作为传统制药企业，广药集团曾是"双高"企业，旗下制药化工厂是能源消耗大户。能源价格飙升加剧了药企的生产成本压力，严重削弱了药企的市场竞争力。因此，为了实现可持续发展，广药集团应积极开展节能降耗相关工作，推进企业绿色低碳转型，在全球绿色浪潮中维持竞争优势和实力。

（二）广药的国企责任

1. 国企担当的必要性

自党的十八大以来，生态文明建设被纳入中国特色社会主义事业"五位一体"总体布局，上升到了前所未有的战略高度。要推进生态文明建设，绿色发展是必然要求。在绿色发展的众多内容中，碳达峰碳中和被视为重要的一环，其中，碳中和方面，国家、企业、个人应积极采取植树造林、节能减排等形式降低自身的二氧化碳或温室气体排放量，实现正负抵消，达到相对"零排放"。毋庸置疑，作为社会的一分子，企业组织必须积极承担相应的社会责任，在生产、运营、管理等方面完成绿色转型，助力国家实现"双碳"目标。作为国有经济的核心载体，国有企业代表的是国家和人民的利益，因此其履责要求也更高。多个关于国有企业改革发展的文件明确要求，国有企业要在经济建设、社会建设和环境保护中承担更多的责任，在绿色发展中发挥模范带头作用，让绿色成果更好地服务于社会民生。而作为全国规模最大的国资企业之一，广药集团无疑是国家和人民的重点关注对象，这也促使广药必须敢担当、有作为，在节能降耗、降污减排、环保工艺、公益活动等方面做出应有的成绩。人民健康是社会主义现代化的重要标志，只有当人民身体素质不断增强，身体健康变得普遍，一个民族才能够强大昌盛，一个国家才能繁荣富强。因此，作为负责任、有担当的药企，广药集团必须积极响应健康中国战略，深度参与健康中国行动，用实际行动守护人民健康，推进民族复兴，保障国家安全。

2. 高质量发展的重要性

高质量发展是新发展理念的升级，是创新成为第一动力、协调成为内生特点、绿色成为普遍形态、开放成为必由之路、共享成为根本目的的发展。高质量发展阐述了什么样的发展是新时代所需要的，是符合新时代特征的，是贴合新时代发展趋势的，其内涵是一种全面、协调、可持续、科学的发展观。高质量发展为医药行业的转变指明了方向，政府也就医药行业的高质量发展出台了相关文件进行规划和指导。在绿色生产方面，《推动原料药产业绿色发展的指导意见》指出，要加快绿色生产技术应用与替代，建立并推行绿色生产标准，进一步提高清洁生产水平，逐步降低能耗与污染物排放，推动绿色环保原料药集中生产基地建设；在自主创新方面，《"十四五"生物经济发展规划》强调，要顺应"追求产能产效"转向"坚持生态优先"的新趋势，发展面向绿色低碳的生物质替代应用，满足人民群众对生产方式更可持续的新期待。同时生物医药、生物医学工程等新兴产业要实现高水平科技自立自强，提供保障人民生命健康的生物医药；在发展模式方面，《关于促进医药产业健康发展的指导意见》提出，坚持产业集聚、绿色发展，推行企业循环式生产、产业循环式组合、园区循环式改造，促进医药产业绿色改造升级和绿色安全发展。在政策文件的指引下，下一阶段，广药计划在绿色生产层面、自主创新层面和发展模式层面进一步贯彻绿色低碳环保理念，推动中医药事业和产业的高质量发展，并将全力打造独具产业特色、文化鲜明的世界一流的生物医药与健康企业。

广药集团的企业文化核心是企业需要心系社会、反哺社会，社会才会让企业受益。这很好地诠释了广药的国企担当，也决定了其将继续发挥国企的先锋作用，贯彻落实高质量发展理念，坚定不移地走绿色低碳转型之路，为国家做贡献，为行业立榜样，为人民谋福祉。

（三）数字经济时代对粤商提出新挑战

作为中国改革开放的前沿阵地，广东省高居全国经济榜首，是全国最富裕的省份。改革开放给广东人带来了翻天覆地的变化，因改革开放而发家的人很多，许多商界领袖都是在改革开放初期下海经商的那一批人。但在改革开放初期，营商环境存在极大的不确定性和风险，一方面是信息闭塞加上市场经验欠缺，导致企业沟通和调研成本极大，另一方面是广东作为改革开放的试验田，随时有政策调整和改变的风险。身处机会与风险并存的年代，粤商们并没有迷茫或犹豫，而是敢为天下先，迅速抓住机遇，迎难而上，以超常的智慧和勇气在前沿阵地闯出一条新路，创造了举世瞩目的广东奇迹。改革开放以来，广东经济总量30多年蝉联全国冠军，也铸就了新时代的粤商精神——"敢为人先、务实开放、崇信守法、爱国奉献"。在新时代粤商精神的熏陶下，新粤商代表广药集团董事长李楚源带领集团改革创新，砥砺前行，并于2017年实现销售收入突破千亿元的目标。同年，广药集团及旗下白云山中一药业入选"广东省企业文化建设综合竞争力百强企业"，集团董事长李楚源获得"广东省十大新粤商"称号。如今，中国特色社会主义进入新时代，企业面对外部的市场竞争和内部的经营管理时有转型升级和可持续发展的压力。近年来，中央提出"美丽中国"的建设规划，进一步将生态文明建设上升到新高度，绿色发展也成为新时代企业运营管理、社会履责的重要方面。广药想要获得长远的发展，就必须充分地将绿色发展纳入公司战略规划，积极推动绿色低碳转型，完成新时代赋予的新使命、新任务。身为改革开放的亲历者和佼佼者，广药应继续发扬改革创新、包容开放的精神，在新旧时代交替的路口要敢于先试先行，在管理、企业文化理念和技术工艺等方面下功夫，通过绿色技术的引进和自主创新，突破集团面临的"双高"限制。作为行业标杆，广药应继续发挥表率作用，走在科技和环保前沿，突破绿色技术瓶颈，作出绿色环保贡献。另外还应发动旗下企业积极采取各类改革措施，严格控制能源消耗，减少污染物的产生，总结普适性绿色管理模式经验，带领行业实现绿色、可持续发展。

三　广药集团绿色转型的探索与发展

（一）广药集团绿色转型的早期探索

作为最先提倡"绿色低碳节能生产"的医药企业之一，广药集团是绿色健康产业的参与者，不仅把"节能、降耗、减排"列为生产目标，更把"绿色低碳"作为企业履行社会责任的一部分融入生产管理的各环节，打造"低碳制造"的绿色药企。"十一五"期间，广药集团在清洁生产节能减排方面开展了清洁能源改造、锅炉燃气技术改造、锅炉尾气余热回收改造、变压器减容工程、纯化水的淡水及中水回用、车间蒸汽系统及空调系统节电改造、太阳能热水系统等技改项目，2010年的万元产值标煤能耗指标同比下降了4.79%。企业在减少资源及能源消耗的同时，严格把关污染物、有害物质的排放，取得了显著的经济、社会及环境效益。广药集团仍将一如既往地积极履行社会责任，结合生物医药产业城建设，通过科学规划、采用新技术、创新运行模式，大力推进节能环保，向广大消费者提供绿色环保医药产品及大健康服务，为广药集团实施"大南药"战略注入绿色环保的发展活力，实行节能、减排、高效、低耗的发展模式。

（二）广药绿色转型的拓展

通过前几年的管理实践，广药集团尝到了绿色低碳节能生产带来的甜头，也验证了绿色发展之路的可行性。因此，公司在原有的基础上，进一步深化绿色转型，从源头种植到生产车间实现全过程绿色制造。

加快绿色无污染种植。广药集团从原材料种植入手，建设中药材 GAP 种植基地以及 50 个中药材规范化种植基地，用于培育中成药产品所需的原料。基地采用规范化、绿色化种植方式，在中药材的种植和采集过程中充分体现着对生态环境的保护，尽量避免对生物多样性产生负面影响。基地还配置水蓄冷、温湿分控等节能设施以降低种植周期的能耗。广药集团致力于提供纯天然、无公害、零污染的植物原料，规划斥资 18 亿元打造更为智能、绿色的生产总部用于原料种植，从源头上提质增效，保证产品质量。

深化绿色低碳生产。广州白云山中一药业有限公司是隶属广药集团旗下的制药企业。中一药业将绿色理念融入生产制造流程，做到低碳节能生产。在制药生产线上，2011~2015 年，中一药业总共投入 1500 万元用于药厂生产线技术改造，购置性能更优的粉尘处理设施和活水设施，进一步提升生产线质量标准，严抓产品质量。在药品包装厂房，中一药业杜绝"黑脏乱"制药手工作坊，坚决采用自动化的生产线提高生产效率和改善生产环境。目前，药厂通过技术改造已基本实现生产线自动化全覆盖，不仅人力成本较以往节省了一半，还大幅降低了制药粉尘污染和用电消耗。在技术处理方面，中一药业坚持绿色技术优先，先后采用了冷凝水回用、锅炉清洁能源改造、光伏发电等环保节能技术赋能绿色生产。其中，冷凝水回用系统通过将高温冷凝水余热进行再利用，实现节约蒸汽 30%，节约天然气 38000Nm^3；锅炉烟气余热回收节能减排改造项目通过对两台 4t/h 的燃气锅炉的高温烟气进行余热回收，提高了锅炉热效率的同时，减少了碳排放，每年节约天然气 80727Nm^3，减碳 134.998t/a。

通过对绿色环保技术的改造升级，白云山中一药业获得较好的经济效益的同时，也取得了不错的环境效益——2016 年上半年万元产值综合能耗为 0.0203 吨，呈现逐年下降趋势。通过采取一系列绿色举措，中一药业先后获得"广东省清洁生产企业""广州市首批清洁生产优秀企业""广州市环保友好企业"等荣誉称号。

（三）广药白云山节能减排新举措

广药白云山是广药集团旗下的制药总厂，负责统领和管理集团的制药业务。近年来，国家对企业能耗和污染物排放情况高度重视，社会对企业的绿色生产和环境保护也愈加关注。作为国有企业，白云山严格遵照相关法律法规、政策文件，从节能减排、废气处理与排放、环境保护三方面认真落实节能环保等相关文件要求。

在节能减排上，白云山的绿色举措主要有：一是加大清洁能源的使用力度。比如在用能方面，工厂购入 8845.94 吨蒸汽清洁能源取代生物质锅炉，每吨蒸汽可替代 2.8 立方米的天然气，可减少 15.7 元的成本，每年大约能为工厂节省 92 万元的耗能成本。二是改造和使用节能设备。2019 年，工厂对离心式冷水机组进行改造，在改造中增加了一台 400RT 磁悬浮变频离心冷水机组，实现制冷系统节能降耗，预计年均节约用电约 452704 千瓦时，按目前用电量每度 0.8 元/千瓦时计算，一年可节约电费约 362163 元，取得了提高效能、降低能耗的环境效益。

在废气处理与排放上，白云山严格按照国家相关规定，对各企业生产制造和办公服务环节中所产生的大气污染物进行全面梳理和盘点，对排放量超标的企业进行批评教育与指导改正，对减排成绩优异的企业实施表扬与激励，且鼓励各企业创新技术手段和管理方法，降低各类危险废物的排放，共同努力完成减排目标。2017~2019 年，白云山氮氧化物以及二氧化硫的排放量显著下降，氮氧化物排放量从 24.59 吨下降至 15.72 吨，二氧化硫排放量从 7.44 吨下降至 3.45 吨。

在环境保护上，白云山十分重视材料的循环重复利用。以包装材料为例，为缩减包装成本，企业一般使用塑料、纸皮等低廉的材料，会对环境造成巨大负担。白云山提倡资源的循环利用，在产品设计环节最大限度地节约包装材料、在生产环节循环利用回收的材料，减少产品包装材料过度使用，降低资源消耗及环境影响。另外，白云山热衷于公众环保教育活动，开展"做好垃圾分类 环保低碳促健康"公益宣讲活动，普及"垃圾分类"知识，鼓励广大市民通过垃圾分类管理，最大限度地实现垃圾资源利用，减少垃圾处置量，改善生存环境质量。

截至 2019 年，白云山各企业节能专项资金总投入超过 3000 万元，节能培训累计 22 次，中一药业、天心药业、星群药业等五家白云山子公司均获得"国家级绿色工厂"称号。

（四）王老吉的绿色制造之路——建造绿色智能化工厂

广州王老吉药业股份有限公司（以下简称"王老吉"）是推进广药大健康战略的重要支柱企业，一直以来，王老吉专注于中成药和健康食品的生产，致力于构建绿色环保的产业生态，引领行业走上一条科学、环保的发展之路。

王老吉认真探索绿色生产模式，立志做绿色制造先行者。在"绿色中国"战略的引领下，公司以人民健康为中心，以绿色技术为保障，从生产、药材种植、产品包装和仓储物流等方面实施低碳技术改造，致力于成为绿色、环保、友好的健康产品供应商。在产品的各个生产环节，公司围绕质量安全、环境友好、节能高效三部分建立生产评价标准，积极探索可量化、可评估的绿色生产模式。在药材种植上，公司实施田间管理与生态环境建设，通过建立药材种植质量管控体系促进农户科学规范种植，规避种植过程对环境及药材产生不良影响。在生产加工上，公司采用浓缩膜工艺优化、CIP 系统节水节能、蒸汽系统节能改造、提取液热能回收等技术充分提高资源可利用率，实现节能重复生产。在产品包装上，公司发起包装"绿色革命"，通过外包装轻量化、包装罐去除白可丁等一系列措施降低一次性包装对环境的影响，同时推出更为环保的可再生包装材料，加大包装的循环使用力度。在仓储物流环节，公司以互联网技术为核心，搭建了集仓储、物流、销售于一体的高效数字平台，借助信息技术低延时、可共享的优势，实现以更少资源达到更高配送效率，减少资源浪费和二氧化碳排放对环境的影响。

王老吉通过持之以恒的实践与检验，不断开展新技术引用、技术磨合、技术修正等一系列工程，从而实现生产模式的创新再升级，推动绿色制造水平持续提高，给整个行业打造了一套可参考可复制的绿色高质量发展模板。在王老吉的引领下，《凉茶植物饮料绿色设计产品评价技术规范》《凉茶植物饮料绿色产品碳/水足迹核算制定绿色设计标准方法》等评价体系先后确立，带动了整个凉茶行业的绿色化、规范化发展。

四 绿色数字互联，打造产业新模式

（一）全面推进数字化转型——打造"元宇宙"广药

随着数字经济不断发展，数据已经渗透至各行各业生产经营活动的各个方面，数字产业化和产业数字化逐渐成为新时代经济发展的新模式。在这种背景下，广药集团认识到数字化转型是企业未来生存发展的必由之路，必须主动拥抱数字经济，推广数字技术应用。为此，2022 年 3 月，数字化转型推进大会在集团内部召开，企业高层就数字化转型展开研究与讨论，经过多方商议，最终提出"元宇宙广药"战略，并成立广药数字经济研究院和广药数字化转型俱乐部。广药坚持"统筹规划、分步实施""集中+分散"两项重要原则，着手技术基础、风控体系、执行及资源三项保障，致力于让数据信息从中药材溯源到智能化生产、从智慧物流到产品销售服务均可顺畅流通、聚合、反馈，推动产业链数字化全覆盖，打造数智广药。

广药集团积极响应《"十四五"数字经济发展规划》，全力打造企业数字经济新优势，形成集团数字化运营新常态。而要打造"元宇宙广药"，核心就是资源整合，通过统筹规划，集中与分散并序，全面推进业务数字化、管理数字化、决策数字化、运营数字化四大工程。业务数字化是运用工业互联网进行业务整合，借助信息技术打通研发、采购、生产、营销、售后、品牌运营等业务流程，再在各个环节进行数字化的业务创新；管理数字化，即用数字技术赋能管理实践，通过建立管理数字化平台以达到优化管控、资源整合等效果；决策数字化则是利用大数据决策平台，充分挖掘信息资源，针对关键指标重点分析，参考历史数据，最终生成最优决策方案；运营数字化，即整合各大业务板块的数据，利用数据优势进行跨领域合作，依托大数据技术实行社区营销。

在全面数字化转型过程中，广药集团在物流、生产及销售、智能化制造和营销等方面取得了不错的成绩。在医药商业物流领域，广药基于战略目标明确了转战略、转能力、转技术、转业务、转管理的数字化转型五大任务，并整合资源优势和平台优势全力建设智慧物流、S2B2C（供应商——企业——消费者）、卓越运营、基础管理和创新科技五大工程，推动向数字化物流转型升级。在中药材生产及销售领域，一方面探索数字追溯技术在中药材领域的应用，尝试利用信息的可追溯性实现大宗中药材从生产至销售的全过程监控管理；另一方面创新打造中药智能服务，推出面向下游经销商的云药房、面对终端消费者的代煎代配等"互联网+"业务，让生产及销售以数字化新形态更好地服务于用户。在智能化制造领域，白云山中一药业搭建数字化车间，淘汰传统车间的管理模式，从工艺设计到生产过程、车间管理、仓储物料管理、销售等全面实现智能化管理；在数字化营销方面，王老吉搭建大数据平台，实施"超吉+"数字营销，推出定制化服务，开创饮料行业 C2M 个性化模式。例如王老吉姓氏图腾罐很好地将百家姓文化与个性化需求相结合，切合了现代年轻人的消费观与价值观，获得了良好的市场反响。

（二）数字化赋能过期药回收活动

除了各大工程板块的数字化升级外，广药还进一步加快数字成果转化，强化数字技术应用。在 2022 年 3 月集团召开的数字化转型推进大会上，企业高层一致决定运用数字化技术赋能公益活动，助力"过期药品回收活动"更好地回馈社会。作为极具广药特色的便民利民活动，"家庭过期药品回收活动"至今已连续举办 20 年之久，2022 年受新冠疫情的影响，广药白云山采用线上的方式回收过期药，让全国消费者足不出户就能享受到便利的服务。旗下采芝林、健民药店等线下网点开展了为期 7 天的家庭过期药品回收活动。在活动期间内，全国消费者可以登录广药白云山天猫、京东旗舰店，联系店铺客服将家庭过期药品快递到指定地点。待收到过期药后，店铺会在 3 个工作日内向消费者发放优惠券，消费者可凭此券在店内消费时享受满减优惠。而回收后的过期药品，将会被运至处理点统一销毁，防止过期药物危害人体安全和污染环境。此次活动首次引入"元宇宙"概念，通过建立交互式平台，提供过期药回收、销毁全过程的沉浸式体验，帮助市民了解回收活动的意义。同时广药还在抖音发起了"广药白云山家庭过期药回收挑战赛"，用新玩法推广药品回收理念，潜移默化地增强民众环保意识。广药白云山还创造性地将数字货币应用和过期药回收相结合，通过与中国银行广州荔湾支行进行战略合作签约，结合中国联通领先的5G通信技术，把数字货币模式植入家庭过期药品回收终端机，市民可以在终端机上自助进行过期药销毁流程，完成后便能领取消费券或等额的数字货币。这一举措不仅提高了数字货币的认知度，还推动了数字货币在低碳消费场景的使用，更是创新绿色金融渠道的有益尝试。

目前，在数字技术的加持下，该活动的回收网络从城市扩大至农村地区，从线下延伸至线上，从现实世界拓展至"元宇宙"，给6亿多人带去了实质性的福利，让传统活动焕发新活力。

（三）王老吉大健康绿色数字再升级

1. 王老吉旗舰工厂落地，为绿色产能升级提供有力支撑

经过前期的铺垫和积累，王老吉在绿色生产方面取得了喜人的成绩，获得了阶段性成果。随着大健康战略的持续推进，食品工业和保健品产业也迎来了发展的新阶段。为实现产能提速升级、继续保持竞争优势，王老吉进一步完善产业布局体系，投资数亿元全力打造有史以来最大的凉茶生产旗舰工厂——南沙基地。目前，基地已建成2条罐装自动化生产线，单线每小时可完成3.6万罐组装量，年总产量预计可达1800万标箱，基本可以解决华南地区罐装凉茶的自主供应问题。除此之外，王老吉大健康研究院总院也将迁入南沙基地，负责凉茶生产技术研发以及人才队伍培养工作，将为南沙基地输送大批高素质人才并提供强有力的技术支撑。南沙基地的建设是王老吉整体产业布局中的关键一步，对于公司今后的发展具有重要的战略意义，除了进一步提高王老吉生产水平和供给能力外，也将大大促进王老吉在粤港澳大湾区的区域化发展，为王老吉实现国际化发展提供有力支持。

2. 打造吉文化基地，用元宇宙开展年轻化的数字营销

由于时代更迭和人口结构发生变化，"Z 世代"迅速崛起并成为国内市场的消费主力军，受到了众多企业的关注与重视。"Z 世代"的消费力、接受能力强，但同时注重自我表达、追求个性。如何与年轻人对话和沟通是企业需要考虑的问题。近年来，王老吉也一直在品牌年轻化和数字化上进行开拓与尝试，希望能与千禧一代建立文化交流渠道。在不断的尝试和探索下，王老吉锚定当下大热的"元宇宙"，试图通过虚拟技术构建公司与年轻人之间的交互平台。

2022 年 3 月，在"王老吉年轻化项目"活动期间王老吉与 Highstreet World 正式签约，拟在该虚拟空间置地开建吉文化基地，注入与吉文化相关的内容和产品，与年轻人分享企业文化特色。Highstreet 是建立在区块链上，专为"商业"目的打造的元宇宙。该空间结合了 VR 技术，提供了一个沉浸式的虚拟世界。在这里，每个区域都包含用户的房屋及地产，人们可以选择购物、探索世界、边玩边赚等。吉文化的商业思路是利用数字化新形式对王老吉文化内容进行加工和包装，借助元宇宙、区块链等数字科技创新文化传承和传播方式，利用有趣、新奇的数字文化吸引年轻消费群体。

在虎年新春之际，王老吉还推出头像数字藏品"吉虎"，该藏品形象为戴着中国传统头饰虎头帽的 IP 人物小吉，手持十二星座象形物。头像在区块链上拥有唯一的标识和权属信息，不能被盗用，用户一旦获得就相当于拥有了一份独一无二且无法同质化的数字资产。

除此之外，王老吉还与微博签约赞助北京 WB 王者荣耀战队，出战王者荣耀微博杯。王老吉将联动微博战队、赛事、草根的电竞全生态营销，通过战队合作进行电竞资产占位，通过赛事释放品牌影响力，进行电竞营销。

王老吉深入挖掘"吉文化"内涵，以文化开路探索元宇宙，并积极寻求与年轻人的契合点，直接触达年轻消费群体。在年轻化的创新思维下，王老吉不断推动传统文化与现代科技融合，为老字号品牌焕发新活力提供了示范样本。

五　案例总结与启示

在人类命运共同体的大背景之下，各方积极采取措施，为世界环保事业贡献应有的力量。作为世界 500 强，广药集团紧跟国家生态文明建设步伐，秉持人与自然和谐共生的生态观，努力探索绿色智能的转型之路。总的来说，广药集团绿色发展的成功经验可以归类为以下几点。

（一）加强环境保护，节能低碳生产

广药集团每年都将千万元级别的环保专项经费用于升级改造工厂设备，减少生产对环境的污染。在绿色转型的早期，广药淘汰了一批高耗能、高污染的机器设备，开展了一系列节能减排的技术升级改造项目，逐年降低企业能耗，也为企业节省了生产成本。在中期，广药不惜下重金打造自动化绿色工厂和智能化绿色生产基地，更新绿色环保设备，引进或自主创新绿色技术和环保工艺，不仅提升了产能，还协同改善了环境和提升了就业水平，取得了一举多得的成就。除此之外，广药还积极带领公司职工参加植树造林等公益活动，切实增强广大职工的环保意识，为碳中和事业贡献一份力量，共同努力建设美丽中国。

（二）福利回馈人民，爱心奉献社会

作为国资企业，广药集团有着独特的企业使命和社会责任，并且努力把这份使命与责任传承下去。"广药白云山，爱心满人间"是全体广药人一致认可且共同遵循的企业理念。广药集团通过开展公益志愿活动，培养广药人的责任意识与奉献精神，鼓励员工投身社会公益活动，用实际行动为社会贡献自己的力量。比如，广药每年都会举办免费回收家庭过期药活动，采用过期药换优惠券的方式，统一回收家庭过期药物并进行销毁。过期药品其实是一种危险废物，不仅会失去药效，如若随意弃置还会对环境造成污染。过期药品回收活动既高效地解决了过期药物回收处置问题，又将福利以优惠券的方式回馈给消费者，还保护环境免受化学药物污染，可谓是达到了"一箭三雕"的效果。截至2023年，该活动连续开办了20年，成为广药集团的特色传统活动。正如董事长李楚源所说，只有当企业让社会受益，企业才能受益于社会。广药集团积极参与扶贫工作，在贫困山区建立工厂，为贫困人员提供就业岗位，助力国家打赢脱贫攻坚战。广药积极探索形成可复制、可持续的产业造血式扶贫模式，在贵州黔南、广东梅州及四川等地建设绿色生产基地，结合当地资源优势，为广药产品提供绿色环保的原料，同时带动当地贫困人口就业，把环境效益和经济效益、社会效益协同起来，推动企业"绿色转型"。

（三）务实创新进取，争当行业标杆

2022年，受新冠疫情影响，许多制造企业破产倒闭，而广药集团却能出乎意料地保持效益稳步增长：主营业务收入同比增长5%，利润总额同比增长10%，创下了骄人的业绩。广药之所以能在经济下行的大环境下脱颖而出，背后离不开科研团队的辛勤付出，围绕药物创新研发，提高药效、削减副作用，攻克高端药物技术难关，研制新型药，满足疑难杂症的治疗需求。2021年是广药的丰收年，"经典名方制剂小柴胡颗粒质量与药效再评价关键技术研究及产业化推广应用"项目获得中国产学研合作创新成果奖二等奖；"中成药大品种复方丹参片质量控制体系创立及应用"荣获2021年度广东省精准医学科技创新奖一等奖，这充分证明广药集团的医药创新能力与研发实力。未来，广药将继续加大科研投入，坚持为广大患者提供更优质的药品，持续发挥业界龙头的示范作用，携手同行伙伴，共同推动卫生健康现代化。

（四）与时代同行，紧跟数字化潮流

2022年，广药紧跟国家"十四五"时期数字经济发展步伐，创造性地提出"元宇宙广药"战略，围绕总目标制定了一系列的战略规划与实施步骤，并整合公司资源和调整公司结构为实现"元宇宙"目标而努力。"元宇

宙广药"对于广药集团而言，并不是一时兴起、侃侃而谈的"假大空"概念，而是有规划、有布局、有成果的战略目标。通过上述案例可知，广药通过短短几年时间，就已运用数字技术在绿色生产、公益活动、营销宣传方面取得累累硕果，充分证实了其坚定走绿色数字化道路的决心。随着数字化进程的推进，未来广药将运用数字化技术赋能更多的应用场景，继续推进企业数字经济发展，加快"数智广药"建设，同时为行业树立数字化转型的典范，提供具有参考价值的数字模式升级样本。

第十章
中国平安：数字化与绿色化双转型之路

一　公司简介

中国平安保险（集团）股份有限公司（以下简称"中国平安"），是中国首个股份制保险公司，于1988年在中国改革开放的先锋地——深圳蛇口成立，现已发展成为集金融保险、银行和投资等金融业务于一体的紧密化和多元化综合金融服务集团。中国平安分别于2004年6月和2007年3月在香港证交所主板和上海证交所两地上市，股票代码分别为02318和601318。

中国平安的经营业务遍及全国，其主营业务是提供多元化的金融产品及服务，以保险为主营业务，集保险、银行、证券、信托等多种金融服务于一体，是一家国内首屈一指的综合性金融服务企业。中国平安的经营范围包括平安人寿保险、平安财产保险、平安养老保险、平安健康保险、平安银行、平安信托、平安证券、平安资产管理及平安融资租赁等。公司致力于打造综合金融体系，以保险、银行、资产管理为三大金融业务，并以陆金所控股、金融壹账通、平安好医生、平安医保科技、汽车之家等公司为依托经营科技业务，以多元化的营销网络，为广大用户提供多元化的金融产品与服务。公司已累计获得科技专利46077项，在全球金融机构位居前列，其中发明专利申请量占比95%。截至2022年底，平安拥有2.27亿个人客户和6.93亿互联网用户，总资产突破10万亿元，规模位居全球保险集团第一，营业收入总额达到1.11万亿元，归属母公司股东的营运利润1483.65亿元；在《福布斯》全球"上市公司2000强"企业排名中，中国平安名列第17，在全球多元化保险集团中蝉联第一；在2022年度《财富》世界500强排行榜中，

172

中国平安排名第 25 位。

经过 30 多年的长足发展，平安已经从一家地方性财产保险公司发展成为国内外一流的科技型综合金融集团，聚焦"大金融资产"和"大医疗健康"两大产业，在人工智能、区块链、云计算、金融科技、医疗科技、智慧城市等方面都取得了佳绩。中国平安长期秉持"金融+科技"和"金融+生态"的发展战略，不断改革创新，拥抱变化。作为典型的粤商代表，中国平安的企业文化和精神充分体现了"敢为人先、务实进取、开放兼容、敬业奉献"的粤商精神：在中国改革开放的初期，敢于坚定做概念超前的商业保险业务，体现了"敢为人先"的粤商精神；从保险到综合金融再到金融科技，展示了中国平安"务实进取"的粤商精神；引入保诚的现代化精算系统、友邦集团的寿险营销体系、汇丰集团的综合金融后援集中平台、麦肯锡的 KPI 考核机制等方面，体现了"开放兼容"的粤商精神；创业初期员工不畏艰险跑客户，为做好业务天天加班，甚至直接睡在办公室，体现了"敬业奉献"的粤商精神。中国平安一路走来，与时俱进、勇于挑战、创新不止、基业长青，是新粤商的典范。

二　数字化转型之路的探索与发展

（一）中国平安的数字化历程

中国平安很早就提出了数字化概念。1988 年，中国平安用电脑出了第一份保单，随后建立了保单计算机管理系统，开发了相应的系统软件，并最终实现了保险业务的电脑化运营。集团董事长马明哲曾说，"我们公司以后要给每一个人都配上电脑"。对于新兴事物、科技创新，马总一向十分痴迷。他最喜欢做的是"从 0 到 1"的工作，想方设法地寻求突破，成功后又会继续寻找下一个目标，永不停歇。他高瞻远瞩的战略眼光、居安思危的忧患意识为平安日后进行数字化创新奠定了坚实的基础。

1997 年，平安实现了 IT 办公，平安的 IT 水平领先于国内同业。平安聘请全球管理咨询公司麦肯锡为其制定未来 3~5 年的 IT 技术发展规划，在数字化方面对标国际金融巨头。同时，中国平安开始以极具前瞻性的眼光谋划 IT 发展战略。2000 年中国平安建立了一站式综合理财网站 PA18（中国最早的金融电商平台），向客户提供互联网金融服务。PA18 高效地与平安的四大业务系统结合在了一起，针对性地满足客户的投资理财需求。客户不仅能通过 PA18 了解各种信息，如详尽的银行保险和理财产品的组合及介绍、股市行情、个股资料、市场分析及券商的调研报告等，还能够通过该网站进行账户查询、交易、银行转账、产品购买等。此外，PA18 还为客户提供各种网上通用功能，方便客户使用。但在那个年代，网络是很超前的事物，2000 年拥有电脑的家庭不多，网速也跟不上，导致 PA18 的访问量很低、交易量很小。不仅如此，当时人们还没有养成网络消费习惯，很多人都不会用电脑，就更别说上网消费了。经过一段时间的尝试后，中国平安终止了这个项目。PA18 的诞生是中国平安数字化转型的初步尝试，利用电子商务的方式为顾客提供更为便利、多元的综合性金融服务。

尽管 PA18 失败了，但中国平安并没有放弃数字化转型。随着千禧年互联网浪潮的来袭，董事长马明哲的危机感十足。在多次会议中，他向团队传达了"不变则死"的思想，敦促团队务实进取、改革创新。2003 年，中国平安完成了一系列 IT 平台系统改造，并完善了 IT 人员培养机制。随后十年，中国平安在互联网科技上不断加大投入，融入了许多科技元素，确立了"金融+科技"和"金融+生态"的新发展战略。中国平安慢慢从传统金融公司转变成互联网科技+金融集团，同时对标互联网大厂 BAT（百度、阿里巴巴、腾讯）。中国平安的数字化之路可以分为三个阶段：平安 1.0、平安 2.0、平安 3.0。平安 1.0 阶段主要经营传统金融业务，借助线上办公自动化系统，将业务流程集成在线上，让员工更高效地解决业务问题。平安 2.0 阶段将互联网科技与传统金融结合在一起，推出移动端 App，在全国各网点试水网销、电销平台，创造了新的营销渠道，让服务更加便利和高效。平安 3.0 阶段持续实施全面数字化战略，借助互联网科技、人工智能、大数据、区块链等尖端科技建立属于中国平安的金融科技生态圈，孵化了一些新业务、新公司，扩大商业版图。

董事长马明哲对公司的数字化转型工作非常关注，他曾经发表文章指出，数字技术是 21 世纪人类社会发展的根本，是人类认知水平与能力的一次飞跃性进步。数字技术不仅带来了技术变革，而且带来了认知变革。对于公司来说，数字化将会给公司的战略、组织、管理、运营、人才、服务等各方面带来巨大的思维方式和行业实践的系统性改变。

（二）中国平安数字化转型的必要性

2017 年，谷歌旗下 DeepMind 的人工智能机器人 Alphago 以绝对优势击败了世界围棋第一人中国柯洁九段。随后，中国掀起了一股研究人工智能的风潮，外界宣称这是中国人的"斯普特尼克时刻"。正是在这股人工智能之风的带动下，中国企业开始认识到数字化对自身发展的重要性。通过对算法的研究，机器的计算能力呈几何级数倍增。在大数据、云计算、5G 等新兴技术的加持下，自动驾驶、车联网、物联网等曾难以攻破的难题迎刃而解。

许多企业感到十分焦虑，在如今存量时代下，随着技术的更新，说不定在某个瞬间自己就被一个来自跨界的竞争对手替代了。中国平安也不例外，董事长马明哲表示时常战战兢兢，生怕一不小心就被甩在后面，被这个数字化时代淘汰了。为此，马总经常对团队强调数字化的重要性。在中国平安第 33 周年的致函中，马明哲对管理层详述了其对数字技术的认识和理解。数字化把人类认识客观世界、把握发展规律的能力提升到新的水平，是 21 世纪推动人类社会进步、提升生产力的基础工程。数字化转型不仅仅是对传统业务模式的简单改造和升级，更深刻地改变了人们的生产和生活方式。数字化转型是企业转型的必由之路，无论是传统产业还是新兴产业，都只有通过数字化转型才能实现发展和创新。

一般来讲，数字化有以下三大颠覆性特征。

一是具有颠覆性的运算功能。由于运算法则与硬件设备不断更新换代，机器的运算能力已大大超过了人类。在计算机的帮助下，人类可以轻易地解决大量的、非结构化的数据，还能研究涉及超大计算量的科研问题。比如，现阶段科学家已经可以使用计算机模拟湍流，建立大气湍流模型，为研究空气动力学难题提供支持。由此可见，人们能够对复杂的东西进行全面而深刻的分析，人类对客观事物的认识有了颠覆性的突破。二是具有颠覆性的认识方法。由于人工智能、算法深度学习等技术的突破，人类认识客观事物的方法已经悄悄发生转变。过去，人类通过观察、实验获得数据，并对数据加以分析得出相对主观的结论，这种认识事物的方法难以做到客观、全面和深入。而现在，机器依靠强大的算力和深度学习，可以代替人类在多个方面完成认识和实践。三是具有颠覆性的数据基础。随着大数据技术的发展，数据的"广度、宽度、深度"不断拓展，人类认知拥有了更深更广的数据基础。数字技术对我们的生活产生了巨大的影响。过去人们购物、阅读书籍都是在线下完成，而现在人们足不出户，动动手指就可以在手机上实现这一系列操作。

数字化正在颠覆世界，任何不跟随数字化浪潮进行自我革新的企业都会被时代无情地抛弃。企业发展如逆水行舟，不进则退，中国平安唯有不断地更新自己，拥抱时代变化，才能保持业内领头羊的地位。数字化时代的到来，也使得中国平安开始实施全方位的数字策略。董事长马明哲表示，全方位的数字化必然会在平安集团的可持续发展中起到"压舱石""领头雁"的作用。中国平安将紧跟时代的步伐，让科技引领创新发展，加强基础研究与应用科学研究，让数字化成为推动创新发展的引擎，坚定实行"金融+科技"和"金融+生态"的发展战略。

（三）综合金融的数字化推进

所谓综合金融就是指在监管部门的准许下，金融机构同时经营银行、证券、保险等两项以上的金融业务。早在1992年，中国平安就提出以经营保险业为主，同时构建投资、融资、证券、租赁、实业一体化综合金融公司的设想。于是，平安人寿保险公司于1993年在深圳设立。平安证券有限责任公司于1995年成立，次年就收购了中国工商银行珠江三角洲金融信托联合公司，拿到了信托牌照，并于2002年登记注册了平安信托。此外，平安于

2003 年持有福建亚洲银行 50% 的股份，福建亚洲银行正式改名"平安银行"。从保险业务到证券信托再到银行业务，中国平安的综合金融战略层层推进，通过外延式并购迅速地攻城略地。

中国平安综合金融策略的成功实施，离不开数字化的推进。综合金融服务的核心在于每位顾客可以仅用一个账号购买多种产品，并享受一体化服务。为使顾客获得最佳的服务体验，中国平安加强了互联网科技研发力度。随着科技的不断发展，移动互联网、云计算、人脸识别技术、大数据分析和人工智能技术等相继出现，中国平安的各项金融业务从线下转至线上、从线上转至移动端，并在移动端实现智能化、智慧化。以往，客户要跑到线下网点才能投保和交易股票证券，现在只需通过手机 App 就能够轻松地完成一切操作，大大提升了客户的体验感。

数字化对中国平安的影响是颠覆性的，体现在平安产险、平安寿险、平安银行、平安证券、平安信托和平安金服等平安旗下的各子公司。

平安产险通过数字化转型实现了智能投保、智能作业、智能单证识别和智能闪赔四个方面的服务。其中，智能投保能够根据客户需求定制投保方案，大大缩短出单时间；智能作业通过无纸化流程实现高效承保；智能单证识别通过免人工录入和分类实现承保、理赔等环节的快速处理；智能闪赔则通过 AI 图片识别技术和大数据分析技术的协助，实现汽车 15 个外观的秒级定损，准确率高达 90%。数字化转型使得平安产险 90% 的流程可以在线上实现，结合对外服务模式及内部管理机制的变化，实现省时、省心又省钱的极致化服务体验。

平安寿险打造 AI+代理人模式，更好地通过提高销售人员的工作标准和服务技巧来增加销售业绩。AI+代理人模式是运用 AI 技术解决以下五大业务场景中所遇到的问题，包括代理人招募、培训、管理、销售和服务。借助 AI 技术，平安开发了三款数字化工具，分别是代理人智能助理 AskBob、平安金管家 App、"口袋 E" App。智能助理 AskBob 则是平安集团研发的人工智能机器人，能在代理人拜访客户前，为代理人准备详尽的客户资料、购买的历史产品和话术演示等，还为新人提供一对一的话术陪练辅导，提高了代理人的工作效率，节省了主管的时间和精力。平安金管家 App 为客户构建了一个具有个性化、价值化的金融生活一体化获得平台，其主要功能是为客户提供保险业务的全流程管理服务。"口袋 E" App 是一款专门为平安理财专员开发的工作辅助工具，拥有客户管理、业绩管理、投保管理、快捷服务、热点资讯等各项功能，能够协助业务员提升工作效率。平安还推出了业内首创的"智能拜访助手"，可以使保险代理人远程拜访客户，提供 VR 沉浸式讲解，开创有别于平板展业的新业态新模式。

平安银行在多方向同时发力，打造"AI 银行"，聚焦普惠金融，搭建星云物联网平台，持续推进数字化进程。在人工智能的研究开发方面，平安银行将关键岗位的最佳员工作为人工智能的标准，构建了人工智能的标准化模型，对整个流程进行差异化、动态化的调整以适用于各种应用场景，并对员工、客户和第三方合作伙伴进行赋能。当前，平安银行在客户服务、市场营销和风控等多个领域已实现了人工智能的运用。AI 客服能在一天 24 小时里的任何时间段满足客户的咨询需求。AI 营销能在机器学习、语音识别技术的支持下精准刻画用户画像，为客户提供资产配置建议。在大数据分析技术的支持下，AI 风控机器人能在贷款业务的各个环节把控风险，构建一套 AI 风控管理系统。在探索供应链金融的过程中，为解决传统供应链金融风控难题、偏远山区信号覆盖不到位、中小企业融资难融资贵等问题，平安银行已成功完成三枚物联网卫星的发射，并成功构建了星云物联网平台。平安银行应用物联网卫星通信技术，为偏远地区的中小企业提供服务，帮助产业供应链上下游实时传回有效的经营数据，这有利于银行预警上下游可能存在的风险点，提高银行的风控能力。

而平安金服则是以"后援中心"为核心，走在全国的前列，是一家以客户为中心，一站式、标准化的综合金融运营后台。平安证券也研发了 AI 量化交易机器人，帮助投资者获取超额投资回报。而平安信托则是建立智能资金生态圈，打造全流程、线上化、智能化一站式业务运营管理系统，并引入人工智能、区块链、云计算和大数据等技术对风控系统进行迭代升级，打造了全周期管理的智能风控平台，实现了提质增效。

平安从产品数字化与管理运营数字化向全面数字化进军，带动整个生态圈的全面数字化转型，并开始用技术重塑金融业务运营规则。由此可见，数字化转型已经成为中国平安的核心竞争力和综合金融业务创新发展的动能源泉。中国平安的综合金融数字转型仍在科学技术的推动下有序进行中，未来，中国平安将继续加大研发投入，让数字化技术帮助企业为客户提供更优质和更便捷的服务。

（四）科技赋能下的数字化转型

在许多人眼里，中国平安是一家融合银行和保险的综合性金融集团。但很少人知道，时至今日，中国平安的科技水平已经能和 BAT 等互联网科技公司相抗衡，甚至还能和国际科技巨头谷歌、Meta、亚马逊、微软"掰掰手腕"。2020 年中国平安科技专利申请数量领跑全球金融科技和数字医疗领域，在人工智能和区块链领域专利申请数量排名全球第三。面对新冠疫情的冲击，中国平安在数字化转型方面积极采取远程办公和线上服务，并在疫情期间推出特殊服务，取得了 1394.7 亿元的营运利润和 4.7% 的同比增长，数字化转型带来实质性益处。

中国平安的科技赋能战略可谓是预谋已久。从中国平安过往的历史中，我们能找到一些迹象。平安科技于 2008 年成立，为平安集团内部提供数字化转型的 IT 规划、开发和运营服务。2013 年，马明哲提出科技引领金融战略，通过金融服务数字化、智能化、自动化，提高服务效率和质量，降低企业运营成本，增强企业核心竞争力，实现可持续发展（见图1）。2017 年，平安集团确立了"金融+科技"的发展战略，并提出了"金融+生态"的理念，不断推动数字化转型和创新。2022 年，中国平安营收总额达 11105.68 亿元，其中，科技业务总收入 581.16 亿元，同比增长6%。截至 2022 年底，中国平安的科技研发人员数量达到 3 万名，其中，一流科学家达 3900 名。

通过数字化转型，平安集团实现了多元化赢利，企业发展迈上了一个新的高度。

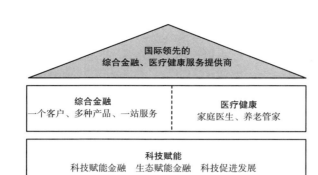

图 1　平安整体业务框架

资料来源：中国平安 2022 年年报。

平安依靠科技驱动数字化转型可分为四个阶段。第一阶段是开发中国的金融电商平台，PA18 就是在此期间诞生的。第二阶段是中国平安利用科技手段，实现办公流程、业务流程的线上化、移动化和自动化，提升效率，优化管理并提高客户的服务满意度。第三阶段是中国平安开始探索科技赋能金融的数字化转型之路。在这一阶段，中国平安成立了 11 家科技公司，如陆金所、平安好医生，通过运用互联网技术为自营客户提供更优质的产品和服务。同时，中国平安还加大了对人工智能、人脸识别、区块链等技术的研究力度。在科技的赋能下，中国平安降低了获客成本，客户数量翻了好几倍。第四阶段是中国平安探索"金融+生态"转型，发挥科技在金融和生态方面的正面效应，同时也实现了业务生态对金融的影响。在这一阶段，平安孵化出一批新的科技公司，建立五大智慧生态圈，分别覆盖金融服务、汽车服务、房产服务、智慧城市和医疗健康领域。中国平安基于这五大生态圈，创造出许多业务场景，并借助这些场景吸引流量和资源，完成了将不同服务场景和客户需求融入一个完整的服务闭环，实现全方位、个性化的服务提供。中国平安为生态圈的客户提供极致的服务，不断增强用户黏性，让客户在需要购买金融产品的时候自然而然地就想到中国平安，促成新的交易，最终实现"生态赋能金融"。为了实现"金融+生态"，中国平安花大力气开展基础与应用基础研究，根据实际业务发展方向和需求，成立了八大科学研究院，分别是人工智能研究院、金融科技研究院、医疗科技研究院、智慧城市研究院、区块链研究院、云计算研究院、宏观经济研究院和生物医药研究院。研究成果源源不断地被输送到平安集团的各个角落，帮助各个部门更新、升级迭代产品和服务，从而实现提质增效。

（五）数字赋能下的突出成果

中国平安的数字化改革凸显价值，依托五大智慧生态圈，孵化了众多高科技独角兽公司，如陆金所、金融壹账通、平安医保科技、平安好医生、平安智慧城市等。

上海陆家嘴国际金融资产交易市场股份有限公司（以下简称"陆金所"）于2011年在上海成立。作为综合财富服务平台，陆金所的数字化成果体现在以下几个方面：在财富管理领域，平台布局了10万个"神经触点"以及智能对话、断点、AI外呼等各类机器人，大大提升了解决问题的效率；陆金所开发的Luflex智能营销体系，能主动挖掘客户的"隐性爱好"和"潜在适配度"，根据客户的历史交易行为及风险偏好精准刻画"用户画像"，为客户提供适配度最高的产品；在零售信贷板块，"行云系统"率先促成了一站式无等待、全程拟人人工智能面对面等服务体验，大幅降低了小微客户借款申请流程的平均耗时，为用户提供便捷的借款服务。在AI和大数据技术的辅助下，陆金所能高效把控贷款业务可能存在的风险点，让小微企业在更短的时间内获得贷款，推动了普惠金融业务的快速发展。

金融壹账通是一个商业科技云服务平台，以人工智能、大数据分析、区块链等技术为核心支撑，为金融机构提供技术和业务解决方案。它能帮助金融机构进行数字化转型和提升竞争力，降低成本、提高效率。金融壹账通是国家高新技术企业，在人工智能、区块链和大数据等方面取得许多成果。截至2021年年中，金融壹账通共斩获5075项全球专利。2018年，在哈佛大学举办的阅读理解挑战赛中，金融壹账通的加马人工智能研究院击败了谷歌、微软亚研院、阿里达摩院、科大讯飞等科技巨头。加马研究院还开发了可以识别人类面部微表情的技术，该技术可被运用于信贷面审环节，欺诈识别准确率高达 80%，可替代 50%以上的人工面审环节。区块链技术方面，金融壹账通研发了 Fi MAXS3C 全加密区块链框架，针对数据隐私、系统主导及系统延迟等问题提供相应的解决方案。此外，金融壹账通还开发了一系列科技产品，广泛运用于平安金融各个领域，实现了"科技+金融"的战略目标。

平安好医生搭建了医疗科技大平台，与政府和相关的支付平台开展合作，将线上和线下连接起来，业务覆盖范围很广，形成了医疗健康生态圈。平安好医生打造"互联网医生+AI 医生"诊疗模式，利用 AI 机器人协助医师完成导诊、问诊、建档等环节，不仅将医生从重复、简单的基础工作中解放出来，还能够提高医疗服务的效率和精度，并为医疗机构节约更多的人力和成本，同时也给患者更好地看病体验。在疫情期间，平安好医生 App 用户日均问诊量猛增 9 倍，用户访问量达到了 11 亿人次。截至 2020 年底，软件的注册用户数突破 3.73 亿，同比增长 18.3%。

医健通医疗健康科技管理有限公司（以下简称"平安医保科技"）于 2016 年正式成立，致力于推动中国医疗市场的改革与发展，降低患者的看病成本，为患者提供更好的保障和更优质的服务。作为老牌的保险公司，中国平安在保险业务上的优势是显而易见的。为了解决老百姓看病贵、看病难的问题，平安计划通过平安医保科技和平安好医生建立医疗健康生态圈，平安医保科技是通过数字化手段，为用户提供高效、精准、智能的医疗保险服务。平安好医生则通过大数据和人工智能技术，实现智能导诊、智能复诊、智能预判等功能，有效提高医疗服务的质量和效率。这些年平安医保科技的服务范围和内容不断丰富，不仅包括医保，还是涵盖许多解决方案的综合平台，先后获得"2020 年中国软件行业最具影响力企业"、2021 年"上海市专利工作试点企业"等荣誉。

平安智慧城市是平安集团以智慧技术为驱动，为城市建设提供全方位智慧服务的项目。借助科技的力量，为城市运营管理赋能，提高政府效率和市民体验，为发展智慧城市贡献一份力量。自党的十九大以来，发展新型智慧城市已经成为全面建成小康社会的重要内容。平安智慧城市致力于提升城市运行效率，改善城市居民生活质量，建设更安全、更生态、更高效的城市环境。通过应用物联网、云计算、大数据、空间地理信息集成等智能计算技术，使城市的各个组成部分更互联、高效和智能，从而提升城市运行效率和民生服务保障能力。在与 200 多个城市合作的过程中，平安智慧城市在财政、政务、城管、社区、司法、农业、交通医疗等多个领域发展业务板块，主要产品有全视通"DataMax 智能中台"、i 深圳 App、平安智慧交通一体化云平台和知鸟。其中，疫情期间最广为人知的产品是"i 深圳" App。"i 深圳" App 通过接入当地的行政区和相关的水电公司及机场实现政务内容的高度整合。当地居民只需通过该 App，即可完成 95% 以上的个人事项和 70% 以上的法人事项的办理。

三　绿色化转型之路的探索与发展

（一）落实"双碳"政策，发展绿色金融

近年来，温室气体排放一直是全球关注的问题。温室气体排放会危害地球生态，影响人类的生存环境，使人类生存遭遇前所未有的挑战。作为地球村的重要成员，我国全面贯彻人类命运共同体理念，肩负起大国责任与担当，为世界环保事业做了许多努力和贡献。经过几代人的不懈努力，目前中国森林增长量排世界第一。2020 年 9 月，中国提出了"双碳"目标，并制定了一系列政策，如征收碳排放税，引导企业降低能耗和排放量，最终实现绿色转型。中国平安作为万亿级别的大型企业，自有其使命和社会责任。中国平安，平安中国，从名字就可以看出，平安的创办就是为了给人民提供全方位保障，让人民平平安安地生活。正值温室效应威胁人类生存之际，中国平安秉承着敢为人先的粤商精神，率先践行绿色金融理念，争做绿色改革先锋。作为国内领先的金融服务集团，中国平安高度注重绿色发展与可持续发展，提早布局绿色金融业务。2021 年，中国平安针对绿色金融提出了更高的要求，根据集团的综合金融优势开发绿色信贷、绿色保险和绿色投资等绿色金融产品，积极履行低

碳环保责任，助力实现"双碳"目标。

在绿色金融业务的拓展上中国平安的着力点包括绿色贷款、绿色保险、绿色投资和气候变化风险资产负债匹配管理。在绿色贷款方面，平安银行减小了对高能耗、高排放企业贷款融资的支持力度，主要体现在降低贷款额度上。而对于和低碳环保有关的企业和项目，平安银行设立专门的放款通道，提高到账速度，让企业和项目能更快地拿到资金，或者给予和低碳环保有关的企业和项目一定的贷款利息优惠。在保险业务中，平安细化了保险产品及相关服务，如新增新能源汽车保险和绿色建筑保险等。针对与低碳环保有关的保险客户，在融资方面推出相应的优惠政策，降低其融资成本。此外，中国平安扩大绿色投资，并鼓励绿色金融产品的形式创新和领域创新。在气候变化风险资产负债匹配管理方面，中国平安建立了相应的管理机制，评估气候变化风险对资产负债的影响，并对将来的资产配置进行调控。

平安集团绿色投资规模年均增速不低于20%，绿色保险的年均保费增速不低于70%。到2025年，中国平安计划实现绿色金融规模达到6500亿元的总体目标。其中，绿色投资和信贷规模达4000亿元，绿色保险的保费总额达2500亿元。中国平安一直致力于推动绿色金融发展，着力解决绿色金融发展过程中的难点，提高金融业的绿色发展水平，争做全球领先的绿色金融集团。

（二）平安绿色金融的价值体现

金融的价值在于赋能实体经济，金融作为现代经济的核心，不仅为实体经济提供了资金支持和风险保障，而且通过资本、流动性和信息等方面的传导，促进了实体经济的创新发展。中国平安绿色金融专门为绿色产业、绿色项目提供服务，为绿色企业提供贷款、保险和投融资服务。目前，中国平安绿色金融覆盖投融资、信贷、保险等多个领域，为环境保护和可持续发展提供保障。

开发绿色保险新产品，为绿色产业保驾护航。平安财产保险开发了以广东省巨灾指数保险为代表的灾害险，帮助地方政府和生产经营单位对抗自然灾害。广东省巨灾指数保险自 2016 年下半年在全国首创至今，累计赔付金额超过 1 亿元。广东省巨灾指数保险的推出，是对绿色保险产品发展的有益探索，同时也为地方政府和社区的防灾减灾工作提供了重要的支持。2022 年 2 月，平安财产保险在广东省梅州市丰顺县落地广东省首单森林碳汇遥感指数保险，目前该保险已在全国多个省区市试点，累计为超过 34 万亩林地提供 3428.53 万元碳汇风险保障。平安财产保险利用卫星遥感监测技术高效监测森林碳汇变化情况，为森林管理者提供科学的管理建议，帮助其提高碳汇增长率。

鼓励绿色金融产品创新，加大绿色投融资力度。除了开发多种绿色保险产品外，中国平安还在银行业务上进行绿色创新。2021 年 3 月，平安银行针对白鹤滩水电站"七一"首批发电机组的投产发行碳中和债券 30 亿元并直接投资 15 亿元，通过提供资金支持，帮助发电站实现设备升级和更新换代。2021 年 7 月，平安不动产在境外发行 6 亿美元双年期高级无抵押债券，这是平安集团首笔境外绿色债券，募集资金用于为符合条件的绿色项目再融资。在绿色投资方面，平安银行联合平安资管增资 20 亿元参与某大型核电集团绿色风电战略投资项目。绿色产业运营属于长期项目，正好匹配保险资金期限长的特性，平安利用其保险资金对绿色产业进行直接投资、股权投资，以收获绿色投资回报。

四 案例总结与启示

近十年，在国家数字化战略的引领下，中国平安的数字化改革进入了深水区，从最初的线上化到现在的智慧化，共经历了三个阶段。近年来，中国平安积极推动数字化转型，不断引入新的数字技术，以提升企业的运行效率和服务质量，主要措施包括：第一，平安建立了"互联网＋金融"的数字化平台，包括平安科技、平安云、平安数码、平安智慧、平安医疗等多个数字化平台，以满足不同业务领域的数字化转型需求；第二，平安运用人工智能技术开发了多款智能化产品，如智能客服、智能理赔、智能风控等，帮助提升业务效率和客户体验；第三，平安利用大数据和人工智能技术来进行风险管理和风险评估，通过对大数据的分析和挖掘，可以实现风险的预警和监测，从而提高风险管理水平；第四，平安采用智能化技术和数据分析，开展精准营销，针对不同客户的需求和特点，推出相应的产品和服务，提高客户满意度和业务转化率；第五，平安加强了数字化管理，通过数字化技术和数据分析，实现对业务和员工的管理和监控，提升管理效率和员工绩效。平安集团持续落实全面数字化战略，坚持"金融+科技"和"金融+生态"的发展模式，积极探索科技赋能生态、生态反哺金融的方法。通过以上数字化转型措施，中国平安提升了自身的数字化能力和服务水平，进一步增强了竞争力和创新能力。此外，中国平安紧跟国家政策方针，积极响应企业绿色化转型号召，在信贷、保险、投资等方面开拓绿色业务，助力绿色发展。总的来说，中国平安数字化和绿色化转型的主要经验有如以下几点。

（一）敢为人先，科技创新引领企业发展

中国平安具有创新的基因，敢闯敢拼，不惧怕新鲜事物，积极将新事物都融入自己的体系，借助新事物为企业发展提供动力。作为中国平安数字化转型的初步尝试，线上金融超市 PA18 的诞生充分体现了中国平安"敢为人先"的粤商精神。在电脑还没有普及的年代，中国平安就率先推出了中国首个功能齐全的线上理财产品销售平台，这在当时是"一个疯狂的想法"。在往后 30 多年的发展过程中，科技创新始终引领着中国平安前进的方向。中国平安从传统的保险企业转型为庞大的综合金融集团，再到如今的科技金融集团，离不开其对科技的不断追索。科技为中国平安的金融业务赋能，提升其数字化程度，从而实现"聪明"经营、提升管理水平和效率、预测防范未知风险、优化客户服务体验和降低企业经营成本等。目前，中国平安的科技水平足以媲美国际科技巨头，甚至在某些领域处于全球领先的位置，其最新技术主要包括人脸识别技术、声纹识别技术、预测 AI 技术、决策 AI 技术及平安区块链技术等。

（二）勇于改革，积极转化科研成果

一直以来，平安集团是舍得革自己的命的。在金融业务蓬勃发展时期，中国平安舍得斥巨资寻求第二增长曲线，即发展科技业务，这是需要勇气的。开展基础与应用基础研究需要投入巨大的财力、人力和物力，这必然会影响本该分配给金融业务的资源。当科技业务与金融业务利益互相冲突之时，中国平安为保证长期利益，舍弃短期利益，一次次推动自上而下的改革。正是因为中国平安不墨守成规，积极改革创新，才实现了科技赋能金融。目前，中国平安旗下有一半的公司属于科技型公司，在互联网型和科技型岗位工作的员工数量占集团内勤员工总数的1/4。提到平安的科技公司，最引人瞩目的莫过于金融壹账通、陆金所、平安好医生、汽车之家、平安医保科技和平安智慧城市等。它们深耕科技领域，协同配合赋能五大生态圈，为全面数字化转型提供科技支持。

（三）开放兼容，全方位学习先进经验和技术

中国平安的学习能力在业界是有目共睹的，它曾向友邦人寿学习寿险营销体系，向汇丰学习如何经营银行业务，引进外资战略投资并花大价钱聘请国际顶尖的管理咨询公司麦肯锡帮助企业构建综合金融战略架构。无论发展到什么程度，中国平安都始终保持空杯心态，全方位地向优秀公司学习，取长补短，借助别人的优势精进自己。数字化时代下，中国平安勇于赶超BAT和国际科技巨头微软和谷歌等，通过学习、精进，提高自身的科研能力和科技产品竞争力。

（四）履行社会责任，积极推动绿色发展

中国平安将实现价值最大化视为企业的崇高使命，对股东、客户、员工和社会都负有强烈的责任心。其中，对社会负责体现在回馈社会、建设国家。中国平安一直致力于发展公益事业，在环境、教育、红十字和社群公益等方面持续投入，累计投入超过3亿元。特别是在环境公益方面，中国平安

推动绿色未来，将低碳举措落实到日常运营、业务开发和社会公益中，推动绿色金融、参与绿色公益，稳健发展绿色综合金融。比如，平安信托通过募集节能环保基金助力绿色项目开发，募集金额近 2 亿元。平安还携手中国青少年发展基金会发起"万亩平安林"项目，共完成全国 21 个地区约 16500 亩平安林的建设。

第十一章
瀚蓝环境：
为构建"无废城市"贡献独特的瀚蓝模式

一　公司简介

瀚蓝环境股份有限公司（以下简称"瀚蓝"）成立于1992年，总部位于广东佛山南海，是一家致力于全球环保事业同时专注环境服务的企业。多年来，瀚蓝聚焦生态文明发展，投身于绿色城市建设，在固废处理、能源、供水、排水四个领域颇有建树，具备丰富的投资、建设和运营管理经验。根据城乡运作和发展规律，协同居民生产生活节奏，公司向社会提供了一套防废治污的瀚蓝解决方案，以及配套可实施的规划、投资、建设、运营等全方位服务，已建立起一条生态生活全链接的完整生态环境服务产业链。

瀚蓝环境始终铭记"共建人与自然和谐生活"的伟大使命，努力塑造"城市好管家、行业好典范、社区好邻居"的社会形象，为"十年百城，最受信赖的生态环境服务企业"的美好愿景默默耕耘。正是在这份信念的驱使下，瀚蓝一路高歌，连续九年被评为全国固废处理十大影响力企业，成功跻身于中国环境企业十强与中国垃圾焚烧发电企业十强。三十年来，瀚蓝的战略规划不断升级，管理模式推陈出新，公司发展逐渐进入平稳期。但是对瀚蓝而言，平稳不是终点，而是新起点。未来公司计划将业务范围持续扩大，持续为更多的城市带来更加优质的综合环境服务，助力城市打赢污染攻坚战，实现城市生态文明可持续发展。

载梦深耕三十余年，瀚蓝持续做大做强。瀚蓝的战略目标明确，业务重点突出，产业布局合理。在企业发展过程中，瀚蓝步步为营，有序迈进，在企业爬升阶段确立"无废城市"建设目标，通过长期实践和检验，最终形成了以固废为重点、水务与能源协同共进的生态环境服务产业链。

（一）锚定固废，打造王牌

作为中国固废处理行业的龙头之一，瀚蓝的固废处理能力、处理水平有目共睹。而作为主营业务，固废处理是瀚蓝的核心竞争力所在，是瀚蓝增值创收的重要途径，是瀚蓝可持续发展的关键动力。固废处理业务从无到有、从有到优经历了一个漫长的过程。2005年瀚蓝开始涉足固废业务，但业务范围仅停留在南海区，处置类型仅局限于一般固体废物。2014年收购创冠中国100%的股权后，公司资源和能力得到大幅提升，固废业务范围扩张到全国多个省区市，实现了业务布局从区域到全国的飞跃发展。2016年瀚蓝与瑞曼迪斯展开合作，涉足危险废物处理，拓展固废处理种类，提高固废处理能力和水平。2017年瀚蓝收购了驼王生物60%的股权，开辟畜禽、动物固体废物处理业务，经营领域进一步拓展。在2019年收购国源环境100%股权后，瀚蓝进一步开辟环卫领域，固废产业链趋于完整。

固废产业链分为横向与纵向两个维度，各个项目相互融合、互相补充，共同形成一个科学高效的固废处理系统。从纵向链条来看，包含垃圾分类、环卫清扫、垃圾收转运、焚烧发电、卫生填埋、渗滤液处理、飞灰处理七项作业，实现从源头到终端的全流程治理；从横向链条来看，涵盖生活垃圾、餐厨垃圾、污泥、工业危废、医疗废物、农业垃圾等条目，完成横向污染源的统一协调治理。目前，瀚蓝拥有10个固废处理环保产业园，生活垃圾焚烧发电日处理总量达35750吨，工业危废年处理约22.55万吨、农业垃圾日处理量195吨、医疗废物日处理量30吨／日，为广东、福建、湖北、湖南等14个省区共34个城市提供优质的固废处理服务。

（二）顺应潮流，能源升级

能源更替升级是时代潮流，转变生产方式已成为行业的共识。在大力倡导发展绿色能源的环境下，瀚蓝也积极推出清洁能源产品。公司从2011年开始涉足燃气供应领域。现今，燃气供应业务已辐射整个南海区域，整体供气规模不断攀升。截至 2021 年 12 月，埋地燃气管网累计铺设 2000 余公里，管道气用户达到 46 万户，天然气销售量达 9.87 亿立方米。在燃气业务领域，公司保持强劲的发展势头。除了城市天然气供应外，公司还积极开发其他新能源，完善多元供能储能体系。瀚蓝重视能源基础设施建设，加快液化石油气储配站、制氢厂和加氢站等工程建设，提升液化石油气和氢能的生产效率，提高储能的稳定性。公司积极探索光伏发电、分布式能源等解决方案，全力保障城市绿色低碳能源供给，推动区域产业升级与经济高质量发展。

（三）智能供水，防患未然

1999 年，受公司与南海供水集团之间的债务问题影响，瀚蓝的发展出现了重大转折，主业开始转向自来水供应等公用领域。受益于多年扎实的项目基础，公司供水事业部的水资源管理经验丰富，供应服务贯穿于从取水、制水、输水到终端客户的整个流程，致力于为顾客提供一站式供水服务。如今，瀚蓝日均供水高达 190 万立方米，各类输水管道总长超过 3100 公里。瀚蓝具备卓越的供水应急及运营管理能力，通过构建供水管网微观模型，模拟分析停水漏水、管道迁移等特殊情况，为城市紧急断水、大规模停水等问题提供解决方案。同时，瀚蓝重视生产过程中的节水用水问题。为减少供给过程中的水资源浪费，瀚蓝基于 SCADA 系统和管网模型，进一步优化漏损管理、调度和管网管理，使年水资源损耗量低于行业均值。另外，为顺应城市经济发展趋势，增强供水稳定性，提升客户用水体验，瀚蓝加大资金投入力度，加快管网建设，通过建设南海区北江以南和北江以北区域的环状供水管网，实现双水源环状供水保障。凭借过硬的实力和出色的成绩，瀚蓝通过中国供水服务联盟的 4A 等级评定，并得到了客户和同行的一致认可。

（四）统筹废水，防污治污

在供水业务基础上，瀚蓝于 2004 年收购九江自来水有限公司 60% 的股权，并购桂城和平洲两家污水处理厂，正式进军污水处理领域。加强污水处理，最重要的是推进治污减排。瀚蓝坚持"治污""减排"两手抓，从源头到末端全程监管，落实防污治污管控，使得水务工作成效显著。在污水治理方面，公司拥有 20 多个生活污水处理项目、1 个工业废水处理项目的特许经营权，最大单厂日处理能力可达 27 万立方米，总处理规模约 60 万立方米/日。公司着手打造厂网一体化模式，兼顾污水收集管网维护和污水处理厂运营管理两个要点，既要高效推进多个污水处理厂的扩建，重点关注区域内雨水管网和分散式污水处理设施，又要不断提升污水处理厂及管网的智慧化与信息化运营效能。未来，瀚蓝将继续提高污水收集处理水平，加快推进向水环境治理"厂、网、源、河"一体化升级。在污水排放方面，公司不断提高污水处理工艺，坚持国家一级 A 排放标准。瀚蓝排水业务辐射南海全区。如今，瀚蓝已在广东建设了 42 座污水泵站，运营管理的市政排水管网也超过了 1000 公里。瀚蓝加强厂企废水监管，实现排水许可管理、排口合同管理和排污许可管理"三位一体"，保障污染物源头可溯可控，从根源上减少高污染高危害废物排放，保护自然环境。

截至 2022 年，瀚蓝环境营业收入为 128.75 亿元，同比增长 9.33%，创近五年营收新高，其中主营业务收入 125.10 亿元，同比增长 9.07%。从产业分类来看，固废处理业务 2022 年实现主营业务收入 68.80 亿元，占公司主营业务收入的 54.99%，同比增长 4.74%；实现净利润为 9.07 亿元，占公司净利润的 77.11%，同比增长 26.57%。

二　瀚蓝环境绿色发展之路

（一）勇担社会责任，为城市绿色发展保驾护航

改革开放以来，我国工业化、城市化进程快速推进，人民虽尝到了物质、文化进步带来的成果，但同时也深受粗放式发展带来的生态环境污染的困扰。瀚蓝自投身于自来水供应业务起，就一直关注城市污废治理。上市以来，瀚蓝采取内生增长和外延并购的举措，于 2004～2006 年先后布局污水处理、垃

圾焚烧发电业务，开始走上助力城市绿色发展之路。当时，我国环保行业发展相对滞后，垃圾处理能力有相当大的提升空间，而对于垃圾压缩中转站人们普遍存在非常严重的刻板印象。2010 年以前，原黄岐市政垃圾中转站周边的市民屡屡投诉垃圾臭味极大地影响了日常生活并且强烈要求将其搬走。瀚蓝深谙邻避问题是困扰垃圾回收利用行业多年的难点，并以解决这一难题为己任，毅然接过政府抛出的"橄榄枝"。瀚蓝以"利他"为改造核心，在听取一系列民众意见后，以社会责任之心妥善地处理了邻避问题，不仅没搬迁反而还扩大和升级了原垃圾中转站，为日后逐步扩大经营范畴打下了稳固的根基。

党的十八大以来，国家政策向环保服务业倾斜力度增强。2013 年，环境保护部颁布的《关于发展环保服务业的指导意见》中提出，环保服务业在"十二五"期间要实现产值年均增长率达到 30% 以上。由于我国区域固废处理能力分布不均衡，跨省级行政区域配置危废处理资源是大势所趋。瀚蓝在稳步发展固废处理业务的同时，积累经验，一步步拓展业务版图。目前，瀚蓝构建了生态生活全链接的完整生态环境服务产业链，涵盖固废、水务、能源领域，为城市提供环境规划、投资、建设、运营等全方位服务。一直坚持绿色技术研发的瀚蓝，还致力于解决区域固废处理能力分布不均衡的难题，奋力开拓跨地域性业务模式，逐渐实施"瀚蓝模式"全国化辐射战略，为助力城市绿色发展开拓更宽广的路径。从单一业务到横纵一体化业务，瀚蓝一直坚持助力城市绿色发展，为城市注入绿色活力。扬起社会责任之帆，守住绿色信念之舵，瀚蓝持续关注国家"双碳"政策，持续关注全球和国内碳交易市场走势，结合公司发展战略及项目优势，继续完善碳管理工作，助力企业实现良性增长。

（二）深耕大固废，对标"无废城市"建设

近年来广东城镇化进程不断加快，为社会经济发展提供了丰富的人力资源。但随着人口朝城市中心集聚，日常资源消耗量和固体废物产量呈直线式上升，由于区域间处理能力差异较大，省内部分地区固废处理水平跟不上垃圾产量增速，出现了垃圾围城、城市异味等环境问题，人们对干净优美整洁

的城市环境的需求日益强烈。可以预见的是，如果再不采取相应措施，城市环境承载力将临近极限，城市生态循环系统将会遭到难以弥补的破坏。为此，广东省政府积极寻找破局之道，并在国务院的指导下找到对应之策。2019年，国务院办公厅印发《"无废城市"建设试点工作方案》，提出通过推动形成绿色发展方式和生活方式，持续推进固体废物源头减量和资源化利用，最大限度减少填埋量，构筑将固体废物环境影响降至最低的城市发展模式。"无废城市"是一种先进的城市管理理念，并非完全杜绝垃圾的产生，亦不代表固体废弃物100%资源化，是以创新、协调、绿色、开放、共享的新发展理念，引领城市生态环境低碳绿色发展，以最大限度推进固体废弃物源头减量及资源利用，将固体废弃物处理量降至最低的城市发展模式。作为广东固废行业的龙头企业，瀚蓝无疑是推动整个粤港澳大湾区无废城市建设的头部力量。目前，瀚蓝已形成以生活垃圾焚烧发电项目为能源核心，纵向合并前端环卫、中端收转运、末端处理，横向协同处理市政垃圾（含生活垃圾、餐厨垃圾、污泥等）、一般工业垃圾及危险废物等污染源的全方位一体化管理系统。这种管理系统被命名为"瀚蓝模式"，已被各地政府用于解决当地的垃圾围城问题。"瀚蓝模式"具备可差异化复制性，截至2021年末，瀚蓝已经在广东省、福建省、湖北省、河北省等落地运营了共9个系统化的固废处理环保产业园。瀚蓝将公共技术结合产业园整体规划设计，以固体废弃物处理为支撑，弹性糅合各地不同的固废处理需求。"瀚蓝模式"的因地制宜为全国城市建设"无废城市"注入了新能量。瀚蓝始终坚定促进城市可持续发展是企业长存之道，为绿色城市建设提供全方位一体化的绿色全链条服务，力争为我国城市群"碳中和"贡献出一份力量。

我国"无废城市"的配套政策日趋完善，对固废处理技术的标准也作出了更高要求。瀚蓝的所在地——佛山市，目前被列入"十四五"时期"无废城市"建设的城市名单。为助力佛山市提升资源利用效率，推进固废治理源头减量，瀚蓝制定了"十四五"规划，围绕"大固废一盘棋"战略将业务推向全国，打造全面对标"无废城市"的"瀚蓝模式2.0"。"瀚蓝模式2.0"将积极探索无害化处理，把提升资源利用效率作为重点，推动固体废弃物处理实现资源利用最大化、效益最大化，节约更多资源，促进固体废物处理的高效率、高价值、高循环。

党中央、国务院认为"无废城市"建设试点是践行"双碳"承诺的具体行动，未来，瀚蓝将以加快促成绿色低碳生产方式为导向，推动固体废物减量化、资源化、无害化，紧密结合社会高质量发展、城市高水平精细化管理，不断创新绿色技术、提高固废处理能力。

三 瀚蓝开创绿色发展新模式

（一）瀚蓝环保产业园模式开启"无废时代"

垃圾是放错了地方的资源，这是瀚蓝自始至终都认同的理念。为了利用好垃圾这种特殊的资源，瀚蓝开创了专门针对固体废物处理的产业园模式，通过整合固废处理流程，将所有程序集中到园区进行统一管理，达到更好地垃圾处置和资源转换效果。在整个产业园中，无论是城市生活污水，还是食堂、餐饮的垃圾，每种垃圾都得到了最适合的处理，降低了固废处理成本，减少了污染排放，如生产过程中产生的油脂和沼气，通过采用一定的处理技术转化为生物柴油，使资源得到了进一步的利用。填埋垃圾也不会造成严重的环境污染，垃圾处理中的废水重复利用，降低了废水排放，提高了资源利用率。固废处理产业园模式帮助企业降低了废气、废水和废渣排放。

佛山市南海固废处理产业园占地面积 460 亩，位于广东省佛山市南海区狮山大学城附近。该项目于 2006 年开始规划建设，2015 年初具规模。产业园基于南海垃圾焚烧发电项目、南海城乡生活垃圾综合转运项目及集中控制系统项目、餐厨垃圾处理项目、污泥处理项目、粉煤灰处理项目、垃圾填埋场渗滤液处理系统、南海生物质资源综合利用项目、南海工业铝灰处理项目、南海炉渣综合利用项目和制氢项目形成了前中后端一体化生活垃圾处理产业链，成功实现了南海生活垃圾 100% 无害化处理。

产业园将绿色基因植入每道工序之中，严格把关各个环节的工艺，力争做到固废处理全过程零污染、零排放。

在垃圾焚烧发电项目上，采用当前国际成熟的技术和工艺，环保排放标准达到乃至超过欧盟标准。通过采取热电联产方式，垃圾焚烧厂总热效率提高了 11.51%~42.50%，运行效率提升空间较大。产业园充分利用垃圾焚烧产生的蒸汽，采用"蒸汽干燥+外加剂烧制"工艺，将蒸汽余热用于污泥干化、危废处理和餐厨垃圾提油使用，降低能耗成本。

在废气臭气处理方面，园区的污泥、厨余垃圾车间引进负压系统，将车间内因垃圾堆积发酵产生的臭气泵入焚烧炉中焚烧，一方面有效解决了臭气问题，实现了垃圾、污泥和厨余垃圾恶臭的强控制和零外溢，另一方面臭气成为循环利用的"宝物"，为焚烧炉燃烧注入可燃物质，促进了垃圾焚烧的循环运作。园区还设有高压喷雾系统、离子新风系统和除尘除臭系统，结合"药剂螯合+水泥固化"填埋工艺，解决了中转站粉尘、异味等问题。在压缩过程中垃圾可能会与积水、雨水、地下水作用形成渗滤液，这种液体蕴含多种有毒有害物质，污染浓度高，属于危害废水。对此，瀚蓝首先将渗滤液强制抽入密封良好的真空罐中，避免臭气泄漏和二次污染，然后采用"MBR+超滤膜+纳滤膜+反渗透膜"处理工艺，防止液体腐蚀和渗透。正是在异味处理方面步步到位，才有瀚蓝产业园"五公里范围内无异味"的创举。

在餐厨垃圾处理项目上，采用沼气发电、厌氧消化、残渣焚烧工艺，使用地沟油精制生物柴油。厨余垃圾中有机物的高效回收依赖于飓风破碎和洗浆分选的预处理工艺。在纸浆洗涤分选过程中，瀚蓝的破碎工艺能使物质颗粒粗细达到 0.8cm，让废弃物中的有机成分被充分利用。"预处理+中温厌氧消化"的工艺流程为该项目的核心流程，厌氧消化产生的沼气可供发电使用。电能在满足产业园用电需求的前提下，可将剩余电能送入电网。此外，回收的地沟油还能提炼成生物柴油，供园区垃圾车使用，形成了良好的经济效益。餐厨垃圾处理过程中所产生的固体废物被送往园区内的焚烧发电厂进行无害化处理。固废处理所产生的有害气体将统一收集并处理至符合环保标准后才能排放，产生的污水由园区污水处理系统进行集中回收处理，全过程真正实现了厨余垃圾进园后转废为宝。环保产业园内各个部分协同运作实现废物循环利用，使社会效益和企业效益双提升。每一个环节的工作都可以为下一个环节提供能源或原料。资源的重复循环利用大大降低了园区的运营成本，提升了企业的绿色环保水平。

在固体垃圾填埋方面，为了节省填埋空间，瀚蓝对传统的压缩工艺进行了改进，采用全新的垃圾压缩流程，提高压实率且降低能耗。每吨垃圾包装压缩的能耗仅为过去的 1/3，从而让固废处置流程更为环保和绿色。

在推动科技减排方面，瀚蓝开展了一系列减少碳排放的技术改造。为了实现节能减排，公司开展了生物柴油应用技术研究。通过研究生物柴油的物理化学性质，瀚蓝提高了生物柴油车辆配合比，并实现了生物柴油在柴油机和锅炉燃料中的应用，如在公司垃圾转运车中使用 B30 生物柴油替代部分石化柴油，减少碳排放；为开发高效节能、低氮氧化物的新型炉膛焚烧技术，公司积极组织科研骨干围绕焚烧炉能效提升技术、低氮气再循环技术和高分子脱氮技术开展重点研究，有效提高了锅炉热效率，降低了锅炉氮氧化物排放。

在工业铝灰处理项目上，产业园年处理铝灰高达 3 万吨。项目实现废水、废弃物全程零排放，铝灰资源回收利用率达到 90%以上。在铝灰处理尾部还能衍生出铝材与复合盐等副产品，经加工处理销往市场成为产业园创收的一种渠道；氨水和氢气也是该项目的附属品，前者可用于园区生活垃圾焚烧发电项目的烟气反硝化，后者则可用于绿色工业服务中心的焚烧车间。

在农业废弃物处理领域，园区无害化处理病死动物时可提取油脂和肉骨粉，这两种资源可用于制造生物柴油和高端有机肥。瀚蓝利用固废处理过程中产生的沼气和富氢气体作为原料气制氢，开拓了氢能业务板块。此外，瀚蓝还积极研究信息化技术的应用，通过大数据模型对节能减排进行动态分析，探索更多节能减排的运行模式，进一步降低二氧化碳排放。

瀚蓝南海固废处理产业园全面推广一体化模式，实现了业务流程之间协同处置，通过对清洁技术和循环工艺的不断完善，真正实现了"自给自足"的生态循环和绿色经济，树立了绿色低碳循环园区的典范。瀚蓝的治理模式不仅得到了社区的认可，也得到了国家的认可。南海园区被评定为"AAA级无害化焚烧厂"，垃圾处理水平国际领先。瀚蓝坚持用实力打响品牌，随着瀚蓝模式在各省区市的推广应用，瀚蓝品牌受到了客户的一致好评，"南海体验，瀚蓝模式"也成为业内一张靓丽的名片。

（二）瀚蓝环境"攻克"邻避效应

邻避效应是指随着人口的聚集，人们在生活中不可避免地会产生大量垃圾，城市处理垃圾的方式一般是将城镇居民的垃圾集中起来定点处理，如垃圾焚烧、填埋等。这样简单的处理方式引发了一系列问题，影响了周边居民的身体健康，环境也从原来的风景秀美变得乌烟瘴气，生活环境不断恶化，于是周边居民就会对这样的垃圾处理项目产生抵制情绪。

瀚蓝致力于保护环境，为了探索"无废城市"示范模式，瀚蓝付出了极大的努力。生活垃圾并非一无是处，将不同的垃圾分类，挖掘不同垃圾的剩余价值才最符合资源的高效利用要求，瀚蓝积极消除邻避效应就充分体现了这一点。

瀚蓝在发展初期收购了一家垃圾焚烧企业，如今已改名为南海固废处理产业园。过去这家企业在进行垃圾处理时，烟囱浓烟滚滚，污水横流，还会发出呜呜地噪声，干扰了周边居民生活。周边居民对这样的垃圾处理厂简直是深恶痛绝。为了解决周边居民排斥建设垃圾焚烧厂的问题，瀚蓝痛定思痛，决心投入巨资实施绿色化改造，引入先进绿色工艺技术和国际环保标准倒逼企业绿色转型。如今，原来因污染问题而濒临破产的垃圾焚烧厂变成环保产业园。这个地方早已绿树成荫、鸟语花香，甚至变成网红打卡地和婚纱摄影点。

消除邻避效应的关键在于处理好焚烧厂和社区之间的关系，消除居民心中的排斥感和疑虑。瀚蓝作为一家环保企业，要做到让周边居民不排斥，除了消除周边居民的误解外，还要承担起社会责任。那么，首先就要做到公开透明，了解社区居民的环保诉求，针对居民的需求改进垃圾处理方式和工艺，不做对环境有害的事情。为此瀚蓝制定了一系列有助于加强与周边居民沟通，以及使垃圾处理方式透明化的举措。

第一，与周围三公里的居民做邻居，当企业有新项目时，积极邀请周边居民参与企业治理听证会。

第二，除向居民宣传外，也带领居民代表参观国外优秀垃圾处理企业，改变居民对企业的刻板印象，通过沟通获得居民信任。

第三，建立监督机制，向周边居民和其他感兴趣者提供参观企业的机会，向更广大的群众开放，允许周边居民实时监控，听取群众意见，积极改进。

第四，技术改进，设计更合适的处理方案，让人与自然的相处更为融洽，改造垃圾焚烧场的外观，为保护环境而不断努力。

与周边居民的沟通有利于改变其对垃圾处理企业的刻板印象，企业借助良好的社会形象获得了周围居民的认同，极大地消除了周边居民的抵制情绪。

消除邻避效应离不开绿色技术创新、工艺水平提升和设施设备改造。通过升级技术标准和工艺水平，瀚蓝真正做到了从源头上降低污染，进一步处理好了与周边居民的关系。如果没有先进的处理工艺，那仍然会不断产生大量污染环境的废气废水，良好的社区关系也很难进一步维系。

瀚蓝在垃圾处理工艺上努力做到世界一流，如对于环境影响极大的二噁英，欧盟的排放标准远不及瀚蓝。在其他垃圾焚烧发电产生的排放物方面，瀚蓝也达到了世界顶尖水平。瀚蓝不断追求高标准高品质。瀚蓝结合自身的优势不断推动垃圾焚烧排放技术创新，减少废气、废水和废弃物排放。垃圾处理方式不是简单的焚烧、填埋，而是采用先进的垃圾技术，如引进先进的负压系统、生物处理技术。此外，瀚蓝改进了落后的垃圾处理流程：处理垃圾时产生的废气被送进焚烧炉中充分燃烧，对有害气体进行二次处理，实现了有害气体零排放的目标。为了保证居民能够实时了解企业的排放数据，瀚蓝设置了排放数据电子屏幕，方便居民随时监督。这区别于行业中其他企业普遍采用向周边居民提供补偿金的方式，也成功地改变了周边居民对瀚蓝的看法。瀚蓝通过技术改造，使垃圾焚烧厂运行不会给周边居民的生活环境造成负面影响，瀚蓝与周边居民的相处也愈发和谐。

（三）数字化赋能瀚蓝环境

当今全球各行各业都在经历着数字化转型，企业为了在激烈的市场竞争中率先抢占战略高地，纷纷投入巨大资源进行数字化改造。数字化转型是一个广泛的概念，包括企业从生产到服务、从营销到管理等各个环节的数字化升级。数字化转型的目的是提高效率、增强竞争力、降低成本和促进创新。数字化转型是利用先进的数字技术，如云计算、物联网、大数据、人工智能、区块链等来改变企业的业务模式、流程和组织结构，从而推动企业转型升级，帮助企业更好地应对市场竞争，提高企业的灵活性和反应速度，增强企业的创新能力和市场竞争力。目前，数字化转型已经成为企业发展的重要战略选择，越来越多的企业开始进行数字化转型以提升自身价值。

作为中国环保行业的龙头企业，瀚蓝致力于践行绿色、低碳、环保的发展理念，以解决环境问题为己任，积极推进环保产业可持续发展。与此同时，瀚蓝紧跟时代步伐，积极推动数字化转型，以提升企业效率和服务质量，探索智慧环保和可持续发展之路。具体来说，瀚蓝在数字化转型方面采取了以下措施。

生产模式数智化。瀚蓝积极探索数字化治理模式，尤其是在数字化电厂运营和固废数字化收转运监管方面，开展了多项卓有成效的运营项目，建立了餐厨智能收运系统、大数据烟气排放优化系统等，开创了国内乃至国际固废领域领先模式。为了助力佛山市建设"无废城市"，瀚蓝在佛山南海建成数字化垃圾焚烧发电厂。该厂以数字平台为中心，结合云计算、AI、大数据、工业互联网等技术，用数据贯穿于生产、监控、测量等全流程，逐步实现工厂全自动智能化运作。在工厂建设过程中，瀚蓝与华为合作，利用华为提供的智能微模块解决方案提高制冷和供电效率，有效降低能耗和碳排放。工厂常规运作基本实现生产自动化和数字化，瀚蓝利用智慧技术研发渣吊全自动控制算法，由系统控制渣吊完成定时定量抓取垃圾送入炉焚烧的工作，实现全自动、智慧化运行，大幅降低了工人的工作强度和企业的运营成本。另外，瀚蓝通过设备技术改造实现了炉内翻拌自动化，有利于垃圾的充分焚烧，大大提高了垃圾焚烧效率。此外，借助全链路数据及智能算法模型、垃圾焚烧发电工艺优化的人工智能算法模型，可以实时分析焚烧炉内的垃圾量、焚烧时间、炉温等指标数据，制定下轮作业指令，保持垃圾焚烧的连贯性和稳定性。有时由于工艺流程设置不合理，焚烧炉容易产生燃烧不充分、炉温过高等安全隐患，对此，瀚蓝借助数字平台的监控功能布置预防措施，将事故风险降到最低。瀚蓝在工厂车间设置了红外热感应系统，当炉温超过正常值时，系统就会发出红色预警，并启动消防水炮喷射降温，直到炉温回到正常区间。

管理运营数字化。瀚蓝携手阿里云打造中国首个生态环境综合服务"数字大脑"，双方在云计算、大数据、互联网、智慧环保等领域开展广泛合作，引入 AI 技术共同构建了垃圾焚烧发电工艺的优化算法模型、锅炉设备故障预测维护模型。借助"数字大脑"工业互联网平台，瀚蓝可以实时获取园区内环保设施、监测设备等相关数据，并对这些数据进行处理和分析，提取有用的信息助力精细化管理和优化运营。例如，在污水处理项目上，瀚蓝通过分析污水处理过程中各个环节的数据，预测可能出现的异常情况，及时发出警报，帮助企业管理人员更好地控制污水处理过程。此外，通过收集末端水质数据，分析检测污水处理成效以及判断滤水是否满足排放标准。平台还可以将智能设备和传感器与数据分析结合起来，实现园区外环保设施的远程监测与控制。例如，在瀚蓝与阿里巴巴合作的垃圾分类项目中，平台可以通过智能垃圾桶实时监测各类垃圾的填充情况，预测垃圾桶即将满的时间，提前发出提醒以便环卫工人及时清理。同时，瀚蓝通过应用工业互联网软件技术和垃圾运输车硬件设备，借助人工智能强大的算力为构建垃圾全自动收运系统提供有力的支撑。瀚蓝通过数字智能平台联通监测系统能实时了解垃圾站的存量情况，通过 GPS 系统能准确掌握每辆垃圾运输车的位置信息，将两项数据相结合就能根据垃圾站存量状况对垃圾运输车进行发单、派单，保证每个站点的垃圾由最近的车辆负责收运，解决了以往"乱指挥、弱规划、低效率"的问题。瀚蓝运用数字平台优化运输线路不仅将交通运输成本降至最低、运输效率提至最高，而且有利于减少每辆运输车的碳排放、碳足迹。平台将各种环保资源进行共享，提高资源利用率。例如，在瀚蓝与阿里巴巴合作的节能减排项目中，"数字大脑"平台可以将工厂能耗数据进行汇总，通过分析发现能源浪费情况，提出相应的节能建议，同时将这些数据和建议共享给其他企业，从而推动整个行业绿色发展。

招采模式智慧化。瀚蓝建立交易管理服务平台，实现招采数字化，优化供应链管理，为供应商、采购员提供更加智慧化、个性化的环保服务。截至2022年底，平台上开展的项目达700多个，供应商累计4000多个。

环保宣教虚拟化。瀚蓝推动虚拟现实技术赋能环保宣教工程。通过绿色改造，瀚蓝摇身一变成为当地的环保产业园和国家生态环境科普基地。园区内设有环保宣教中心，市民参观园区时，可使用VR眼镜观赏各个园区讲解和小视频，提高了环保宣教的趣味性和科学性。同时，瀚蓝积极应用虚拟现实和增强现实技术，进行安全培训、设备维护等方面的虚拟模拟，提高操作人员的技能和安全意识。

营销数字化。瀚蓝通过数字化营销提升品牌的知名度和市场占有率。例如，公司建立了"瀚蓝环境"官方网站、微信公众号等新媒体平台，以及数字展厅等线上渠道，推广企业形象和环保服务，扩大影响力。

打造智慧园区。智慧园区的建设对信息收集、处理和反馈有很高的要求，不仅要通过物联网、智能设备等技术，实现设备状态实时监控、智能运维和设备诊断等，更重要的是要保证信息的时效性，使功能得以正常使用。为此，工业园积极引入5G技术应用，提高信息传输效率、信息处理水平。通过5G技术赋能智能井盖、智能水表等物联网设备，瀚蓝强化了对废水、废气、垃圾等的实时监测和管理，实现了环境污染源的快速检测、敏锐反应和迅速处置，综合管理能力得到显著增强。

瀚蓝在数字化转型方面的举措不断涌现，通过多种技术手段实现了企业信息化、智慧化、可持续发展。这些措施的实施，不仅提高了企业的管理效率和服务质量，同时也为环保事业的可持续发展做出了积极贡献。未来，瀚蓝将不断加大数字化投入和技术创新力度，推动企业向更加智慧化和可持续的方向转型，以适应市场和客户需求的不断变化。

四　瀚蓝绿色产业的经营启示

瀚蓝从一个区域性供水服务企业发展壮大为全国性环境综合服务企业，其成长经历彰显了广东对国家绿色发展理念的生动实践。瀚蓝始终坚持绿色低碳循环发展观，致力于推动中国环保事业发展。经过三十余载的耕耘，瀚蓝以勇于探索、顺势应变、走在前列的"粤商精神"闯出了绿色生态生活全产业链的发展道路。瀚蓝的绿色经营经验如下。

（一）扎根低碳环保业务，坚定绿色发展信念

瀚蓝自转型为环保型企业后，在行稳成长中不断探索企业文化和经营理念——以"共建人与自然和谐生活"为使命，坚持以提升竞争力为核心打造品牌，通过持续强化环境生态综合管理服务能力，为创造城市美好生活空间而贡献瀚蓝力量。随着工业经济的飞速发展，生态文明建设势必是国家未来发展的重心，瀚蓝坚持走环保之路。在三十余载的发展中，瀚蓝不断拓展绿色业务，集固废处理、绿色能源供应、供水、污水处理等于一体，形成全方位市政环境产业协同服务链，实现资源大循环，为我国生态文明建设添砖加瓦。

（二）持续聚焦绿色技术，精心打造绿色产品

瀚蓝坚持以高效环保为核心，不断进行环保设备研发与绿色技术创新。瀚蓝人秉承"继往开来"的创新精神，推动工程技术成果普及应用。公司精于环保设备的改良与升级，通过弊端修正和技术攻关，对水质在线检测设备、废水处理设备和除尘设备等环保设备进行再设计与改造，使产品更加适配环境需求，兼顾稳定和性能的要求。同时，瀚蓝人致力于通过绿色技术实现低碳循环，以铝灰渣危废项目为例，公司积极采用铝灰渣湿法全量资源化技术，高效完成危废处理任务，并加工生成高铝料、氨水、可燃性气体、复合盐晶体等物质。项目实现全过程废水废物零排放，铝灰资源化利用率达到90%以上，获得较好的经济和社会效益。

（三）向外推广"瀚蓝模式"，助力"无废城市"建设

随着南海固废处理产业园的落地，瀚蓝的固废处理产业园模式运行日趋成熟，"瀚蓝模式"具备显著的绿色优势，受到了社会各界的青睐。截至目前，"瀚蓝模式"在广东省、福建省、湖北省、河北省等地已被成功复制，有9个固废处理环保产业园正在运营中，其中已投运的工业危废处理项目规模达到了每年19.55万吨。瀚蓝提供的全流程固废处理综合服务，有效整治了城市环保领域的顽瘴痼疾，提升了污染风险防控水平，增强了区域固废协同处置水平，加速助推我国"无废城市"建设。

（四）以社会需求为导向，化"邻避"为"邻利"

为满足佛山城市发展需求，瀚蓝不畏艰难，接手"千疮百孔"的垃圾处理企业，并重新定位垃圾处理企业的社会价值。瀚蓝通过升级技术、工艺标准与承担社会责任，取信于周边群众，最终化"邻避"为"邻利"，顺利开展环保工作并得到政府与社会各界的高度赞赏。目前，瀚蓝的南海固废处理产业园已成为科普教育基地，园区每年接待参观人数达上万人次。瀚蓝始终坚持以社会需求为导向，扭转了人们心中环境设施的刻板印象，赋予其观赏性及教育性，为固废处理行业注入了向善的能量。

（五）数字化赋能精细化管理，推动企业高质量发展

瀚蓝积极助力佛山市建设"无废城市"，探索构建"无废城市大脑"，通过引进大数据、云计算、人工智能等先进技术，企业的信息化水平和管理效率得到了明显的提升。在智慧园区建设方面，瀚蓝通过物联网、智能设备等，实现设备状态实时监控、智能运维和设备诊断等。在工业园区项目中，瀚蓝采用5G技术，利用智能井盖、智能水表等物联网设备，实现了对废水、废气、垃圾等的实时监测和管理，实现了环境污染源的快速检测和处置。在企业内部管理方面，瀚蓝应用虚拟现实和增强现实技术，进行安全培训、设备维护等方面的虚拟模拟，提高操作人员的技能和安全意识。在数智

化电厂建设方面，瀚蓝将云计算、大数据等新技术引入生产应用各环节，打造环境治理行业首个 AI"数字大脑"，有效提升了垃圾焚烧稳定性，强化了垃圾焚烧发电厂的全生命周期管理。

　　瀚蓝始终坚持以社会责任驱动企业发展，将绿色基因植入企业发展，以"共建人与自然和谐生活"为使命，不断强化绿色运营，发扬敢为人先、爱国奉献的"粤商精神"，以经营数据彰显了经济、环境、社会"三位一体"的可持续发展成果。

总结篇

第十二章
新时代粤商绿色管理的经验总结

谈及"粤商"，通常是指中国广东省的商人和企业家，他们敢闯敢试、勇于创新、开拓进取、务实守信、爱国奉献、追求卓越，造就了中国一个个商业奇迹，代表人物有李嘉诚、马明哲、马化腾和黄光裕等。19世纪末至今，粤商在中国现代化进程中发挥着重要的作用。在中国改革开放之前，粤商就已经在内地投资和经商。改革开放后，他们利用自身的优势在经济、贸易、科技等领域发展迅猛。广东地处南方沿海，交通便利，与香港毗邻，历史上一直是中国对外贸易的重要门户，因此粤商在中国商业界有着较高的地位和影响力。他们以做生意、经商为主，也有不少在文化等领域有着重要的影响。粤商的崛起与广东的地理位置和自然条件有很大关系。广东地处中国南方，三面环海，与香港、澳门相邻，地理位置优越，自古以来就是与海外交流最为频繁的地区之一。粤商利用地缘优势，与世界各地开展广泛的商贸往来，形成了独特的商业网络。此外，粤商也拥有创新的商业理念。他们善于开拓市场、把握商机，探索新的商业模式和发展道路。粤商崇尚"开放、创新、共赢"的商业理念，以市场为导向，以合作为基础，积极参与国际合作与竞争，推动广东乃至中国经济的发展。新时代的粤商崇尚"敢为人先，务实开放，崇信守法，爱国敬业"的新粤商精神。与传统粤商精神相比，新粤商精神更加注重企业社会责任、创新与发展的平衡，以及企业家精神的跨界融合。"敢为人先"体现了粤商在市场竞争中勇于创新、勇于开拓的态度。粤商在面对市场时始终坚持实事求是、开放包容的态度，勇于拥抱变革，积极探索新领域、新模式，不断推陈出新、开拓创新，以迎合市场需求，顺应时代潮流，不断提升企业核心竞争力。"务实开放"体现了粤商在国际贸易中追求合作、务实的态度。粤商一直重视国际贸易和海外市场的开拓，以开放、务实、平等的态度与世界各国的企业开展合作，通过多种方式来扩大贸易和投资规模，推动经济全球化和国际化。"崇信守法"体现了粤商在商业运作中强调法律意识、合规意识的态度。粤商强调商业活动中的合法性和合规性，严格遵守国家法律、法规和商业道德，将合规意识内化为企业文化和管理理念，并通过不断加强内部管理、提高员工合规意识等措施来落实。"爱国敬业"体现了粤商在全球化背景下不忘本土情怀、积极融入国家发展战略的态度。粤商在发展自身的同时，注重国家和社会的发展，积极履行企业社会责任，为国家和社会的发展做出积极贡献。粤商的兴起和发展对中国经济和社会的发展产生了积极影响。他们为国家和地区的经济发展作出了重要贡献，带动了就业和改善了民生。同时，他们还积极参与社会公益事业，推动社会进步和发展。总之，粤商是中国近代经济史上不可或缺的重要组成部分，其发展充分证明了中国改革开放的成功。在新时代，粤商将继续发挥自身优势，秉承创新、开放、合作的理念，为推动中国经济高质量发展做出贡献。

一　新时代粤商绿色管理的发展阶段及特征

随着社会的发展，绿色管理成为企业可持续发展的重要战略之一，因此粤商也在不断探索绿色管理新路径。新时代粤商绿色发展可以分为三个阶段：初步探索阶段、逐步成熟阶段和综合发展阶段。

初步探索阶段可以追溯至20世纪80年代末90年代初，当时粤商的环保意识还不强，企业只是从经济角度考虑环保问题，针对环境保护问题主要是进行一些简单的探索和尝试，这个阶段的特点是措施比较零散，缺乏系统性和全面性。随着国家环保政策的完善和社会对环保的关注度不断提高，粤商对环境保护的认知不断深化，并逐步探索绿色管理新路径。在这个阶段，粤商主要采取一些基本的环保措施以减少环境污染，如推广绿色包装、使用清洁能源、安装废水处理设备、减少废气排放等。

而在第二阶段，随着环保意识提高和绿色发展，粤商开始逐步采用更为先进的环保技术和管理手段。如瀚蓝引进国际领先的环保工艺和环保标准，以实现垃圾焚烧发电厂的绿色转型。在这个阶段，粤商开始从产品设计、生产过程到物流等方方面面实现绿色化。注重在生产中节能减排，推动使用清洁能源，减少对环境的影响。同时，采用更加环保的材料，通过绿色产品理念来吸引更多的消费者。这种转型并不是一蹴而就，需要在技术研发、投入、市场推广等多个方面付出努力。与此同时，粤商开始积极参与各种环保组织和社会活动，构建其环保形象，践行社会责任。

在综合发展阶段，粤商意识到绿色发展不仅仅是产品的绿色化，也包括整个企业的绿色管理。他们开始注重企业内部的环保、节能等方面，推行绿色生产、绿色物流，同时也在组织结构、人才培养等方面实现绿色化，让绿色理念融入企业文化。随着绿色理念的深入人心，粤商开始将绿色管理融入企业战略和管理体系，以创新为导向，关注可持续发展和社会责任感。如广东的美的集团在综合发展阶段将绿色理念融入企业的战略和管理，构建了绿色供应链体系和循环经济模式，实现了从节能减排到资源回收的全方位绿色管理。同时，美的集团积极参与环保组织和社会活动，为社会做出贡献。在这个阶段，粤商不仅注重环境保护，也关注企业的可持续发展和社会责任。粤商开始推进循环经济和绿色供应链管理，加强与环保专家和组织的合作，不断优化绿色管理。

新时代粤商绿色管理的主要特征包括：第一，注重产品设计、生产、包装、运输、销售等过程中的绿色化改造；第二，注重创新，运用新技术、新材料和新工艺，推动绿色产业发展；第三，坚持绿色发展理念，以企业可持续发展为核心，不断优化生产结构，推动经济社会可持续发展；第四，注重企业社会责任，积极回报社会，推动绿色、低碳、可持续发展。

新时代粤商绿色管理已经不再依靠单一的技术手段，而是建立健全系统性管理体系。这个体系包括绿色设计、绿色生产、绿色营销、绿色物流、绿色服务等各个方面，旨在实现整个产业链绿色化。随着社会环保意识的不断提高和绿色理念的深入人心，粤商将会在绿色管理方面不断创新，将绿色管理理念融入企业文化，引领绿色发展潮流，为未来的绿色中国贡献力量。

二　新时代粤商绿色管理的八项经验总结

通过前文案例分析与经验总结，我们得出如下粤商绿色管理经验。

（一）经验一：践行绿色管理理念，实现企业可持续发展

绿色管理理念是环保理念、可持续发展理念与企业管理相结合的新型管理思想，是推动绿色经济、促进可持续发展的必要手段和方式。粤商积极践行绿色管理理念，不仅追求经济效益，还注重保护环境、促进社会进步、提升企业形象，实现经济、社会和环境的可持续发展。粤商绿色管理理念主要体现在以下几个方面：①以保护环境为企业经营的前提。企业在经营过程中平衡经济效益与生态效益，优先把绿色环保摆在首位，不以牺牲生态效益为代价换取经济效益。绿色管理追求经济效益和生态效益的双赢，通过节约资源和减少环境污染，降低成本，提高竞争力。企业在开展生产经营活动前，对环境风险和影响进行评估，制定相应的环境保护措施和方案，确保生产活动的可持续性和环境友好性。②实现资源的循环利用，建立资源节约型企业。绿色管理理念要求企业提高资源循环利用率，减少资源消耗，实现可持续发展。企业应该采取节能、节水、节材等措施，推广循环经济模式，实现资源再生利用。如比亚迪进行聚合物电池回收，为电池生产提供原材料，实现资源循环利用，同时也避免了由废旧电池随意丢弃造成的环境污染。在瀚蓝的环保产业园中，固废处理过程中所产生的沼气、地沟油等污染物还能够通过采取一系列的技术手段变废为宝，为产业园提供电能。③建立健全绿色管理体系，实现全产业链绿色转型。企业将环境管理、能源管理、资源管理、绿色供应链管理等融合在一起，强化全过程的环保控制，确保绿色管理的有效实施。在环境管理方面，企业引进领先的环保管理标准，建立环保责任制，推行清洁生产技术，严格控制废水、废气排放，实现环境影响最小

化。在能源管理方面，企业可以建立符合自身条件的能源使用规范，推进环保技术的应用，降低能源消耗。公司技术部门还可以建立能源数据监测和分析系统，对能源使用情况进行全面掌控。在资源管理方面，企业可以打造资源管理体系，推行绿色设计理念，引进环保材料，实现废弃材料的回收再利用。同时，建立资源消耗监测系统，实现资源的高效利用。在绿色供应链管理方面，企业可以制定绿色采购政策，与供应商签订环保责任书，发展绿色物流，通过全链条绿色管理，实现企业的环保目标。④注重培育绿色文化，丰富绿色管理文化。企业应将绿色理念融入企业文化和企业管理，建立环境友好型企业。这需要企业增强员工的环保意识，提升生态素养，了解绿色管理的基本理念和原则，重视生态环境保护，积极参与绿色公益事业。例如广药集团定期举行绿色培训活动，带领员工参与植树造林公益活动。此外，企业应加强与内部和外部利益相关者的沟通，宣传绿色管理成效，打造绿色品牌形象，提高社会认可度和美誉度。例如，瀚蓝为了消除传统垃圾焚烧发电厂的"邻避效应"，积极与外部相关利益者沟通并宣传环保理念，把固废产业园打造为环保教育基地和旅游打卡地，让周边居民安心居住。简而言之，绿色管理文化是一种企业文化，通过建立绿色管理体系和制度，引导员工树立环保意识，推动绿色发展，实现经济、社会和环境协调发展。

（二）经验二：确定绿色战略方向，努力实现产业升级

绿色战略是一种可持续发展战略，通过将环境保护与商业发展相结合，旨在推动经济可持续发展。绿色战略是企业绿色发展的根本，因此明确绿色战略的发展方向对于企业来说十分关键。广东省"十四五"规划在生态环境保护方面提出了具体的任务和措施，旨在推动生态环境保护工作，实现生态文明建设和可持续发展目标，也为粤商的绿色发展指明了方向。粤商的绿色战略包括：①绿色战略分析。绿色战略分析是评估企业或组织在可持续发展方面的表现，制定和实施可持续发展计划的过程。是在考虑到环境、社会和经济三个方面的综合因素的基础上，制定一种能够助力企业实现可持续发展的战略。通过绿色战略分析，企业可以选择绿色发展战略，制定具有可持

续性的策略，同时达到商业目标和践行社会责任。绿色战略分析是粤商确定战略方向进而实现产业升级的前提。例如，华为公司基于 ICT 行业未来发展趋势、国家政策导向、品牌形象提升等，分析公司各项资源优势，助力企业实施绿色行动、进行绿色转型升级。②绿色战略选择。绿色战略分析是绿色战略选择的基础，绿色战略选择是企业实现长期目标的关键，通过制定合适的战略，企业能够在竞争中获得优势，实现自身目标。例如广东省能源集团综合考虑企业目标、外部环境、内部能力、竞争优势和风险管理等，把能源结构优化升级作为重要的绿色战略。优化升级能源结构是企业践行社会责任和实现可持续发展的具体体现，这一举措既可以提升企业的品牌价值，又可以让企业更好地适应市场需求，提高企业的市场竞争力。③绿色战略实施。粤商在绿色发展过程中积极响应国家政策号召，不断加大环保力度，把可持续发展战略作为企业的重要战略，坚持绿色发展，注重产品各个流程的绿色化，取得经济效益和社会效益的双赢。例如，美的绿色发展战略以降低碳排放、发展循环经济为重点，将可持续发展理念融入公司的战略和业务。公司通过技术创新和优化生产工艺、推广节能技术、提高资源利用效率等措施，实现了可持续发展目标。美的绿色战略涉及产品设计、生产、销售等各个环节，逐步建立了完善的绿色发展体系，带动了上下游供应企业绿色减碳，实现产业链绿色发展，为社会和环境带来了积极的影响。

（三）经验三：加大绿色资源投入，将"绿水青山"转化为"金山银山"

"绿水青山"是人类赖以生存的生态环境，而"金山银山"则是人类发展所追求的财富。加大绿色资源投入是企业走可持续发展道路的必选项，"绿水青山就是金山银山"，谋生态就是谋发展。"敢试敢闯，敢为天下先"的粤商多年来致力于探索多元化的绿色低碳发展方式，多维度进行绿色资源投入，包括大量的"增绿"资金、尖端的"活绿"人才、先进的"护绿"设备及技术等，这为"绿水青山"转化为"金山银山"提供了全方位的保障。粤商的绿色资源投入主要体现在以下三个方面：①加大"增绿"资金投入。充足的资金投入是企业发力绿色低碳高质量发展的关键，保障企业全流程绿色经营。广药集团一直走在绿色减排的路上，每年投入千万元级别的环保专项经费，用于升级改造工厂设备，减少环境污染。在绿色转型的早期阶段，广药集团淘汰了一批高耗能、高污染的机器设备，开展了一系列节能减排技术升级改造项目，逐年降低企业能耗和排放，节省了生产成本。在中期阶段，广药集团投重金打造自动化绿色工厂和智能化绿色生产基地，更新绿色环保设备，引进与创新相结合，进一步提升绿色技术和环保工艺，不仅为企业提升了产能，还协同改善了环境，取得了一举多得的成就。②加大"活绿"人才投入。绿色创新人才是企业解决绿色发展科技支撑不足问题的关键，有助于企业解决绿色发展的痛点、难点。企业的绿色发展理念、绿色发展规划、绿色创新技术都离不开绿色创新人才作用的充分发挥。光华科技一直重视培育绿色创新人才，在内部打造了以化学人才为核心的精英研发团队，在外部通过联合近20所高校院所开展产学研项目，为企业注入绿色研发新活力、新思路。为了持续优化绿色创新体系，光华科技每年都投入大量科研资源，目前企业内部的高水平技术研发团队不仅取得了丰富的成果，还助力国家攻坚行业痛点问题，并建立多个国家级和省部级研发平台。③加大"护绿"设备、技术投入。绿色创新是企业可持续发展的关键，而绿色创新设备、技术则是企业开展绿色经营的有力支撑。众多粤商在绿色转型过程中，大力引进绿色创新设备、技术，勇于对发展模式进行大刀阔斧地改造，持续关注绿色技术创新。广能集团着力于用心开发利用绿色能源，投身环保事业，其环保指标一直保持国内行业领先水平。截至2017年，广能集团已完成广东的常规燃煤机组超低排放改造；截至2020年，完成了全部燃煤机组超低排放改造和现役燃气机组脱硝改造，全面实现了燃煤机组超低排放和燃气机组脱硝运行。截至2021年上半年，完成了全部火电厂废水零排放改造。广能集团以一系列改造行动积极响应国家"双碳"政策号召，助力广东省尽早实现碳排放达峰，奋力开创能源利用新局面。总之，粤商在绿色转型方面的成功经验证明了，绿色资源投入是企业深入打好绿色转型攻坚战的重要基础性保障，企业的可持续发展需要有顾全大局的投资意识，只有守住

"青山绿水"才能获得"金山银山"，要因应时势不断注入绿色资源，扬起绿色之帆则行稳致远。

（四）经验四：绿色资源融合，构筑新竞争优势

绿色资源的充分融合是企业高质量发展的新引擎，在内部加大力度进行绿色资源整合，在外部联动产业链发展绿色经济，由内到外全维度下好"绿色转型"这盘棋，助力企业在绿色转型中站稳脚，构筑以绿色为主调的新竞争优势。①探索企业内部的绿色资源协同整合。企业对内部资源的整合有利于降本增效，进而助推业务的绿色创新。数字化不仅是要求企业有效整合内部的绿色工具，更是企业稳步推进绿色低碳发展的重要基础。美的集团的数字化升级转型已开花结果。早在 2012 年，美的集团就拥抱信息时代的变革，做首批"吃螃蟹"的企业，扛起数字化转型的大旗，埋头务实全力推进数字化转型。数字化运营让美的集团实现了生产流程的精细化、生产设备的数控化和生产监督的自动化，为绿色生产精准增效，为制定绿色创新生产方案积累了更多支持资金，推动企业持续为社会传递绿色正能量。②探索与上下游企业的绿色资源协同整合。企业积极联动产业链上下游企业，协同整合绿色资源，补齐短板、锻造长板。孤身作战不如抱团取暖，打通产业链资源渠道，不仅能降低成本，还能实现产业集约绿色发展，高效聚焦绿色科技创新，围绕绿色发展提质增效。华为致力于协同上下游企业进行绿色资源整合，建立基于循环经济的商业模式和闭环式产业链，减少环境破坏和对自然资源的索取。在采购方面，华为建立了原材料品类测算机制，实施绿色采购，为供应商减碳提供便利，精确规划送货路径，减少车次及里程。2021年，华为提升了原材料直送到工厂的比例，减少了运输里程以及原材料仓库面积，折合减碳 34.5 吨。在物流方面，华为依照 ISO 14064 标准，设计了供应链碳核算架构，通过优化原材料自提路径、集中配送、派送路径优化等，降低了发运到海外各个国家的空运比例，减少碳排放 456 吨；优化全球物流仓储布局，间接减少碳排放约 99 吨；华为在中国 4 个区域配送中心试点应用区块链技术，减少货物签收、付款复核等环节的用纸，节约用纸 32

万张。③探索与社会各界的绿色资源协同整合。校政企三方协同发力，能将各自优势发挥到极致，形成铁三角共同提升社会环境管理能力、人才水平及经营水平，强化绿色科技引领的核心能力，共同构建"政产学研用"的绿色发展新格局，达到绿色合作共赢的目的。瀚蓝破解"邻避效应"是校政企合作的佳绩。瀚蓝通过采取一系列公开透明、坦诚沟通的措施，升级技术和工艺标准并取信于周边群众，最终化"邻避"为"邻利"，不仅顺利开展环保工作，得到政府与社会各界的高度赞赏，而且将固废处理产业园打造成科普教育基地，协助政府在固废处理行业之中注入正能量。此外，瀚蓝还积极与高校团队合作，签订战略性产学研合作协议，共同攻关固废处理工艺，力求加快形成系统化、可复制的工业垃圾资源化利用方式，助力我国"双碳"目标实现。总之，用绿色经营引领企业可持续发展，充分整合内外绿色资源，是粤商重构企业竞争优势、高效绿色经营、摒弃传统模式的法宝。纵观这些粤商的成功经验，不难发现，坚持以社会需求为导向，结合国家发展战略，联动高校团队，取长补短凝聚绿色核心竞争优势是关键。迈上绿色发展新台阶，不仅需要内部绿色资源整合，还需要协同产业链及政府、高校全方位共享绿色成果，共铸绿色发展新格局。

（五）经验五：实现产品绿色制造，降低资源综合消耗

企业在生产过程中，通过使用环保材料、清洁能源和采用清洁技术等，使产品生产对环境的影响尽可能地降至最小，同时减少能源和资源消耗，实现绿色制造，提高产品的竞争力，推动绿色经济发展。对于企业来说，要想实现绿色制造一般从绿色生产设计、绿色生产工艺和技术、绿色生产制造三个方面入手。①绿色生产设计。绿色生产设计的关键是将环保和资源利用等因素纳入。在设计阶段，需要对产品的材料、能源、包装、运输等方面进行考虑，优化设计方案，减少环境污染和资源浪费。例如，华为长期实施绿色包装策略，在保证包装基本功能的前提下，尽可能减少包装材料的使用，选择环保包装材料，提高包装材料回收和再利用率，力求最大限度地减少包装对环境的影响，减少能源消耗，实现绿色生产制造。②绿色生产工艺和技

术。企业通过改进和优化生产工艺和技术，降低资源消耗，减少污染物的产生，形成更高效、更环保的生产方式。例如，光华科技坚定走绿色可持续发展道路，以创新科技助力绿色环保发展，生产环保低碳的专用化学品，解决业内的绿色清洁难题，探索绿色产品生产。此外，光华充分利用内部研发体系，通过替换有害元素改良产品生产配方，开发出一系列环保型电子化学品、化学试剂，提高生产效率和产品质量，实现可持续发展。③绿色生产制造。要实现绿色生产制造，企业就需要对生产的全部环节进行严格把控，在制造生产过程中，通过使用环保材料、采用节能技术、减少污染物排放等，实现生产过程绿色化。这种绿色产业链，从原材料采集、生产制造、销售流通到回收利用始终践行着绿色环保理念。企业可以通过打造绿色产业链、绿色车间、绿色工厂、绿色园区等实现绿色制造。例如，瀚蓝在绿色园区建设中采取了制定绿色标准、打造绿色供应链等措施，加强设备维护和优化运行方式，实现设备能耗的降低，减少能源浪费。瀚蓝在园区建设中充分利用土地资源，打造了园区绿化带、休闲区、公共活动场所等多功能区域，将园区建设与生态环保相结合。此外，瀚蓝还建立了废弃物回收处理体系，通过再利用，实现循环经济。同时，瀚蓝也积极倡导员工、供应商等参与绿色标准的推广，进一步提高绿色园区的影响力。瀚蓝在供应链上也倡导绿色理念，与供应商合作，共同推进绿色生产。瀚蓝不仅要求供应商符合环保要求，还推广环保物料和包装材料，进一步推动整个产业链的绿色化。

（六）经验六：注重绿色创新管理，引领全周期绿色发展

绿色创新管理是指在企业或组织的管理体系中，采取绿色创新方法，将环境保护和可持续发展融入企业的战略、运营和决策，实现经济效益、社会效益和环境效益的协同。绿色创新管理涉及企业内部的各个方面，包括产品、服务、生产过程、供应链管理、人力资源管理、财务管理、风险管理等。绿色创新管理需要具备创新意识、绿色意识和可持续意识，并以绿色创新为核心，通过完善的管理机制和措施，促进企业和组织的绿色转型和可持续发展。企业和组织可以通过使用多种手段和方法，如绿色设计、环境影响

评价、生态效益评估、碳足迹评估、绿色采购、绿色营销、绿色供应链管理等，实现绿色创新管理目标。①绿色管理机制创新。绿色管理机制创新是指在现有绿色管理框架下，通过不断优化和完善绿色管理制度，实现绿色管理的创新和升级。绿色管理机制创新包括采用新的绿色技术、制度、流程等手段，推进绿色管理，提高企业的环境、经济和社会效益。明阳集团对绿色管理机制进行了一系列创新性改革，如建立供应链绿色管理机制，从供应商的环境影响因素、产品的环保性能、生产过程中的环保管理等方面，全面考虑供应链的环保要求，确保产品符合环保标准；定期发布环境责任报告，对企业的环境影响因素、环境保护措施、环境责任承担情况等信息进行全面披露，增强企业的透明度和公信力。②绿色管理体系创新。在管理体系创新上，企业可以建立绿色供应链管理体系，加强对供应商的绿色管理要求和监督，促进全产业链的绿色转型。比如美的集团构建了绿色供应链体系和循环经济模式，将绿色工厂优先纳入合格供应商名单，坚持采购绿色材料，推进上下游供应企业绿色减碳，推动产业绿色发展。此外，企业还可以构建环境管理信息系统，实现对环境数据的实时监测和分析，提高环境管理水平。如明阳集团针对企业的各项环境影响因素进行全面评估，并建立环境评价体系，对企业的环境影响进行定期检测和监控，以确保企业的生产经营活动符合环境保护法规要求。

（七）经验七：优化绿色营销系统，打通绿色市场通道

市场营销是企业经营中不可或缺的部分，企业所提供的产品和服务需要靠营销转化为业绩和利润。现阶段，国家要求企业谋求绿色可持续发展和高质量发展，这对企业营销提出了全新的要求。因此，优化绿色营销成为企业必修的课题。绿色营销是为了提高企业的竞争力同时完成利润目标，将保护生态环境作为企业生产运营的前提，在企业生产制造的各个环节，如市场调查、产品的生产制造等加入"绿色"因素。①绿色产品策略。绿色产品是对环境无污染的产品，在品质方面，不仅应该与普通产品的功能性相契合，还需要有稍高的品质规范、更小的能源耗费、对环境较为友好。美的集团实

施绿色产品策略，通过绿色技术升级，生产节能、低能耗的环保空调，并受到广大消费者的追捧。②绿色营销策略。绿色营销策略是通过媒介，包装和宣传公司的绿色产品，进而带动营销，实现产品价值。美的集团采用了绿色营销策略，在产品宣传中强调节能环保特性、推广绿色节能产品，激发消费者购买欲望，进而实现产品价值，并提高消费者的环保意识。而广药王老吉在饮品包装上采用了低污染、可降解的绿色材料，并通过公众号自媒体、短视频等进行产品营销，大大激发了消费者对新饮品的购买欲望。

（八）经验八：携手政府落实绿色监督，实现人与自然和谐发展

绿色监督是指政府或第三方组织对企业在环保、资源利用、能源消耗等方面实施的监督和管理，以确保企业不会对环境造成过度破坏，从而达到绿色发展的目标。绿色监督旨在增强企业的环保意识，强制执行环保法规，减少对环境的损害，增强企业的社会责任感，实现人与自然和谐发展。要落实绿色监督，需要政企协同建立绿色监督机制。在政府端，绿色监督主要从以下几个方面予以落实：①制定完善的绿色监督政策和法规。政府应该通过立法等方式规范和约束企业的行为，对违法行为进行严厉惩处，同时应该加强环境监管，确保绿色监督的有效实施。对达成碳汇指标的企业，政府可以通过税收减免、环保补贴等优惠政策予以鼓励。②加强信息公开。政府和企业应该加强信息公开，建立信息公开平台，向社会公开企业的环保情况，加大社会的监督力度，确保绿色监督的公正性和透明度。③建立绿色监督体系。政府和企业应该建立绿色监督体系，建立专门的绿色监督部门或机构，负责对企业的环保行为进行监督，同时也要加强对企业环保意识和行为的培养。④推动企业绿色转型升级。政府应该加大对企业环保技术创新的支持力度，推动企业绿色转型升级，通过引导和激励企业采用更加环保、可持续的生产方式，降低能源消耗、减少污染排放、提高资源利用率等。⑤建立绿色信用评价体系。政府可以建立绿色信用评价体系，对企业的环保行为进行评估，通过评估结果对企业进行分类管理，对优秀的企业给予一定的奖励和优惠政策，对环保行为不佳的企业进行批评和惩处。

在企业端，绿色监督应该从以下几个方面来执行：①明确绿色监督目标和范围。企业需要明确绿色监督的目标，并制定计划，以便于有针对性地制定监督措施。②建立绿色监督制度。企业需要建立完善的绿色监督制度，包括监督人员的职责、监督的时间节点和频率、监督的方式和方法、监督的标准和要求等，以确保监督工作有效开展。③加强环境监测和数据管理。企业需要借助智能监控、大数据分析、人工智能算法等数字化技术加强环境监测和数据管理，收集、记录和分析环境数据，对环境污染、生态破坏等问题进行监督和管理，确保企业环境数据真实可靠，为绿色监督提供数据支持。④强化环境安全管理。企业需要建立完善的环境安全管理制度，加强环境风险评估和预警，做好环境应急处理和事故应对工作，避免环境污染和生态破坏。⑤加强宣传和培训。企业需要通过宣传和培训，提高员工和社会公众对绿色监督的认知，加强对监督结果的解读，为企业绿色转型提供决策支持。

总体而言，以上经验讲述了新时代粤商在绿色管理上作出的努力，体现为绿色理念的践行、绿色战略方向的明确、绿色资源的投入与融合、绿色生产制造、绿色创新管理、绿色营销系统优化、绿色监督的落实等。坚持绿色发展理念是实现可持续发展的重要方针，是新时代粤商践行社会责任的体现，也是保护环境、保障人类健康的重要行动。新时代粤商在绿色管理上的努力，反映了企业的环保意识和责任担当，对于推动绿色低碳发展、促进经济可持续发展具有积极的意义。

随着人们环保意识的增强，企业越来越意识到绿色生产的重要性，并逐渐通过实际行动来推动绿色转型发展。绿色管理理念的普及，将为我们创造一个更加清洁、健康和可持续的未来，在不久的将来也会有更多的新时代粤商在经济发展中积极实行绿色的经营和生产模式，粤商的绿色转型发展将会迈上新台阶。

参考文献

《2020 中国电器电子产品生产者责任延伸实施情况年度报告》，《家用电器》2021 年第 1 期。

《PCB 化学品市场势头迅猛　光华科技领跑行业》，《新民周刊》2015 年第 7 期。

《工业物联网与网络化控制教育部重点实验室》，《重庆邮电大学学报》（自然科学版）2021 年第 4 期。

《广东能源集团：打造国内一流并具有国际竞争力的绿色能源集团》，《中国环境监察》2022 年第 7 期。

《广晟有色：控股子公司取得探矿许可证，有望增厚稀土资源储备》，《金属功能材料》2021 年第 1 期。

《广晟有色筹划重大资产重组拟收购大宝山矿业》，《现代矿业》2019 年第 1 期。

《广晟有色召开科技创新交流会》，《稀土信息》2022 年第 3 期。

《广药集团：站在世界 500 强新起点，奋力打造世界一流企业》，《同舟共进》2022 年第 3 期。

《广药集团家庭过期药品回收坚持十六年　争当垃圾分类排头兵》，《同舟共进》2019 年第 12 期。

《广州：发力新城建，构建新格局》，《中国建设信息化》2021 年第 19 期。

《瀚蓝环境：打造社会责任内驱动力》，《董事会》2020 年第 8 期。

《瀚蓝环境：将社会责任融入治理结构》，《董事会》2019 年第 12 期。

《瀚蓝环境：年处置铝灰渣 3 万吨，破解"无废城市"建设难点》，《中国环境监察》2022 年第 9 期。

《瀚蓝绿电：助力环保科普教育　成就固废处理典范》，《广东科技》2019 年第 7 期。

《绿色华为：引领通信迈向绿色世界》，《移动通信》2010 年第 23 期。

《绿色金融科技赋能，中国平安纳入恒生国指 ESG 指数》，《营销界》2019 年第 26 期。

《绿色通信、绿色华为、绿色世界》，《电信网技术》2011 年第 1 期。

《明阳集团：绿色创新推动高质量发展　做全球清洁能源智慧化、普惠制领军者》，《中国环境监察》2020 年第 6 期。

《明阳集团打造 1500MW"海上风电+海洋牧场+海水制氢"立体化海洋能源创新开发示范项目》，《航海》2023 年第 2 期。

《明阳集团将打造千亿级新能源产业群》，《风能》2017 年第 11 期。

《明阳集团与罗马尼亚签订最大风电设备出口合同》，《玻璃钢/复合材料》2014 年第 1 期。

《明阳智能公布 2023 年碳中和蓝图》，《风能》2021 年第 6 期。

《南方电网：自主创新勇于担当　推动中国能源产业发展》，《高科技与产业化》2021 年第 6 期。

白颐：《"十四五"我国石化和化工行业高质量发展思路及内涵》，《化学工业》2020 年第 1 期。

曹长庆：《认真总结三十年改革经验　进一步深化价格改革》，《中国经贸导刊》2008 年第 23 期。

陈丰：《发挥大数据价值，支撑数字化转型——南方电网公司数字电网建设探索与实践》，《软件和集成电路》2021 年第 5 期。

陈莉：《实现"双碳"目标，美的启动家电绿色回收行动》，《电器》2022 年第 4 期。

陈雪频：《美的数字化转型"三级跳"：9 年 120 亿》，《国企》2021 年第 19 期。

陈阳、霍琦媛：《"去家族化"在中国行得通吗？——以美的集团为例》，《中国商论》2016 年第 22 期。

陈永强：《关于开展施工企业安全文化建设的几点思考》，《企业改革与管理》2019 年第 5 期。

陈泽佳、叶育甫：《探究广东省能源消耗对经济的影响》，《中国集体经济》2022 年第 17 期。

邓茗文、于志宏：《破解"垃圾围城" 贡献无废城市的可持续实践——瀚蓝环境：社会责任为帆 领航浩瀚蓝海》，《可持续发展经济导刊》2020 年第 10 期。

李欣智、周天睿：《〈中国电力发展报告 2018〉 发布》，《中国电子报》2019 年 6 月 27 日。

丁瑶瑶：《让绿色成为高质量发展的鲜明底色》，《环境经济》2021 年第 6 期。

董方舟：《中国平安的"绿色承诺"》，《中国金融家》2021 年第 6 期。

董雷：《美的并购德国库卡始末》，《国企管理》2018 年第 17 期。

董育余、叶进、赵生吉：《新时代绿色发展理念的内在价值探究》，《边疆经济与文化》2021 年第 12 期。

傅宇：《绿色管理理论的演变及其在中国的发展前景探究》，《现代交际》2018 年第 12 期。

郝佳男：《南方电网发行"21 南电 GN001"碳中和债案例研究》，兰州财经大学硕士学位论文，2022。

洪启洋：《低碳转型时代北欧能源合作机制研究》，华东师范大学硕士学位论文，2022。

胡建军、刘恩伟：《建设绿色矿山 促进采矿业可持续发展》，《中国矿业》2012 年第 S1 期。

黄超、段晓峰、朱凌、郑艳、王涛：《广东省海上风电产业发展形势分析》，《海洋经济》2018 年第 6 期。

黄英华：《改革开放以来中国工业化与城市化的协调性研究》，浙江大学硕士学位论文，2012。

黄颖：《车企可持续发展与碳中和》，《上海汽车》2023年第3期。

纪云松、刘润宝、赵利：《广东省海上风电与燃机、储能综合能源发展政策研究》，《绿色科技》2021年第10期。

江诗丝：《我国医药企业品牌传播的问题与对策》，重庆工商大学硕士学位论文，2016。

江文卓：《智能变电站继电保护可靠性评估应用研究》，广东工业大学硕士学位论文，2022。

金琳：《广药集团：打造世界一流生物医药与健康企业》，《上海国资》2022年第1期。

金晓雪：《美的集团数字化转型对企业绩效的影响研究》，南京信息工程大学硕士学位论文，2022。

鞠雯君：《新形势下基于中药文化的广药集团老字号企业文化建设分析》，中山大学硕士学位论文，2021。

寇玺：《XX燃气公司"气荒"应对策略研究》，电子科技大学硕士学位论文，2018。

李汉龙：《广东：海上风电　风生水起》，《环境》2022年第4期。

李汉龙：《广东：着力推动能源绿色低碳转型》，《环境》2022年第5期。

李丽旻：《以数据为纽带，助推数字新基建》，《中国能源报》2023年3月13日。

李曼玉：《习近平关于绿色发展的重要论述与实践溯源研究》，浙江大学硕士学位论文，2022。

李鹏、习伟、蔡田田、于浩、李鹏、王成山：《数字电网的理念、架构与关键技术》，《中国电机工程学报》2022年第14期。

李锐、彭明洋、顾衍璋：《数字化转型下的南方电网供电可靠性发展策略》，《供用电》2021年第3期。

李淑贞：《出口与中国工业生产率：机理分析与实证检验》，浙江大学博士学位论文，2010。

李思嘉：《数字化转型视角下制造业企业并购及其效果探究》，广州大学硕士学位论文，2022。

李岩：《我国电子化学品行业发展现状及趋势研究》，《化学工业》2020年第1期。

李曾婷：《中国家电产业走在工业互联网的前列》，《电器》2020年第6期。

梁金慧：《制造企业服务化转型的路径及效果研究》，广东技术师范大学硕士学位论文，2022。

梁雄健、张静：《构建绿色ICT创新系统 实施绿色信息化战略》，《世界电信》2012年第12期。

林世爵：《瀚蓝绿电：打造"无废城市""瀚蓝模式"——专访瀚蓝绿电固废处理（佛山）有限公司总经理郭光召》，《广东科技》2021年第10期。

刘爱英：《中国劳动密集型产业发展战略研究》，《改革与战略》2008年第4期。

刘伟林：《我国成品油消费税的绿色发展效应研究》，河北经贸大学硕士学位论文，2022。

刘玉波：《企业内信息化项目管理过程中存在问题及解决方法》，《国际公关》2020年第5期。

卢文刚、汪东兵、谭喆、王晨星、李向利：《新发展阶段大型跨国国企深化"三项制度"改革研究——以广晟集团领导干部竞聘工作为例》，《领导科学论坛》2022年第4期。

陆冬琦：《数智驱动 赋能未来——广西电网公司推进数字电网建设服务数字壮美广西侧记》，《广西电业》2022年第8期。

罗继业、郝志峰、钟远红、吴颖、何军、郑育英、余林：《广东工业大学应用化学专业电子化学品特色方向建设与实践》，《大学化学》2023年第3期。

骆志敏：《含冷热电联供及光伏的微能源网优化设计与应用研究》，华南理工大学硕士学位论文，2018。

马德帅：《习近平新时代生态文明建设思想研究》，吉林大学博士学位论文，2019。

马琨：《绿色发展：共守绿色家园》，《汽车纵横》2022年第11期。

马卫：《中国平安：擎起绿色金融的大旗》，《中国品牌》2011年第12期。

孟小燕、王毅：《我国推进"无废城市"建设的进展、问题及对策建议》，《中国科学院院刊》2022年第7期。

牛孟珂：《冷轧和退火对V-5Cr-5Ti合金抗辐照硬化性能影响的机理研究》，中国科学院大学（中国科学院近代物理研究所）硕士学位论文，2021。

牛孟珂、杨义涛、张崇宏、韩旭孝、李增德：《冷轧和退火对V-5Cr-5Ti合金组织结构和抗辐照硬化性能的影响》，《原子核物理评论》2021年第3期。

潘婷：《护航"一亩稻田"，保护"一棵古树" 中国平安创新绿色保险助力乡村产业振兴》，《每日经济新闻》2022年12月2日。

潘婷：《中国平安品牌宣传部总经理陈遥：构建中国ESG评价体系，助力绿色低碳发展》，《每日经济新闻》2021年9月7日。

潘依楠：《闻泰科技跨国并购动因、策略及效果研究》，河北经贸大学硕士学位论文，2022。

彭疆昊：《上市公司业绩归因问题研究》，江西农业大学硕士学位论文，2020。

彭蕾：《习近平生态文明思想理论与实践研究》，西安理工大学博士学位论文，2020。

彭云：《南方电网公司精益数据运营实践》，《电气时代》2023年第3期。

饶刚刚：《能源电力行业数字化转型对企业价值创造的影响研究》，江西财经大学硕士学位论文，2022。

桑雨蔚：《M 公司自有品牌空调在美国市场营销渠道策略研究》，广东外语外贸大学硕士学位论文，2018。

沈孟佳：《环保民企引入国资的动因及经济后果研究》，上海财经大学硕士学位论文，2020。

沈依露：《美的集团数字化转型对企业价值创造的影响研究》，浙江工商大学硕士学位论文，2021。

苏菁菁：《让中医药产业搭上智能化数字化"快车"》，《科技日报》2023 年 4 月 10 日。

苏竹勋：《考虑配煤的煤炭产运销一体化调运优化研究》，东南大学硕士学位论文，2021。

隋美芳：《5G 时代背景下联想手机营销策略研究》，延边大学硕士学位论文，2022。

孙方煜：《广东省能源消费状况与节能减排对策研究》，《科技风》2021 年第 35 期。

孙前：《我国绿色财政指数构建及对环境质量影响实证研究》，吉林财经大学硕士学位论文，2021。

谭宇翔：《数字化转型与企业绩效研究》，云南财经大学硕士学位论文，2021。

唐俊：《广东发展低碳经济的战略选择研究》，《中国商贸》2013 年第 8 期。

田芳：《美的全直流推动变频空调深化普及》，《家用电器》2011 年第 12 期。

涂端玉：《广药王老吉：推动吉文化进军元宇宙》，《中国食品工业》2022 年第 4 期。

万军玲：《习近平生态文明建设思想新发展》，《阴山学刊》2019 年第 4 期。

汪海燕、朱思坤：《电子化学品技术发展研究》，《化工管理》2022 年第 30 期。

王碧清：《南方电网智能技术应用领域专家黄炜昭：努力找到数字化巡维性价比最优方案》，《中华儿女》2022年第2期。

王丹蕾：《WEL公司盈利质量评价研究》，兰州交通大学硕士学位论文，2021。

王海霞、冯应国、仲伟科：《中国集成电路用化学品发展现状》，《现代化工》2018年第11期。

王镜茹：《多措并举　挖掘中华老字号富矿》，《证券日报》2023年3月9日。

王蕾：《城市能源"经济—环境—福利"绩效评价与提升政策研究》，中国矿业大学博士学位论文，2019。

王莉：《环保的绿色战略》，《包钢科技》2001年第S1期。

王琦：《基于数字化转型的价值链成本管理研究——以美的集团为例》，《商场现代化》2022年第11期。

王爽、靳利军：《ESG理念在企业中的应用》，《合作经济与科技》2022年第20期。

王伟：《绿色电网发展理论与实证研究》，华北电力大学博士学位论文，2015。

王伟：《转型期中国生态安全与治理：基于CAS理论视角的经济学分析框架》，西南财经大学博士学位论文，2012。

王哲伟：《黑龙江省风电产业可持续性发展中的政府作用研究》，西北师范大学硕士学位论文，2022。

王志敏：《数字化转型背景下家电企业并购动因及绩效研究》，西南财经大学硕士学位论文，2022。

魏慧真：《企业文化建设的实施方案探讨》，《中国外资》2012年第20期。

吴高洋：《绿色金融对长江经济带经济高质量发展影响研究》，重庆工商大学硕士学位论文，2022。

吴会兵：《中国工业二氧化碳排放影响因素分解与达峰路径研究》，江西财经大学硕士学位论文，2022。

吴文桢、贾强：《实施"163工程"做强做大宝鸡钢管——访宝鸡石油钢管有限责任公司董事长兼总经理钟裕敏》，《石油工业技术监督》2006年第8期。

吴雄杰、裘霞敏：《我国电子化学品产业的发展现状及前景》，《浙江化工》2003年第6期。

萧展辉：《南方电网数字化转型实践》，《软件和集成电路》2021年第8期。

肖扬：《中国平安：寿险改革成效逐步显现　综合金融服务模式战略升级》，《金融时报》2023年3月22日。

肖依林：《能源企业绿色转型对财务绩效的影响》，东华理工大学硕士学位论文，2021。

辛继召：《拆解中国平安绿色金融版图：绿色战略如何影响未来资产配置》，《21世纪经济报道》2022年6月2日。

熊嘉：《中国平安综合金融品牌管理研究》，云南大学硕士学位论文，2016。

许洪位：《习近平新时代治国理政基本方法的科学内涵与时代意义》，《中共合肥市委党校学报》2020年第3期。

许新成：《矿产地质勘查与矿业可持续发展》，《城市建设理论研究（电子版）》2019年第9期。

薛丛丛：《瀚蓝环境企业价值评估研究》，东北石油大学硕士学位论文，2021。

薛丽君：《美的空调在美国市场的营销策略研究》，南华大学硕士学位论文，2020。

杨萌：《从"邻避""邻亲"到"邻利"——探访佛山市南海固废处理环保产业园》，《环境教育》2017年第9期。

姚传富：《全面保障方案兑现华为节能减排承诺》，《人民邮电》2010年11月18日。

姚雅静：《中美新能源汽车产业发展战略比较研究》，山西财经大学硕士学位论文，2015。

姚咏梅：《"能动文化"引领企业创新发展——2019 全国企业文化（明阳集团）现场会在中山召开》，《中外企业文化》2020 年第 Z1 期。

尹晓媚：《基于战略视角美的集团的财务报表分析》，《河北企业》2022 年第 1 期。

余慧：《美的集团"双智"战略绩效研究》，石河子大学硕士学位论文，2021。

原诗萌：《南方电网的数字化转型之道》，《国资报告》2023 年第 2 期。

岳昊、郑雅楠：《从国际经验教训看我国构建新型电力系统的问题和风险》，《中国能源》2022 年第 2 期。

曾光：《D 银行代客外汇衍生产品营销策略研究》，广西师范大学硕士学位论文，2021。

张珂：《中国海上风电产业政策研究》，武汉大学硕士学位论文，2019。

张丽、李岩、赵文明、于殿名、赵立群、李自托、马捷、闫泽：《化工新材料补短板路径研究》，《化学工业》2019 年第 5 期。

张勉荣：《面向"双碳"目标的南方区域电力市场建设实践与思考》，《中国电力企业管理》2022 年第 10 期。

张楠：《广东省能源发展"十四五"规划发布》，《中国工业报》2022 年 4 月 19 日。

张文钰：《大资管背景下中国平安信托公司的业务转型研究》，山东大学硕士学位论文，2020。

张霄：《浅析党务干部成长成才》，《当代电力文化》2018 年第 1 期。

张彦：《比亚迪新能源汽车国际化经营研究》，华中科技大学硕士学位论文，2019。

张子瑞：《供给侧改革助推中国成为新能源强国》，《中国能源报》2016 年 3 月 14 日。

章琬晨：《美的集团的数字化转型及其绩效研究》，江西财经大学硕士学位论文，2021。

赵丹：《美的集团数字化转型对企业绩效的影响及路径研究》，吉林外国语大学硕士学位论文，2022。

赵靓：《明阳智能，将能源"不可能"变为可能》，《风能》2022年第7期。

赵明明：《家电企业数字化转型价值创造研究》，内蒙古财经大学硕士学位论文，2022。

箴言：《大宝山：因环保而生》，《环境》2020年第5期。

郑红斌：《能源禀赋调节下异质性环境规制对碳排放效率的影响研究》，兰州大学硕士学位论文，2022。

郑敏、甘俊、谢天、陈彬：《我国工业固废处理存在的问题分析及优化措施探讨》，《再生资源与循环经济》2022年第9期。

郑钊颖、冯奕敏：《广东海上风电产业发展路径与对策研究》，《南方能源建设》2020年第4期。

钟智巧：《珠三角在十四五规划后的发展新格局》，《今日财富》2023年第6期。

周建波、孙菊生：《经营者股权激励的治理效应研究——来自中国上市公司的经验证据》，《经济研究》2003年第5期。

周练：《外资银行进入我国银行业市场的效应分析》，广西师范大学硕士学位论文，2005。

周亮、朱文彬：《创建"双碳"经济示范区　力推大湾区绿色高质量发展》，《上海证券报》2022年3月8日。

朱瀚丞：《美的集团数字化转型对企业绩效影响研究》，山东工商学院硕士学位论文，2022。

朱继民：《把握机遇　加强合作　共同发展》，《中国钢铁业》2014年第10期。

朱娟：《中小企业产品创新测度与评价研究》，哈尔滨理工大学硕士学位论文，2003。

图书在版编目（CIP）数据

粤商密码：迈向高质量绿色化与数字化的企业范例 /
阮传扬，徐国烽，韩莉娜编著. --北京：社会科学文献
出版社，2023.6
　ISBN 978-7-5228-1939-6

　Ⅰ.①粤…　Ⅱ.①阮…②徐…③韩…　Ⅲ.①企业发
展-案例-广东　Ⅳ.①F279.276.5

中国国家版本馆 CIP 数据核字（2023）第 106214 号

粤商密码：迈向高质量绿色化与数字化的企业范例

编　　著 / 阮传扬　徐国烽　韩莉娜

出 版 人 / 王利民
责任编辑 / 吴　敏
责任印制 / 王京美

出　　版 / 社会科学文献出版社
　　　　　地址：北京市北三环中路甲 29 号院华龙大厦　邮编：100029
　　　　　网址：www.ssap.com.cn
发　　行 / 社会科学文献出版社（010）59367028
印　　装 / 三河市龙林印务有限公司

规　　格 / 开　本：787mm×1092mm　1/16
　　　　　印　张：15.25　字　数：227 千字
版　　次 / 2023 年 6 月第 1 版　2023 年 6 月第 1 次印刷
书　　号 / ISBN 978-7-5228-1939-6
定　　价 / 89.00 元

读者服务电话：4008918866